国連研究 第19号

人の移動と国連システム

日本国際連合学会編

国際書院

The United Nations Studies, Number 19 (June 2018)
Movements of Persons and Actions of the UN System
by
The Japan Association for United Nations Studies

Copyright © 2018 by The Japan Association for United Nations Studies
ISBN978-4-87791-289-5 C3032 Printed in Japan

目 次

人の移動と国連システム

(『国連研究』第 19 号)

目　次

序 …………………………………………………………………………… 11

I　特集テーマ「人の移動と国連システム」

1. 難民に関するグローバルコンパクト：
   難民の保護と支援の枠組みの再構築？ ……………… 小尾尚子　23
2. "グローバル難民危機"と過渡期の難民・強制移動研究 …… 小泉康一　47
3. 難民キャンプ収容政策の推移と転換：
   その背景と UNHCR の役割 ……………………………… 佐藤滋之　77
4. 学生移動を支える国境を越える高等教育とユネスコの対応
   ………………………………………………………… 杉村美紀　101

II　政策レビュー

5. 人の移動の文脈における子どもの人権の保護に関する国連人権機関の動向 ……………………………………………… 大谷美紀子　125

III　独立論文

6. 出口戦略の歴史的分析：
   武力行使の変貌がもたらす撤退の変容 ……………… 中村長史　143
7. 国連警察の武装化の要因分析 ………………… キハラハント愛　165
8. UNHCR による無国籍の予防と削減に向けた取り組み：
   その効果と課題 ……………………………………… 秋山　肇　191

Ⅳ　書評

9　三須拓也著『コンゴ動乱と国際連合の危機―米国と国連の協働介入史、1960〜1963年』……………………………………石塚勝美　223

10　エミリー・パドン・ローズ著『平和維持においていずれかの側に立つということ―公正性と国際連合の将来』………………大泉敬子　229

11　コフィ・アナン／ネイダー・ムザヴィザドゥ著（白戸純訳）『介入のとき―コフィ・アナン回顧録』……………………………山田哲也　237

12　東大作編著『人間の安全保障と平和構築』……………栗栖薫子　243

13　米川正子著『あやつられる難民―政府、国連、NGOのはざまで』……………………………………………………………墓田　桂　249

Ⅴ　日本国際連合学会から

1　国連システム学術評議会（ACUNS）2017年度年次研究会に参加して……………………………………………………………玉井雅隆　257

2　第17回東アジア国連システム・セミナー報告………高橋一生　263

3　規約及び役員名簿……………………………………………　275

Ⅵ　英文要約……………………………………………………………　281

編集後記………………………………………………………………　299

執筆者一覧……………………………………………………………　303

表紙写真　UN Photo/Logan Abassi MINUSTAH and IOM Relocate Haiti Camp Residents before Storm

Contents

Movements of Persons and Actions of the UN System
(The United Nations Studies, Number 19)

Preface ·· 11

I Articles on the Theme

1. Global Compact on Refugees: Re-constructing the Framework for Refugee Protection and Assistance? ···················· Naoko Obi   23
2. Global Refugee Crises and Studies for Forced Migration in Transition ·· Koichi Koizumi   47
3. The Formation and Shift of the Refugee Encampment Policy: The Backgrounds and the Role of UNHCR ······ Shigeyuki Sato   77
4. The Role of UNESCO in Cross-border Higher Education for International Student Mobility ···························· Miki Sugimura   101

II Policy Perspectives

5. The Activities of the United Nations Human Rights Mechanisms on the Protection of the Human Rights of Children in the Context of Human Movement ·· Mikiko Otani   125

III Independent Articles

6. Considering Exit Strategies in Peace Operation from the Historical Perspective: The Transformation of Withdrawal Caused by the Transformation of the Use of Force ······· Nagafumi Nakamura   143
7. Analysis of Reasons behind Arming the UN Police ·· Ai Kihara-Hunt   165
8. UNHCR's Role in Preventing and Reducing Statelessness: Its Effects and Challenges ······················ Hajime Akiyama   191

IV Book Reviews

9   Takuya Misu, *Crisis on the United Nations: The Congo Crisis and US-UN Co-intervention 1960-1963* ············ Katsumi Ishizuka 223

10 Emily Paddon Rhoads, *Taking Sides in Peacekeeping: Impartiality and the Future of the United Nations* ················ Keiko Oizumi 229

11 Kofi Annan with Nader Mousavizadeh, *Interventions: A Life in War and Peace* ·· Tetsuya Yamada 237

12 Daisaku Higashi ed., *Human Security and Peace Building* ·· Kaoru Kurusu 243

13 Masako Yonekawa, *Refugees Manipulated by Governments, United Nations and NGOs* ·· Kei Hakata 249

V Announcements

1   Report of the 2017 Annual Meeting of the Academic Council on the United Nations System (ACUNS) ············· Masataka Tamai 257

2   Report of the 17th East Asian Seminar on the United Nations System ·· Kazuo Takahashi 263

3   Association's Charter and Officers ································ 275

VI Summaries in English ·· 281

Editorial Notes ·· 299

序

　グローバル化に伴い、国境を越えた経済、情報、そして人の移動はますます広がりをみせている。殊に難民や国内避難民の数は急速に伸び、記録的な数字を更新している。人の移動が大規模かつ加速化し、世界を不安定化させる要因ともなる中で、グローバルガバナンスが一層必要とされている。本号の特集は、非自発的であれ自発的であれ、大規模化した人の移動の諸課題に国際社会全体として包括的、長期的ビジョンが必要とされているこの時期に、国連システムはどのような役割や新しいアプローチをとることが可能なのかを問うものである。

　人の移動への多国間の取り組みを振り返ると、難民や移民の問題への取り組みは、早くから存在した。国際連盟によるユダヤ人などの難民救済、国際労働機関（ILO）による移民労働者に関する諸条約の策定である。国連創設後は、国連難民高等弁務官事務所（UNHCR）と国連パレスチナ難民救済事業機関（UNRWA）の設立、難民の地位に関する条約・難民の地位に関する議定書（難民条約・議定書）という重要な多国間条約が締結された。国際移住機関（IOM）の前身も1951年には設立されている。

　人の移動はその後、非自発的移動、自発的移動を問わず、移動の背景を多様化させていった。グローバルには難民条約・議定書体制、UNHCR、ILO、IOMが継続し、それぞれの機関が、支援対象者や活動を拡大させていった。

　多様化する人の移動への国連システムの対応を、全体として眺めてみると、次の例に見るように、様々な分野に拡がっており、さらに関連する機関間で協議もしくは協働する形がとられてきた。1990年代から人の移動に関連する国連の対応は諸分野に包含されて拡大した。人権の分野では、1990年に「すべての移住労働者およびその家族構成員の権利に関する国際条約」（移住労働者権利条約）が採択された。人口分野では、1994年のカイロにお

ける国際人口開発会議の行動計画で、第 10 章に国際移住が入った。同章では脆弱な人々として正規、非正規移民、難民、避難民の状況への対処、国際的人身売買を盛り込み、社会への統合や再統合の促進、国境を越えた責任等の仕組みを明記している。国内避難民の増加は、UNHCR が援助対象者とするようになったものの、対応は、開発、人道、平和維持・構築活動、人権をはじめ多岐にわたる分野にわたった。国連では 1992 年以降国内避難民の保護・支援の調整役や、機関間常設委員会（IASC）といった調整機関も設置された。1994 年に国内避難問題に関する事務総長特別代表が任命され、その調査に基づいて 1998 年には「国内強制移動に関する指導原則」が作成され、国内避難民の定義も生まれた。その後も、国際犯罪の分野でも国際組織犯罪条約の人身取引議定書が 2000 年に採択されている。2015 年の持続可能な開発目標（SDGs）では、「誰一人取り残さない」ために脆弱な人々への支援を優先するとし、難民、国内避難民、移民がそうした支援対象に含まれるとしている。SDGs は経済成長と人間らしい雇用に関する目標 8 でも人身売買、移住労働者に触れている。人の移動に関連しては、このように様々な分野が人の移動の側面を扱い、さらに、関連機関の間で様々なネットワークやコンサルテーションといった協議の場が設けられてきた。

　この非自発的移動・自発的移動を含めた人の移動が国家元首級の協議を要する優先的なテーマとなったのが、潘基文前国連事務総長の時代に開催された 2016 年 5 月のトルコ・イスタンブールでの「世界人道サミット」であり、同年 9 月の国連総会における「移民と難民の大規模な移動に関する国連サミット（移民・難民サミット）」である。移民・難民サミットのニューヨーク宣言では、2018 年に移民と難民に関するグローバルコンパクトを作成することを決定し、さらに、IOM は、同サミット時に国連専門機関に加わり、国連システムの中で国際移住を担当する中心機関となることが決定された。新事務総長は、前国連難民高等弁務官を務めたアントニオ・グテーレス（António Guterres）である。ニューヨーク宣言を受けて、2018 年秋に国連総会で採択が予定されている 2 つのグローバルコンパクトは、UNHCR を中

心に「難民に関するグローバルコンパクト」（難民グローバルコンパクト）、政府間協議により「安全な、秩序ある、正規の移住に関するグローバルコンパクト」（移民グローバルコンパクト）の2本立てで議論が大詰めである。

　人々の移動は大規模となり様々な問題に波及しているだけに、問題の諸相が多岐にわたり見えにくい。人の移動を包括的に検討することで、問題を可視化し、具体的施策を打ち出す機会に国連システムは中核的な役割を負っている。国連システムのとろうとしている方向はどうなのか、排外的な傾向さえ見せる今日の国家、また、市民社会とその組織、市場は、人の移動の諸課題を意思決定の中に収め、役割や責任を共有することができるかが問われている。

　以下、特集テーマ論文から掲載順に各セクションの論文を紹介する。

　小尾論文「難民に関するグローバルコンパクト―難民の保護と支援の枠組みの再構築？」は、2018年9月に国連総会で採択予定の「難民に関するグローバルコンパクト」の議論の方向性を追い、難民保護・支援を効果的に行う上でいかに有益なのか、また、それが難民保護体制の再構築となるのかを検討する、本特集の総論となる論稿である。本稿はかつてないほど大規模に要請される難民保護の負担の途上国への圧倒的な偏り、長期化、保護の形骸化や難民排斥といった問題と、既存の難民条約・議定書体制のギャップを指摘する。今後必要なのは、難民条約・議定書の基本原則の確認に加えて、責任分担であり、その責任分担の主体が庇護国のみならず様々なアクターによる責任・負担の共有による上記ギャップ克服の可能性に注目する。長期的な自立支援・負担軽減の観点から人道と開発の協働の必要と先例も紹介し、実効的な支援への課題にも目を向ける。

　小泉論文「"グローバル難民危機"と過渡期の難民・強制移動研究」では、昨今の難民問題に言及しつつ、そのような難民問題を理解し、分析するために必要な強制移動研究に焦点を当て、強制移動研究と国連研究を架橋することを試みている。難民・強制移動研究に対しては、強制移動の問題を解決す

るために国連機関やドナーなどから期待も寄せられているが、研究と実践の間に距離がある場合も指摘する。難民・強制移動研究は、学問的知識の探求だけでなく、倫理的行動としての性格を有する。難民が置かれている苦難を軽減することを念頭に置きながら研究するのでなければ、そのような研究を正当化する根拠は失われると主張している。また変化する避難の姿に新しい思考法を持つことの必要を説く。これは研究においても国連政策にも言えることではないか。

佐藤論文「難民キャンプ収容政策の推移と転換―その背景と UNHCR の役割」は、難民に対する援助と保護を提供する場として活用されてきた難民キャンプが、むしろ難民の移動の権利などを侵害するおそれがあることを指摘している。難民キャンプからの脱却を目指すために、UNHCR は、「キャンプ代替に関する UNHCR の政策」を提言し、その動きは、「移民と難民の大規模な移動に関する国連サミット」、「移民と難民に関するニューヨーク宣言」にも継承されている。「ニューヨーク宣言」が言及した「包括的な難民対応枠組」の一例として、エチオピアの開発プログラムを紹介し、難民キャンプから脱却するための方策を探っている。ヨルダンの特別経済区など企業の経済活動を取り込む試みとその課題も検討する。

強制的・非自発的移動の課題に続き、自発的移動にも目を向けたい。

杉村論文「学生移動を支える国境を越える高等教育とユネスコの対応」は、近年活発化してきた学生の国際移動に伴い形成されてきた高等教育のスキームとユネスコの役割について考察する。筆者はまず、今日の国際的な高等教育圏が形成されてきた背景について概観したのち、ヨーロッパやアジアの国家や機構によって各地域で形成されてきた教育圏と、地域間の連携によって提供されている多岐にわたる教育スキームについて整理する。その後、高等教育圏の発展に伴って必要になってきた教育の質の保証のためのシステム作りを進めるユネスコに注目する。ユネスコと各国や関連機関との高等教育に関する考え方の違い、利害関係などを指摘したうえで、共通の指針を作って高等教育を支えようとするユネスコの役割と、ユネスコが考える

「文化的国際主義」の意義と課題について論考している。

　政策レビューは、特集テーマの政策研究として位置付けられる。

　大谷論文「人の移動の文脈における子どもの人権の保護に関する国連人権機関の動向」は、自発的移動、非自発的移動のいずれにおいても脆弱で保護の必要性のある子どもの権利について、2017年から国連子どもの権利委員会で委員を務める筆者が国連人権機関の議論の動向を紹介している。筆者はまず、人の移動に伴う子どもには、親や保護者と移動する場合、親などの移動先で生まれる子どもの場合、子ども自身は移動しないが親などが移動することによって影響を受ける場合、また、子どもが単独で移動する場合など、類型ごとに子どもが直面している人権問題の状況が異なる点を指摘する。そのため、子どもの権利条約の規定を補うべく、子どもの権利委員会が単独で、及び同委員会と移住労働者委員会と合同で、条約条文の解釈のために一般的意見を採択した。それらの概要を紹介し、同意見の内容が早急に周知・協議されるべきことを主張する。

　独立論文セクションでは平和活動に関わる論文を中心に3本の論文を掲載した。

　中村論文「出口戦略の歴史的分析―武力行使の変貌がもたらす撤退の変容」は、武力を用いた平和活動の出口戦略の重要性について、いかに撤退するかという方法ではなくなぜ重要かという背景に関する歴史的分析である。論文は冷戦終結後の出口戦略重視の諸例を紹介し、つぎに出口戦略重視の原因について二つの世界大戦、冷戦期、冷戦終結後と武力行使の性質が変化をし、その変化が介入側の撤退の裁量の幅に変化をもたらしたとする。そして、冷戦後は最も撤退するかどうかの選択の裁量が大きい時代であると結論する。そのため、有効な撤退戦略を模索することは、国際構造的に撤退が選択できるものとなっている現状から必然であるとする。

　キハラハント論文「国連警察の武装化の要因分析」は、平和維持活動において文民警官が導入されるようになり、それが拡大する中で、国連警察として中核化する過程を追い、さらに、武装化された武装警察ユニットの増加を

丁寧に跡付けるものである。そして、その武装警察ユニットの増加の背景が、マンデートの変化によるのかどうかを検証し、マンデートによる因果関係は薄く、配備の便宜の良さ、経費削減などがむしろ背景にあることを示している。そのことが、武装警察官の質の問題にも影響をしており、国連平和維持活動の取り組みの改善について問題提起も含むものとなっている。

秋山論文「UNHCRによる無国籍の予防と削減に向けた取り組み──その効果と課題」は、国連難民高等弁務官事務所（UNHCR）による無国籍をなくす取り組み、とりわけ、2014年に開始した#IBelongキャンペーンについて、学術的視点から分析している。本号の特集手テーマとも重なり合う論稿でもある。無国籍問題は、昨今国際社会で注目を集めており、#IBelongキャンペーンも重要性を増しているが、#IBelongキャンペーンに関連するUNHCRの取り組み、その効果や課題を議論した論考はこれまでなく、2024年までに無国籍をなくすという目標を掲げるこのキャンペーンの折り返し地点にある現時点で、本稿のように学術的な観点から議論することは、今後の無国籍問題の展開に大きな意味をもつことになると思われる。

書評セクションでは5本の書評を掲載した。

三須拓也著『コンゴ動乱と国際連合の危機──米国と国連の協働介入史、1960～1963年』については、国連平和維持活動に関して数多くの業績がある石塚会員が、本書の全体像を過不足なく紹介しつつ、ハマショールド第2代国連事務総長に関する著者の分析に焦点を当てた論評を行っている。

つぎに、エミリー・パドン・ローズ著『平和維持においていずれかの側に立つということ──公正性と国際連合の将来』は、冷戦終焉後の平和維持活動が直面する公正性（impartiality）をめぐる根本的な問題を浮き彫りにするものである。これについては、平和維持活動を中心に多数の研究を公表している大泉会員が、PKOの公正な対応が一筋縄ではいかないことを強調する著者の議論を丁寧に跡づけるとともに、本書のユニークな視点と方法を迫力ある筆致で描き出している。

コフィ・アナン／ネイダー・ムザヴィザドゥ著（白戸純訳）『介入のとき

—コフィ・アナン回顧録』は、1990 年代後半から 2000 年代前半にかけて国連の活動に様々な影響を及ぼしたアナン前国連事務総長の回顧録の翻訳書である。本書については、国連集団安全保障に関して多数の業績がある山田会員がコソボなどの人道的介入やイラク戦争に対するアナンの対応に焦点を当てて、本書の内容を丹念に紹介している。そこには、大国に翻弄されつつも、あるべき国連の実現に向けて腐心するアナンの苦悩が見て取れる。

東大作編著『人間の安全保障と平和構築』は、多様な経歴を有する 12 名の執筆者が人間の安全保障と平和構築に関する様々な側面を検討したものである。この問題に造詣の深い栗栖会員が、各章を簡潔に紹介したうえで、人間の安全保障と平和構築の関係に焦点を当てて同書の意義と課題を具体的に論じている。

最後に、米川正子著『あやつられる難民—政府、国連、NGO のはざまで』は、UNHCR での実務経験のある著者がこれまでの国際社会の難民問題の取り組みを正面から批判するものであるが、難民研究を専門とする墓田会員は、各章の内容を丁寧に紹介したうえで、本書の意義と問題点について鋭い指摘を行っている。そこでの指摘は、難民問題を解決するために理想と現実の折り合いをいかにつけるべきかについて、大いに考えさせられるものがある。これは、本号の特集テーマに関わる書評としても位置付けられる。

本号は以上に加え、日本国際連合学会が組織として会員となっている国連システム学術評議会（ACUNS）の参加報告が玉井会員より、および日中韓の国連学会合同の東アジア国連システム・セミナー報告がホスト国として尽力された高橋渉外主任により、それぞれ寄稿されている。

国際社会も、また、国家も、あらゆる共同体も、大規模な人の移動を大前提とし、正面から対処する時代にあるという事実を、本号は、数字も織り交ぜさまざまな形で語っている。また、本号は越境する人々のおかれた背景、移動の理由は極めて多様であることも語っている。単独あるいは複数の国家につながりをもち他国にいる人、あるいはどこの国にも所属のないという

人、正規移動も非正規移動もある。（さらに移動をできないという人々もある。）移動の文脈で子どもを語ればまた異なる様相とニーズがある。そして、それらの多種多様な人々が国籍を持つ国民には限られず所属する社会の構成員であり、国際社会に存在している。

2018年は、世界人権宣言も70年を迎える。宣言の起草メンバーであったカナダの法学者ジョン・ハンフリー（John P. Humphrey）は、宣言草案を提出した一人だが、宣言前文に盛り込む内容の項目に、「権利のみならず、その属する社会の中で責任を負う」をリストしていた。さらに、「人は自らの国家の市民であり、世界の市民でもある」ともしていた。70年たち、越境する人々と社会とのつながり、国家との関係、国際社会との関係が具体的に問われている。

人は移動した先の社会において様々な制約を受けつつもいかに所属やつながりをもち、責任をもつのか、また受け手の国家や社会の機関や人間はどのような責任や役割があるのか。難民キャンプという社会と切り離された場所で長期間生きる人々は、社会とつながることをどのように可能にしていけるのか。国家の国際的義務も、一国が単独で義務を遂行しても解決しない。移動する人々がかかわりを持つすべての国々が、国籍としてのつながりなしに、所属を受け入れ必要な対応をすることができるか。

国家と人の移動の間にある本来的な緊張関係を考えれば、また、国家とつながりえない人々が国際社会に存在する限りは、国連システムが代弁者となり、この課題の包括的なビジョンを示し、イニシアティブをとる立場にある。2本のグローバルコンパクトは、変動を続ける人の移動について、国連システムが将来も役割を担うことができるかどうかの試金石になる。

本号の諸論文が人の移動の重要課題を可視化し、国連システムの役割のみならず、私たちも新しい思考法、アプローチを見出す契機となることを願っている。

2018年5月11日

編集委員会
滝澤美佐子、上野友也、本多美樹、富田麻理、瀬岡　直（執筆順）

I　特集テーマ

人の移動と国連システム

1　難民に関するグローバルコンパクト：
難民の保護と支援の枠組みの再構築？

小　尾　尚　子

はじめに

　2015年夏。次々と難民、移民をのせたボートが地中海を渡って海岸に到着し、ヨーロッパ諸国は揺れに揺れていた。メディアでは黙々とドイツやスウェーデンなど北ヨーロッパの国々を目指して歩き続ける人々の映像が毎日のように流れた。彼らの移動経路上にある国では次第にその対応の差が浮き彫りになっていった。8月にトルコの海岸に打ち寄せられた年端もいかない小さな男の子の写真がSNS上で拡散し、しかもこの子がシリアから戦乱を逃れて家族と共にヨーロッパへ渡る途中に船が難破し、命を落とした犠牲者の一人であることがわかると、多くの国が難民への支援や自国への難民受け入れを発表し、難民に連帯感を表明していった。しかしながら、秋にパリ、ブリュッセルでテロが発生すると世論は急速に反難民・反移民に傾き、難民・移民の大規模な移動の問題にいかに対処するかが各国の政治論争となるほどの広がりを見せた。世論を二分する形でこの議論はいまだに続いている。

　こうして難民や移民を含む人々の大規模な移動にいかに対処するかという現代の命題に国際社会は直面した。そうした状況を受けて、2016年に国連総会において初めてこの問題が議題として取り上げられ、結果としてニューヨーク宣言の採択を見た。さらにこのニューヨーク宣言の中では「2018年までに難民と移民に関する2つのグローバルコンパクトを作成」することが

誓約として盛り込まれ、特に難民に関するグローバルコンパクトの作成については国連難民高等弁務官事務所（UNHCR）がその責務を任され、議論が現在進行形で進んでいる。

　難民、すなわち、自ら望まず、強制的に自分が住み慣れた土地を離れざるを得なかった人々の移動にいかに対応するかという国際社会の議論は、現在グローバルコンパクトの作成というプロセスに集約されているといってよかろう。本稿では、現代における人の強制移動の性格、これまでの国際社会の対応に内在するギャップ、これまでの考え方とは異なったアプローチの模索などを考察することによって、グローバルコンパクトに向けての議論の方向性を見極めることを主眼としている。こうした一連の議論は難民の保護をより効果的に行ううえで、いかに資するものであるか、ひいては難民保護体制の再構築につながり得るかという点についても示唆を与えてくれるものとなろう。

1　現代の難民を取り巻く状況

(1)　国際的な移動を強いられる難民とその数の増加

　人の移動は今に始まったことではない。太古の昔から、人は様々な理由で移動を繰り返してきた。現代においても人が移動するという現象は変わることなく続いており、その理由は多岐にわたっている。迫害や紛争、テロや人権侵害を逃れて安全を求めて故郷をあとにする人。家族との再会を果たすために他国へ移住する人。より良い経済・社会的機会を探るために新天地を求めて移動する人々。また、自然災害などでこれまで住んでいた環境が住み続けるには適さなくなり、ほかの土地へと移らざるを得なくなる人もいるだろう。現代においてグローバル化が加速化する世界の中で、富と権力を持つ者と持たざる者の格差も急速に広がっており、持たない者は生活の向上を求めて「移動」することで新たな希望を見出そうとする。

　その狭間で起きている現象が、人間が通常享受すべき基本的な人権を著し

く侵害され、もっとも脆弱な立場に置かれた人々の大規模な移動である。2017年6月20日の世界難民の日の直前にUNHCRが発表した統計によると、紛争、暴力、深刻な人権の侵害、そして迫害を理由として住み慣れた土地を追われた人々の数（難民、国内避難民、庇護申請者を含む）は第二次世界大戦後最多となり、前年数を再び更新し、6,560万人に達した[1]。このうち2,250万人は国境を越えて難民となり、その倍近い4,030万人はいまだに自国内で避難生活を余儀なくされている、いわゆる国内避難民である。2017年8月に始まったミャンマー西部ラカイン州からのロヒンギャ難民の流出は、その数の増加に拍車をかけることとなった。本稿執筆時点ですでに60万人以上の難民が隣国バングラデッシュに庇護を求めたこともあり、2017年末の統計は、これまでの記録を再び上方向に塗り替えるものと予測されている。

（2） 難民受け入れにおいて低・中所得国の抱える重圧

2016年末の時点で難民を最も多く生み出した国のトップ3はシリア（550万人）、アフガニスタン（250万人）、そして南スーダン（140万人）であった。シリア難民は近隣のトルコ（290万人）、レバノン（100万人）、ヨルダン（65万人）などに庇護を求め、アフガニスタン難民はパキスタン（190万人）やイラン（98万人）、そして南スーダンからの難民は、すでに94万人が隣国ウガンダで支援を受けている状況にある。難民、国内避難民など移動を余儀なくされる人々の数の増加がここ数年止まらないということもさることながら、統計を見ると、他国に庇護を求める難民のうち84％は開発途上地域の低・中所得国に滞在しているという状況が浮かび上がる。ここ数年は多くの難民がヨーロッパを目指したこともあり、難民受け入れの議論の中心は先進国で活発になされていた感が強いが、実際の受け入れは政治、経済、社会的状況が十分に安定しているとは言えない国に集中しており、こうした国が難民を受け入れることによってさらなる重圧を抱えるという従来の構図がそのまま続いていることがわかる。後発開発途上国にあたるカメルーン、チャド、コンゴ民主共和国、エチオピア、ケニア、ウガンダが難民の総人口

の28％にあたる490万人もの難民を受け入れていることは特筆に値すべきといえる。こうした国は、経済成長および開発において深刻な構造的障壁に直面していることが多く、庇護を求めてやってくる人々のニーズに対応するのに十分な資源を持ち合わせていないのが常である[2]。

（3） 長期化する難民問題

世界各地で起こっている紛争の解決がままならない中、難民問題の解決は長引き、中には祖国を知らないまま異国で生まれ、難民として育った第三世代、第四世代の時代を迎えてしまった難民問題すら存在する。通常、難民問題の恒久的解決策と考えられるのが自主帰還、第一次庇護国への統合、そして第三国への再定住の三つであるが、統計的に見ても、このいずれかの解決策の恩恵を被ることのできる難民の数は多くない。例えば、2016年に出身国に自主帰還した難民の数は55万人強であったし、第三国で新しい生活を始めることのできた難民は20万人に満たなかった。ましてや大量の難民を受け入れている第一次庇護国が難民に帰化という解決策を提供することはその政治的、経済・社会的あるいは文化的な影響を鑑みても期待できず、その数も2016年には実際2万人強にとどまっている[3]。すなわちこうした解決策にたどり着かない人々（それは難民人口の大半であるが）は、難民としての生活を続けなくてはならない、ということを意味する。難民としての生活が5年以上続く状況にある人々の数は、難民の70％[4]にも達する勢いで、ひとたび難民となるとその状況が長期化する傾向にあることがわかる。難民を受け入れているホストコミュニティは、その多くが開発途上国にあるということもあり、受け入れること自体が経済的、社会的な疲弊を伴うことになる。

（4） 難民の保護：形骸化の危機

安全を求めて逃れてくる難民に対して、多くの国が自国の政治、経済状況が厳しいにもかかわらず、門戸を開け、難民への保護に手を差し伸べている。しかし、ここ数年の状況を俯瞰するに、難民を保護するという行動とは

相容れない現象が起きていることも否めない事実であろう。

　過去数年、最大の難民危機はシリアであった。すでに国内の紛争は7年目に入ったにもかかわらず、平和的解決の兆しは見えず、混沌とする戦況を逃れ、人々は国境を越え近隣諸国に流出し続けた。レバノン、ヨルダン、トルコなどシリアと国境を接した国々に逃れて難民としての生活を送っていた人々も、生活の困窮度が増し、国際社会からの支援が滞る中、将来への希望を徐々に失っていった。ヨーロッパを目指す人々が激増した要因の一つとしては、そうした絶望感が根底にあったからだといわれている。しかし、一縷の望みを託して地中海をわたった人々の中には、その途上で命を落とす人も多く[5]、また密航業者の横行により、暴行、搾取、虐待され、国際的な犯罪組織の餌食になるという報告も後を絶たなかった。

　難民が直面する苦行はそれにとどまらない。当初漂っていた難民歓迎ムードは、パリ、ブリュッセルでテロが起きるやいなや下火になったどころか、難民、移民排斥の様相を濃くしていった。たとえば、国境に壁を作り難民の入国を阻止しようとするなどの国境閉鎖政策の導入、難民の受け入れの制限、難民を過酷な状況下で無期限に収容する、あるいは、難民や難民申請者の所持する財産（現金、身の回りの貴重品）の没収など、難民が自国に入国するのを制限したり、いったん入国できたとしても、人として最低基準の生活を維持することを困難にさせるような政策、また、たとえば難民認定制度においても適正手続きの保障を低下させることを念頭においた法案が打ち出されていった[6]。

　その他、国際難民法の著しい侵害の報告も各地から寄せられている。その中には、難民の強制送還（すなわち、難民保護の中核概念であるノン・ルフールマン原則の侵害）の報告も多い。ルフールマンは様々な形をとって行われ、恐れおののく難民たちを彼らの本国に引渡す、国境を越えて自国に保護を求めようとする難民たちの入国を拒否する、など直接的な形態をとる非常に深刻なものから、難民の第一次庇護国と協定を結び、財政的支援と引き換えに自国にやってきた難民を第一次庇護国へ送還する、という政策も新た

に浮上した。そればかりか、難民の受け入れを、「第三国定住」(すなわち、秩序正しく自分の番を待っている難民のみを受け入れる)に限り、ボートに乗って直接自国の海岸に着いた難民申請者は直ちに収容し、人間としての品位を傷つけるような扱いをする、という政策を実施する国も現れた。難民(特に女性や少女)は性暴力の危険に日常的に晒され、難民の子どもたちへの暴力、虐待、搾取の報告も後を絶たない[7]。加えて、これまで難民を受け入れてきた国々が、本国の状況がいまだに充分に改善していないにもかかわらず、難民に対して時期尚早の帰還を促すような行動に出るような事態すら起こっている。

　安全保障の観点からも、本来、テロ、暴力の最初の犠牲者である難民を、テロと結びつけてスケープゴートにし、排外主義、人種差別を煽るといった現象が出現している。また、中立、非政治的な立場に立って行われるべき難民保護、難民の受け入れを、短期的な票集めのために政治論争の中心に据える、ポピュリズムの台頭に難民受け入れが争点として使われ、こうしたレトリックが社会的、政治的に大衆に受け入れられているという事象も散見されるのである。

2　国際社会の取り組み：
　　ニューヨーク宣言が「小さな奇跡」といわれる所以

　難民・移民の大規模な国際的な移動が呈した様々な課題は、各国の対応ばかりではなく、国際社会全体としての取り組みを問うこととなった。人の大規模な移動は国境を跨いで起こるということから見ても、その影響を受ける個々の国家が独立して対応することは混乱を招くばかりで解決には至らず、むしろ国際的に協力し一貫性のある形で課題に取り組む必要性があることは明白であった。この問題の解決のためには、国際社会のすべてのメンバーが責任を共有し、難民の保護そして彼らの人権の尊重を目的の中心に据えた行動をとることが必要である、というビジョンのもと、2016年秋の国連総会

において難民・移民の移動を取り上げたサミットを開催する方向で調整が始まっていったのである[8]。

 2016年9月19日に開催された国連総会には、国連すべての加盟国193カ国が参加し、難民と移民のためのニューヨーク宣言を満場一致で採択した。ニューヨーク宣言[9]は、「長期化する難民問題を含む、難民と移民の大規模な移動に対する国際社会の対応をより改善することを目指した」[10]文書であり、難民と移民両方に関するもの、難民に関するもの、そして移民に関するもの、の3つの章立てで構成され、特に難民に関しては、難民の受け入れから難民問題の解決策が見いだされるまでの全過程において彼らのニーズに包括的に対応することを可能とする仕組みと、彼らを受け入れる国、コミュニティへの支援の必要性が盛り込まれた。

 これだけを見ると、これまで難民への包括的な支援の枠組みとして提唱されてきたこととさほど違いがないのではないか、同宣言の何が目新しいのか、という質問が発せられることがあるのも事実である。しかし、まず何よりも、難民の国際保護の原則がまさに危機に瀕しているともいえる昨今の状況において、国連全加盟国がこの文書を採択した意味は次のいくつかの点において大きいものであったということができる[11]。

 まず第一に、この宣言は、国連総会において難民・移民に関して初めて採択された文書であったということがあげられる。人道支援を託された国連の諸機関に難民問題への対応を委ねておけばよい、というこれまでの考え方から、特に難民・移民の大規模な移動は、国際社会全体が直面する課題と捉え、国連総会の場で対応の方向性を議論していく重要性が認識された[12]。

 第二に、その内容であるが、1951年の難民条約に謳われている難民保護の原則を、満場一致で再確認したことも大きな前進であったということができよう。1951年難民条約、1967年議定書体制と現状が乖離しているという議論をもとに、難民条約の見直しを訴える国々が出てきて久しいが、難民条約で謳われている原則は現代、21世紀においても生き続け、迫害や紛争を逃れた人々の保護の基盤として充分関連性を持つことを再確認したという意

味で重要である。

　さらに、この宣言は国際責任の分担の必要性について特に強調している。国際責任を分担するということは、安全を求めて逃げる人々を保護することと、彼らに庇護を提供する国やコミュニティを支援するということの両方を指し、この責任は公平に、そして予測可能な形で分担されなければならない、ということが確認された。責任分担の公平性に関して言えば、難民条約は国際協調の必要性を謳ってはいるが[13]、責任の分担についての言及はない。その意味からすれば、ニューヨーク宣言に今回盛り込まれた「重荷と責任の分担」は、より効果的でより予測可能な対応を国際社会全体が負ったことを意味し、現行の枠組みの中にこれまで存在していた大きなギャップを埋める一助になることが期待される[14]。

　誰が責任を分担するのか、という点について見れば、本宣言において想定されているのは、伝統的に人道支援にかかわってきたアクターだけでないということも特記すべきであろう。ここで念頭におかれているのは、「社会全体でのアプローチ」（whole of society approach）であり、そこには難民の出身国、難民の流入国、ドナー国、国連機関（人道支援機関だけでなく、開発機関の果たす役割が期待されている）、非政府組織（NGO）、地域組織、なども含むし、中央政府のみならず、地方自治体、労働組合、市民社会、プライベートセクター、信条をもとに形成された団体、学術研究機関、そして忘れてはならないのが難民自身も活発な「アクター」として想定されていることである。

　特に、この宣言は、地球の南半分に位置する国々が難民の8割以上を受け入れ、政治的、経済社会的な負担を抱えながらも、その多くは長期にわたって難民に庇護を提供し続けているという並々ならぬ貢献をきちんと認識した。こうしたホスト国への支援の充実も、今後の難民支援の柱の一つとなっていくことが明記されていることも注目に値しよう。

　それだけではなく、難民の恒久的解決策の模索においては、これまでの伝統的な第三国定住プログラムのみならず、より多くの国々に、既存の第三国

定住という枠組みにとらわれず、難民が新しい生活を始めることができるよう、様々な形態による受け入れを促しているのも特徴的なところである。

　また、緊急事態への対応をより強化し、持続可能な支援体制への移行に際しては、難民と彼らを受け入れる地元コミュニティ、双方のレジリエンス（回復力）を高めるために投資が必要であることが強調され、それへのコミットメントも謳われている。またそのためには、人道支援のための資金調達のみならず開発支援分野からの財政、技術的支援をこれまで以上に予測可能なかたちで行うことが不可欠である、との言及もなされている。

　最後に、上述した内容は、包括的難民対応枠組み（Comprehensive Refugee Response Framework: CRRF）の構成要素となっているが、これらを実際に現場で実施したうえでより洗練したものに作り上げていくことが想定されている。そのために、UNHCR が多様なステークホルダーと連携しながらグローバルコンパクトという形でこれらの議論を集大成させることが要請されている。このグローバルコンパクトは 2018 年秋の採択を目指している。

3　グローバルコンパクトに向けて

　上記の要請を受け、UNHCR は難民オペレーションが存在するいくつかの国を抽出し、CRRF で提案された様々な要素を実施に移し、その中から得られた知識、教訓、よき参考例などを収集、集約すると同時に、テーマ毎に幅広いパートナーとの協議を重ねてきた。そしてグローバルコンパクトのたたき台が作られていった。

　さて、グローバルコンパクトにおいて中心的なテーマとなっているのが、以下の 4 点である。

　　（1）難民の受入国への重圧を軽減すること
　　（2）難民の自立を促進すること
　　（3）第三国への再定住とその他の形での難民の受け入れを拡大するこ

と

(4) 難民が出身国に自主的に帰還できるような状況を創出すること

これまでの議論を見ると、いくつかの方向性が浮かび上がってくる。過去の難民の保護、支援の枠組みと比較し、特に目新しい点を拾って考察してみよう。

(1) 受入国の重圧の軽減

まず第一に掲げられているのが、難民を受け入れている国々にのしかかっている重荷を軽減することの必要性である。世界各地で難民への排斥感情が強くなる中で、しかしながら大量の難民に庇護を提供し、彼らの生活を守っている国もあることを忘れてはならない。難民を受け入れている国は、政治、社会、経済的な重圧を抱えながらも難民を寛容に受け入れているという事実がある。前述したように、現在、世界の84％の難民（1,450万人）は開発途上国に受け入れられている（そのうち後発開発途上国が受け入れている難民は28％にのぼり、490万人に達する）[15]。

難民の流入が受入国に与える影響を考えるときに、保護を求めてやってくる難民の数のみならずホスト国の人口、経済、開発の進捗状況などを総合的に評価することが必要となってくる。特に2016年には、低・中所得国は難民を受け入れることで不均衡な影響を受けていると報告されている。まず、難民を数多く受け入れている後発開発途上国は最大級の負担を抱え込まなければならなかった。チャド、ルワンダ、南スーダン、そしてウガンダなどがこれに含まれるが、難民の大多数をホストしているトップ10の国の中で8カ国がアフリカにあることも忘れてはなるまい[16]。また、多くのシリア難民を受け入れているヨルダンやレバノンは中所得国に属するが、国の経済状況からしても百万にも上る大量の難民を受け入れることによる経済的重圧は最大限に達した。

世界の中でも特に貧しい国々から開発がさほど進んでいない国に難民が流入するという事象が極端に南半球に偏っており、受入国の開発、経済発展に

与える影響が大きいことは当然のことながらすでに数十年前から指摘されてきたところである。また、難民の存在がホストコミュニティ、ホスト国に与える政治、経済、社会、文化的な影響についての研究も枚挙に暇がない。

　難民の流入によってホスト国、そして難民キャンプなどが設置される地域コミュニティは、国際社会が難民の支援のためにつぎ込む資源、雇用の創出、インフラの導入、などの恩恵を受ける。しかしながら、実際には大量の難民の存在がもたらすネガティブな影響のほうが、それをはるかに凌ぐといわれてきた。難民の存在は、ホスト国で彼らを受け入れる地域に住んでいる住民との間に、土地、水、住居、天然資源、教育、医療サービス、交通、雇用など、様々な分野において競争関係を生み出し、価格の高騰、賃金の低下などを引き起こす。異なった人種的、宗教的背景を持つ難民と住民との間の摩擦、資源をめぐるいさかい、国際社会からの支援を受けて「優遇」されている難民へのねたみ、など、社会的な軋轢も生まれ、それがさらに広がって難民そのものを拒否する意見や行動すら生まれてくる場合がある。

　こうした状況を踏まえて、難民支援と開発戦略をつなげようという試みはすでに1980年代からなされてきた。たとえば、難民の定住を促進するためにホスト国の開発の枠組みの中で難民を受け入れている地域を開発支援の対象として総合的に考える試みである。地元住民と難民両方が裨益できるような取り組みを行うことで難民を受け入れることで生じるかもしれない問題を減少、回避することを目的にするプロジェクトが、たとえば国際協力機構（JICA）とUNHCRの協力で行われてきたことはよく知られている[17]。今回のCRRFでは、これまでどちらかといえば個別に、しかもアドホックに行われてきた人道支援－開発の連携を、現在（あるいは将来的に）難民を受け入れ庇護を提供する国々に通常のアプローチとして適用する、という試みであることが大きく異なる点として上げられるだろう。そしてこの試みは2）の難民の自立を促進すること、のテーマに密接に関連してくる。

（2） 難民の自立の促進

a 「難民イコール難民キャンプ」の定型からの脱却

これまでは、難民の流出が始まると、第一次庇護の提供国となる近隣国は、国境からさほど遠くない土地を選んでキャンプを設営し、そこに人道支援の場で活動する国際機関、国際NGOや地元のNGOなどが支援物資を提供する、という構図がモデルとして採用されてきた。キャンプにおける難民の保護、そして支援は、地理的、空間的に限られた場所で活動を行うという点からしても、支援する側にしてみれば、難民が置かれている全体の状況を短時間に把握できる、難民の中でも特に脆弱性を抱えた人々を特定し、保護・支援につなげることができる、問題が起こったときにも専門性を有した団体がピンポイントで対応ができる、など、様々な長所がある。しかしながら、実際にはいくつかの問題も生じている。すなわち、キャンプに滞在する期間が長引き国際社会からの支援に頼ることで、難民の自立が阻害されてしまう傾向があること、難民キャンプの管理上、難民がキャンプから出ることを制限している政府も多いことから、そうした規律に反して自らキャンプの外で生活を営もうとする難民はむしろ懲罰の対象となり、ここに移動の自由の権利の侵害という問題が発生する可能性があること、広大な難民のキャンプが存在することによって、木の伐採などにより周辺地域の環境悪化、あるいは地域住民との摩擦が懸念されること、キャンプが存在する地域の開発がその国の開発戦略から置き去りにされてしまう可能性があること、キャンプの存在が、当初の意図に反して、そこに住む難民の保護のリスク（性暴力、人身取引、強制徴集など）を高めてしまうことも考えうること、など、様々な負の影響も指摘されているところである[18]。

こうした経験を踏まえ、庇護国の中には難民の流入があっても、キャンプを設営せず、あるいはキャンプ以外の場所で生活する環境を提供する国も少なからず出てきた。（特にシリア難民の受け入れに関しては、近隣諸国は当初キャンプの設営をせずに臨んだ。）統計を見ても、近年、キャンプの外で生活する難民はキャンプに滞在する難民の数の倍ほどにもなっている[19]。難

民が自らの権利を充分に行使でき、彼らの自立を促進するにはキャンプに隔離するより、その国の国民と同じ生活環境を整えることのほうが望ましいという考えから、UNHCR はすでに 2014 年に「キャンプへの代替政策」を発表している[20]。

 b 難民支援の形をかえる：物から現金支給へ

 難民支援の映像の典型といえば長い列を作って食料や水の配給を待つ難民のイメージであろう。従来、難民の生活に必要なものは人道支援機関が物資を配給するという形で行われてきた。とはいえ、UNHCR はすでに 1990 年代以前から、例えば帰還する難民に物資ではなく、現金あるいはクーポンを配布したり、1990 年代初頭に 37 万人の難民が祖国に帰還したカンボジア帰還事業においても、現金の支給を行ったという経験がある。現金、あるいはクーポンの支給に再び光が当てられたのは、都市部に住む難民の数がキャンプに住む難民のそれをはるかに超え、物理的に限られたキャンプという空間ではない場所でいかに効率的、効果的に支援を行うかという課題に対応することを迫られたここ十数年のことである。特に昨今のテクノロジーの発達はこれまで不可能と考えられていた現金の支給を効率的に、しかも安全に行う道を整えたといえる。

 無論、現金を支給することに対して懸念もなかったわけではない。現金が意図された目的とは違う形で使われてしまうことや盗難など、難民の安全上のリスクを指摘する声も当初はあった。しかしながら、様々なオペレーションにおいて、その特定の環境に適した形で現金支給を導入した結果、高い効果が得られることが実証されてきた。その第一は、難民が自らのニーズに合わせて必要なものを購入することを可能にすることで、その自由がなかったこれまでの状況に比べると、たとえば児童労働、物乞い、生存のための売春、児童婚などの難民保護の問題の出現が減少したことである。次に、これまで全面的に物資の支給に依存していた生活から、自分が必要なものを割り出し、支給される現金の中から計画を立てて支出するということができるようになったことで、人間としての尊厳を持った生活が少しでも可能になっ

た。さらに、難民が地元で物品を購入することで、地域経済も潤うという効果が生まれること、などである[21]。UNHCRは、2020年までに支援全体に占める現金支給の割合を2015年の倍にすると公約していたが[22]、2015年には3億2,500万米ドルであった現金支給を2016年には6億8,800万米ドルに増額し、その額は初めて現物支給のそれを超えた。こうした現金支給は単に食糧や生活必需品の購入に充てられるだけでなく、教育、保健衛生など他の分野においても試みられており、今後の展開が期待される。

　c　難民支援を国の開発計画に組み込む

　流入してきた難民への支援はこれまで、その国の社会経済政策、あるいは開発計画とは別個にしかも並列的に組み立てられるのが通例となってきた。すなわち、難民の流入と同時に国際機関や国際人道NGOが資金と人的資源を携えて難民の庇護国で活動を開始し、難民キャンプという限定された空間で支援にあたってきたわけである。しかしながら、これまでなされてきた多くの研究は、むしろ庇護国の様々な社会経済的な枠組み（特に開発計画）に難民を組み込んで支援することのほうが効率的であり、かつ難民とホストコミュニティ双方の利益につながると指摘してきた。特に都市部において難民の支援を行うに当たっては、発想の転換が求められてきた。

　実際、今回グローバルコンパクトを作成するにあたり、UNHCRが取ったアプローチは、こうした概念を机上のものとして提示するのではなく、実際に難民のオペレーションにおいて実施し、そこで得た教訓などを盛り込んだ形でこの文書を完成させるというものであった。それを踏まえ、これまで13の国[23]で特に(1)と(2)に関連した試みが実行に移されてきた。

　例えば、エチオピアの例を見てみよう。近隣諸国において紛争・迫害が続く中、エチオピアには今でも毎日のように難民が流入し、その数は88万人以上といわれている。アフリカではウガンダに次ぎ二番目に多くの難民を受け入れている国である。2016年のニューヨークの会議においては、CRRFに関連してエチオピアは具体的に九つの誓約を提示したが、より包括的で法的拘束力のある宣言が国内で発効する予定となっている。その中には、キャ

ンプの外で難民が生活することを許可すること、難民に労働許可を与えること、より多くの難民の子どもが小、中、高校に就学することを支援すること、難民への基本的な社会サービスを充実させること、などが含まれている。

こうした具体的な活動を実現するために、UNHCRとの協力の下、エチオピア政府は関連省庁、連邦機関、世界銀行や国連開発計画（UNDP）などの開発機関、NGO、ドナー国など多岐にわたる団体が入った運営委員会を立ち上げた。エチオピアのこうした取り組みを後押しするために、人道機関のみならず、開発機関からの資金協力も仰ぎ、ここに世銀とUNHCRが共同してエチオピア政府の誓約実現のために必要とされる資源の確保に密接に協力するといった連携も始まった[24]。

ニューヨークの会議から1年の間に、小学校に通えるようになった難民の子どもたちの数は2万人に上った。また、2017年8月には、登録証に関する法改正が行われ、10月には、発行が開始された。これによって難民の出生、婚姻、死亡などの記録がきちんと管理されるだけでなく、無国籍者の削減につながることも期待されている。これに加えて、難民は国の社会サービス、支援、そして労働許可にもアクセスが可能となった。こうして難民の権利が徐々に実現されている背景には、エチオピア政府の誓約実施への強いコミットメントがあったことは言うまでもない。国内法の整備、行政の対応など、構造的な改革も求められるからである。また、特に開発機関との強力な連携関係が一連の誓約実施を円滑に進めるうえで大きな役割を果たしていることは自明である。こうした成功例にならって国レベルのみならず、地域レベルで、たとえば、ソマリアからの難民を受け入れている国々の間で、あるいは中米においても議論が進んでおり、具体的な良き参考例が生まれてきている。難民の最低限の生活が確保されれば良しとせざるを得ないといったこれまでの人道支援の奥底にあった一種の諦観から、難民も機会を与えられれば地元コミュニティに貢献することができ、彼らのみでなくホストコミュニティも潤うことができるというモデルが作り上げられていくことへの期待は

高い。

　こうした難民支援に関する新しいモデルを開拓してゆく中で中心的な役割を担うのが、開発機関である。過去数十年にわたって、人道支援と開発の連携の必要性は何度も指摘され、様々な試みが行われてきたものの、どちらかというとアドホックな協力関係に終始していた。CRRFにおいて特に世銀グループとの協力関係の強化の一環として試みられたのが、通常は開発機関の援助・資金融資の対象とならない中所得国における協働である。ここでは、たとえば中東において、難民の流入に直面した中所得国に譲許的国際融資制度を活用することで資金の融資が可能になった。また、低所得国で難民を受け入れている国を対象として、おおよそ1,000億米ドルが補助金、あるいはローンとして世界銀行グループで最貧国を援助対象とする国際開発協会（IDA）によるIDA第18次増資（IDA18）を通じて配分されることが決定されている。世銀グループのみならず、その他のグローバルな、あるいは地域的な開発機関との協力も進める一方、国際労働機関（ILO）とは難民の雇用へのアクセスについて連携を行ったり、保健の分野では世界保健機関（WHO）と、教育や子どもの保護の分野では国連児童基金（UNICEF）と協力関係を深めるなどの様々な取り組みが行われている。難民ホスト国への援助を開発機関の政策の一部として庇護国の開発計画に包含し、資金の確保を行い、そして何よりも難民を「財産」として捉えることは、国連の持続可能な開発のための2030アジェンダの「誰一人として置き去りにしない」というテーマにも即したものといえよう。

（3）　様々な形態を通じた難民の受け入れ

　さて、第三、第四のポイントは難民の恒久的解決に関連するものであるが、（3）は、第三国定住、あるいはその他の補完的受け入れ制度の拡大に向けた取り組みである。第三国定住とは、本国への自主帰還、第一次庇護国での定住と並行して難民問題の恒久的解決策の一つとしてあげられているが、難民の中でも特に脆弱であると見なされるカテゴリーに属する人々、あるい

は安全上の理由から当初庇護を求めた国にとどまることのできない人たちに新しい生活を提供するものである[25]。伝統的には、アメリカ、ヨーロッパ諸国、オーストラリア、ニュージーランドなどがこうしたプログラムを提供してきたが、近年では新たな国も加わり、数も増えてきた[26]。日本も2010年に第三国定住プログラムをパイロットプロジェクトとして開始し、1年に約30人のミャンマーからの難民をタイのキャンプから受け入れることを決定した。その後、選考対象の国、基準なども徐々に拡大され、現在までに8グループ、154人が日本に到着し、生活を営んでいる。

　上記にあげたような理由で第三国定住を必要としている人の数は、しかしながら実際に各国が提示する受け入れ枠の10倍にも上るといわれている。しかもシリアにおいて紛争が始まってからは、ニーズは増加し続けている。2016年には他国に逃れた500万近いシリア難民の10%を第三国定住あるいは人道的な受け入れのプログラムの下で受け入れ、第一次庇護国の負担を軽減し、難民に安心して暮らせる生活の場を提供してほしいとUNHCRは各国に呼びかけた。日本も含む多くの国がその呼びかけに応えている。従来の第三国定住プログラムだけではなく、大学、専門学校などで学ぶことのできる奨学金プログラム、企業などがインターンシップや雇用を提供することで難民が第三国において労働に従事することのできるプログラム、重度の疾病や負傷の治療を医療の先進国が提供するプログラム、あるいは査証の給付の条件緩和、家族呼び寄せの簡易化など、様々な形のプログラムが生まれてきている。特に、命を賭して地中海を渡る人々が直面する危険を少しでも減らすために、合法的に、例えば家族がいる第三国に移ることができるようなプログラムも期待される。日本も5年間で150人のシリア人留学生を受け入れるプログラムが2017年から始まっている。このプログラムには将来的にシリアが平和になった時に、日本で勉学を終了したシリア人が祖国に帰還して国の復興に寄与するという目的も含まれ、日本の外交の柱の一つである平和構築の概念とも符合する。

　しかしながら、例えばシリア難民については、第三国定住あるいはその他

の形態によって各国が受け入れると[27]表明した数は25万人程度にとどまり、当初の目標の半数にしか達していない状況であるし、長年第三国定住を先導してきた国がプログラム裨益者の数を大幅に減らすなど、目標達成への道のりは長いとの見方がある。

（4） 難民の自主帰還への支援

　最後の（4）は難民の帰還に向けた取り組みである。前述した難民問題の恒久的な三つの解決策の中でも、おそらく大方の難民が最も望むのは自国に戻ることであろう。過去には難民の出身国において根本的な政治情勢の変化が訪れた場合に数十万、数百万の難民が祖国に戻ることが可能になったこともあった。しかしながら、ここ数年は帰国する難民の数は10数万から20万人程度に留まってきた[28]（2016年には2008年以降最大の55万人が帰還）。そうした中、自主帰還を考えるときに、おそらく最も必要となってくるのは、紛争によって崩壊した公的、社会的インフラを復興・整備し、法を根拠にきちんと機能する政府の確立、そして帰還の途につく難民を迎え入れるコミュニティの開発ということになろう。同時に、長期にわたり国から離れていた難民の声、特に難民女性の和平交渉プロセスへの参加を可能とし、彼ら・彼女らの声をきちんと反映する形で新しい国作りのプロセスが進んでいくことが望ましい。特にこの分野で必要とされているのは、難民の帰還が安全・自主的に行われ、それが持続的なものとなるような環境整備であることは言うまでもなく、この分野でもまさしく従来から言われてきた人道支援から開発援助への円滑な移行が継ぎ目のない形で行われる必要がある。そのためにも、二者間の連携が難民発生の初期から協働体制が構築されることの重要性にとどまらず、難民の帰還が出身国の開発戦略そのものの中に根差した形で組織的に練られていくことが必要となろう。

おわりに

　ここ 1 年のプロセスを眺望するに、本稿で述べた様々な変化が現場で起こっていることは確かである。特に CRRF を実施している 13 の国では難民の権利の実現が法、行政レベルで進んでいる。また、難民支援において開発機関の果たす役割も根本的に変化し、強力な財政基盤を背景に中・低所得国で難民を受け入れている国の支援に携わり、ホスト国の開発計画に難民の存在がしっかりと包含される例が生まれてきている。これまで難民問題には無縁であった組織、企業、団体、教育機関、そして一般市民が難民問題に関心を寄せ、難民受け入れの直接の担い手となってきている。

　難民に関するグローバルコンパクトのプロセスは、テーマごとの議論が 2017 年末でひとまず終り、2018 年に入ってグローバルコンパクトの起草作業が始まった。難民と移民の大規模な移動に国際社会がいかに対応していくか、という議論が国際社会全体を巻き込んで進んでいることを、難民の国際保護を強化するまたとない機会の到来であると考える者もあれば、一連のプロセスに懐疑の目を向ける者もいる。確かに、難民に関するグローバルコンパクトと同時並行で作成が進められている安全な、秩序あるそして正規の移住のためのグローバルコンパクトは、アメリカの離脱宣言により大きく揺れている。また、この二つのグローバルコンパクトの内容の調整はこれからの作業となる。

　現在までに公表されたグローバルコンパクトの草案を見る限り、この文書が目指すところは難民保護のために何がなされなければならないか、という原則論を提示するのみならず、それをいかに現実的に、しかも国際社会全体が公平に責任を分担しながら履行してゆくかというメカニズムも提案しようとしていることが理解できる。すなわち、1）様々な難民のオペレーションにおいて、ホスト国が UNHCR からの技術的なサポートを得ながら難民保護が最大限に実現されるための包括的な支援計画を立てること、2）計画の

実現を、様々なアクターが参加するグローバル支援プラットフォームが財政的、物的に支援する、3)「指標」を導入し、難民保護の進捗状況を客観的に評価する、4) 2019 年を皮切りに 3 年ごとにグローバル難民サミットを開催し、難民のホスト国が必要としている支援に対して、国際社会の様々なアクターがプレッジ（誓約）を行うことで、責任・負担の共有を実現していく、というものである。

　上述した案がすべて実現されれば、難民保護・支援のあり方は新たな段階に入っていくであろう。だが、同時にいくつかの疑問点も浮かび上がってくる。まず、庇護国による包括的な計画策定であるが、当該国が難民保護の理念からかけ離れた方針、政策を打ち出した場合は、いかに対処するのか。難民が大量に自国に流入することに警戒心を抱き、受け入れた多くの難民が長きにわたって自国に滞在し続けることに不満を持つホスト国と「包括的な」難民保護の内容を話し合い、計画を練ることはどこまで可能か。難民保護の質の向上はそうした環境の中でどこまで果たせるのか。あるいは現代のようにいくつもの大規模な難民オペレーションが同時進行し、しかも解決が長引く難民問題も一つの手に余るほど存在する中、これらのオペレーションに必要な支援を、国際社会のメンバーが等分に責任を共有しながらしかもすべてのオペレーションに均等にコミットしていくということは可能だろうか。いずれは、これまでと同様、難民オペレーションの中でも政治、経済的理由から優先順位がつけられ、結果として「忘れ去られた難民問題」は置き去りにされたままにならないか。開発機関との協働がここ数年で緊密になったことは歓迎すべきことであるが、人道支援の分野における全般的な予算不足の解消を開発機関に過度に期待していないか。「指標」の設定はどこまで難民保護の質の向上につながると考えられるのか。今後開催が提案されているグローバル難民サミットにおいて、様々なアクターからの支援が確約されるのは重要であるが、回を重ねるにつれ、そうしたコミットメントは最小値にとどまってしまう危険性はないか、などがまず思い浮かぶ。こうした疑問への答えを求めることもさることながら、最も大切なのは、この秋には国連総会

に提出されるグローバルコンパクトが、難民保護と彼らを取り巻く環境の改善・向上にどれだけ寄与するものであるのか、ということであろう。これからの議論を注視したい。

〈付記〉本稿は執筆者の責任によって作成されたものであり、国際連合の公式な見解を表すものではない。(The views expressed herein are those of author and do not necessarily reflect the views of the United Nations.)

〈注〉

1　UNHCR, "Global Trends: Forced displacement in 2016," accessed 23 November 2017, http://www.unhcr.org/5943e8a34.pdf.
2　UNHCR, "Global Trends," *ibid.*, p.20.
3　*Ibid.*, pp.24-28.
4　*Ibid.*,p.22.
5　UNHCR, "Syria Regional Refugee Response," accessed 23 November 2017, http://data.unhcr.org/syrianrefugees/regional.php#_ga=2.159348666.1052487054.1512363728-1716433258.1509751159.
6　UNHCR "Note on international protection," (3 June 2016 EC/67/SC/CRP.10), accessed 30 November 2017, http://www.unhcr.org/excom/standcom/576ba62a7/note-on-international-protection.html, UNHCR "Note on international protection," (16 June 2017 EC/68/SC/CRP.12), accessed 30 November 2017, http://www.unhcr.org/594a56cf7 などを参照。
7　Volker Türk, "Statement to the 68th Session of the Executive Committee of the High Commissioner's Programme," 5 October 2017, accessed 30 November 2017, http://www.unhcr.org/admin/dipstatements/59d4b99d10/statement-68th-session-executive-committee-high-commissioners-programme.html.
8　難民と移民の大規模な移動への対応に関する国連総会の上級全体会合は、2015年12月22日、国連総会決議 A/RES/70/539 において正式に了承された。また、この会議開催を前提として国連事務総長が提出した報告書は以下である。
"In safety and dignity: addressing large movements of refugees and migrants," Report of the Secretary-General, UN Document, A/70/59, 21 April 2016,

accessed 6 September 2017, http://refugeesmigrants.un.org/sites/default/files/in_safety_and_dignity_-_addressing_large_movements_of_refugees_and_migrants.pdf.

9 "New York Declaration for Refugees and Migrants," UN Document, A/RES/71/1, 3 October 2016, http://undocs.org/a/res/71/1.
ニューヨーク宣言の内容などについて簡単にまとめたものは以下を参照。"New York Declaration for Refugees and Migrants: Answers to Frequently Asked Questions," 5 December 2016, accessed 6 September 2017, http://www.unhcr.org/57e4f6504, UNHCR, "New York Declaration: UNHCR Quick Guide," January 2018 Update, accessed 15 January 2018, http://www.unhcr.org/57e4f6504.

10 UNHCR, "Towards a global compact on refugees: a roadmap" 17 May 2017, accessed 6 September 2017, http://www.unhcr.org/events/conferences/58e625aa7/towards-global-compact-refugees-roadmap.html.
その他、ニューヨーク宣言およびCRRF、グローバルコンパクト策定の進捗状況などについては、以下で情報を得ることができる。UNHCR, The UN Refugee Agency, accessed 15 December 2017, http://www.unhcr.org/587dfb3b4.

11 Volker Türk, 'A Minor Miracle: A New Global Compact on Refugees' Address at the Andrew & Renata Kaldor Centre for International Refugee Law, University of New South Wales, Sydney, 18 November 2016, accessed 15 October2017, http://www.unhcr.org/admin/dipstatements/583404887/minor-miracle-new-global-compact-refugees.html.

12 "High-level plenary meeting on addressing large movements of refugees and migrants, Agenda items 13 and 117 (continued) Integrated and coordinated implementation of and follow-up to the outcomes of the major United Nations conferences and summits in the economic, social and related fields Follow-up to the outcome of the Millennium Summit," UN document, A/71/PV.7, 19 September 2016, accessed 6 September 2017, http://www.un.org/en/development/desa/population/migration/generalassembly/docs/A_71_PV7_E.pdf.

13 難民条約前文「難民に対する庇護の付与が特定の国にとって不当に重い負担となる可能性のあること並びに国際的な広がり及び国際的な性格を有すると国際連合が認める問題についての満足すべき解決は国際協力なしには得ることができないことを考慮し、」を参照。

14 Volker Türk, *op.cit.*

15　UNHCR, "Global Trends," *op. cit.*, p.20, http://www.unhcr.org/statistics/unhcrstats/5943e8a34/global-trends-forced-displacement-2016.html.

16　*Ibid.*, pp20-21.

17　たとえば、UNHCR駐日事務所『レフュジーズ5号：特集日本のチカラ、ありがとうJapan』2010年、14頁（http://www.unhcr.org/jp/wp-content/uploads/sites/34/2017/04/REFUGEES_vol5.pdf, 2017年11月15日閲覧）。具体的な例としては、ザンビア・イニシアティブなどがあげられよう。

18　UNHCR, "UNHCR Policy on Alternatives to Camps," 22 July 2014, p.4, accessed 15 October 2017, http://www.refworld.org/cgi-bin/texis/vtx/rwmain?page=search&docid=5423ded84&skip=0&query=alternatives%20to%20camps.

19　UNHCR, "Global Trends," *op. cit.* p.55. この統計によると、63％の難民、避難民がキャンプではない場所に住んでいたとされている。

20　UNHCR, "UNHCR Policy on Alternatives to Camps," *op. cit.*

21　現金支給に関する政策、戦略については以下を参照。UNHCR, "Policy on cash-based interventions," accessed 15 December 2017, http://www.unhcr.org/protection/operations/581363414/policy-on-cash-based-interventions.html?query=policy on cash-based interventions, UNHCR, "Strategy for the institutionalization of cash-based interventions in UNHCR" (2016-2020), accessed 1 December 2017, http://www.unhcr.org/protection/operations/584131cd7/unhcr-strategy-institutionalisation-cash-based-interventions-2016-2020.html?query=policy on cash-based interventions.

22　30以上のドナー国、主要国連人道機関、赤十字・赤新月社、NGO間の議論の末に2016年5月に開催された世界人道サミットにおいて提示された「グランド・バーゲン：支援を必要とする人々によりよく奉仕するための共通誓約」の中に、現金支給のプログラムの使用およびそうしたプログラム作成の調整を増やすことが盛り込まれている。Inter Agency Standing Committee, "The Grand Bargain – A shared commitment to better serve people in need," accessed 15 November 2017, https://interagencystandingcommittee.org/system/files/grand_bargain_final_22_may_final-2_0.pdf.

23　ベリース、コスタリカ、ジブチ、エルサルバドル、エチオピア、ホンジュラス、ケニア、メキシコ、パナマ、ソマリア、ウガンダ、タンザニアにおいて展開されている。

24　エチオピアにおけるCRRF実施の具体的な進捗状況については、http://www.

unhcr.org/ethiopia-592fd4854.html（2017年11月30日閲覧）を参照。
25　UNHCR が第三国定住プログラムの選考基準としているのは、以下の7つの理由である。すなわち、1）法的保護または身体的保護ニーズ、2）暴力または拷問のサバイバー、3）医療ニーズ、4）危機に瀕する可能性のある女性および少女、5）家族再統合、6）危機に瀕する可能性のある子どもおよび若年者、7）予見可能な他の2つの恒久的解決策の欠如、である。UNHCR 駐日事務所『UNHCR 第三国定住ハンドブック』（ジュネーブ 2011年7月改訂、日本語版 2012年12月）http://www.unhcr.org/jp/wp-content/uploads/sites/34/protect/ref_unhcr_Resettlement_Handbook_2012_JPN.pdf。
26　現在第三国定住あるいはその他の制度で難民を受け入れているのは 37 カ国である。
27　UNHCR, "Resettlement and Other Admission Pathways for Syrian Refugees" accessed 15 November 2017, http://www.unhcr.org/protection/resettlement/573dc82d4/resettlement-other-admission-pathways-syrian-refugees.html.
28　UNHCR, "Global Trends," *op.cit.*, p.26, http://www.unhcr.org/5943e8a34.pdf.

2 "グローバル難民危機"と過渡期の難民・強制移動研究

小 泉 康 一

はじめに

　人の強制移動には長い歴史があるが、多くの人は疑いもなく近代の現象と考えている。近年、いわゆる欧州へ流れ込む難民が、社会の大きな関心をたかめた。しかし戦火や迫害から逃れた人々は、遠い昔の時代から欧州大陸に存在していた。危機と感じる背景には、自分たちの社会に増え続ける、多様な「他者」への怖れがある。難民の定住と社会への編入の問題は、国のアイデンティティの概念に挑戦する問題となり、国としての共通の規範や価値が危険にさらされているという感覚がある。

　難民の問題は、「北」の国々に移り、一般に途上国で人道援助をどのように配布するかという元々の焦点が転換し、他の移民から難民の地位をどう区別するかが、とても重要になった。人のグローバルな移動に直面して、難民は過去のように「南」の国々に閉じ込められていることはなくなり、欧州内やその周辺での暴力紛争による難民流出もあって、国際難民制度の中心は、根本的に北へ移動した。

　欧州の反応は、途上世界にも波及した。大半の国々が、難民や移民を追い出すために、先進国と似たような法律や政策をつくりはじめた。こうなると、難民の流入を防ぐため、国家は1951年国連難民条約（以下、難民条約）の難民の定義についての従来の解釈を変え、厳格な適用をおこない、場合に

よっては無視するまでにいたった。

　従来、近隣国の難民に寛大さを示してきたアフリカ諸国でさえ、新しい難民を受け入れることにためらいを感じ始め、受け入れのコストを問題にし始めた。これは受け入れ状況の悪化につながり、難民キャンプ（以下、キャンプ）内の生活状況の劣悪化で、キャンプを出て都市で生活する難民の数を増やすことになった。難民はその場所で、少なくとも5年以上、解決の見通しのないまま、ただ待つだけの生活をおくっている（滞留難民状況）。

　この種の話は、現下の協力的な国際秩序に、最大の脅威となる。国際的な妥協と多国間協力に抵抗する力が増す中で、バラバラになった力のために、国連の活動は複雑さを増している。今一度、国際的な対話をおこない、問題を解決する必要性が出ている。その際の論議の出発点は、具体的な証拠にもとづく分析であり、現状の適切な理解・把握である。対策に取り組む国連各機関に、研究はどのような視点と方法から、向きあっていくべきであろうか。そのため、本稿は現代の人の移動の問題を、強制移動の視点から分析し、この研究のかかえる特徴と限界を明らかにしながら、国連システムの各機関の政策、計画、実施を今後分析したり、提言する際の一つの視点を提供したい。

　分析の手順として、以下まず最初に、難民をめぐる危機の諸相を描写する。次いで、簡単に研究の歴史を振り返る。第三に、難民・強制移動研究がもつカギとなる論点を明らかにする。そして第四に、研究上の用語、概念、プロセス、倫理を検討する。最後に、難民・強制移動研究の学問としての将来の見通しを述べて、結びとしたい。

1　難民をめぐる危機の様相

　難民の分類につかわれる定義は、逃亡の原因、もしくは逃亡する人々の動機や国際法の基準や原則に基づいている。しかしこれらの法律・行政上の区分は、難民の実際の避難の社会的現実や政治的な現実に十分に対応していな

いといわれる。それらは少なくとも、逃亡後に難民がこうむる経験に基づいてはいない。政策上でつくられた行政的な区分をこえて、実際には何が起きているかを理解することが重要になっている。難民の法的区分は、研究上の枠組みとはならない。

　人々の逃亡には、複雑で構造的な多様な原因があるのに、逃亡した人々をおなじように難民と解釈することがおきている。今や、難民条約にはない「真正の難民」（genuine refugees）という言葉があり、暗黙に接頭辞のない難民からは区別されている。一方では、「経済難民」、「開発難民」、「人道上配慮を要する人」、はたまた「環境難民」と次々と新しい言葉がうまれている。グローバリゼーションの時代に、難民のラベルを作りかえ、ラベルを作れば作るほど、難民に該当する人は少なくなる。

　難民という用語は益々、強制移動民のどんなグループを呼ぶさいにも使われている。難民と呼ぶより、大方はむしろ庇護民（asylum seeker、難民認定申請者ともいう）あるいは一般に「避難民」という呼び名の方がふさわしいが、難民があらゆる移民の最初の名称になっている。これらの庇護民は、例えば多くの欧州国家で、移住の地位、政策で制度化されている。本稿では、便宜上、彼らも難民（あるいは避難民）と呼んでいる。

　先進国世界ではどこでも、難民数を減らせば、難民の地位を十分に与えることができる。種々雑多な人々からなる庇護民の出現で、各国は全体として、これまで確立した難民への権利を停止したり、難民と認定される前の、庇護民という人々の審査の煩雑さに忙殺されている。それに要する費用は莫大で、優に各国の国連難民高等弁務官事務所（UNHCR）への拠出総額を上回る。

　難民への増え続ける敵意と周辺化政策に対して、特に欧州の国々では、難民側も民族別、国籍別に社会組織をつくり、社会排除に対抗している。公式、非公式の連絡網がつくられ、国家からの援助の隙間をうめている。こうした連絡網は、経済分野で重要な働きをし、難民の小企業の設立を助けたり、故国への送金をおこなうことを可能にしている。難民の送金をつうじ

て、難民による国際政治経済への影響が広く認識されてきている。

　国境を超えた社会の変化は、グローバル化された時代の強制移動の根本原因である。しかし、北の先進受け入れ国ではこの重大な社会変化は、一般に歓迎されてはいない。これらの構造的な変化にもかかわらず、行為者としての難民・強制移動民の役割を理論化する仕事はかぎられている。

　強制移動民（難民もその中に含まれる）は、他からの何らかの強制的な理由により移動するが、危機にあい、個人の選択肢が限られる状況にあっても、逃げるか残るかという決定はくだすことができるために、本質的には自発的な理由で移動する、より大きな移民集団の一つの種類である[1]、と考えられる。「強制移動」の定義が、年とともに拡張され曖昧になる一方、難民という特別な地位は、知的に一貫した合理性があり、歴史的な事象に根ざしているがゆえに、いまなお存在する価値は高い。難民条約上で難民に該当する人の数は相対的に少なくなったが、いまなお十分存在に値する理由がある。強制移動と自発的移動の間の区別は依然、重要性を保っている。

　強制移動をひきおこすのは、新たな国家形成（インド・パキスタンの分割）、政治的迫害、民族浄化、ジェノサイド（ルワンダ、ボスニア・ヘルツェゴビナ）、災害や開発関連の事柄、環境変化（バングラデシュ、太平洋諸島）など、様々な要因があるが、これらの間のちがいを従来にも増して明らかにすることは、この研究の発展にとって重要な意味をもっている。

　私たちはこれまで見たことのない人間移動の危機を目にしていると言われる。しかし現代のこの状況は「危機」、あるいは「グローバルな緊急事態」なのであろうか。マス・メディアが現実を過大に報道したこともあるが、むしろ根底にあるのは、過去からある問題が累積し暴発した結果であり、解決を先延ばしにしてきた、つけがまわってきたというべきではなかろうか。難民危機は、地域でのかけひきや植民地解放後の紛争で引き起こされたとしても、大局的にみれば＜南―南＞現象として、「北」の先進国に封じ込められてきた[2]、という。それが暴発したのである。

　あえて言えば、西側への難民の逃亡というものに目をまどわされず、アジ

ア、アフリカ、南アメリカ、アラブ地域その他の途上国での、人の国際移動の研究が優先されるべきだと考えられる。世界中の難民の10分の9は途上国にいる。

　難民・強制移動研究は、人道ばかりではなく、グローバリゼーション、国際協力、平和、開発、人権、国連機関等の国際機関、様々な国際制度、非国家組織の役割、地域主義、南北関係、トランスナショナリズム、安全保障その他と密接にかかわっている。

　世界は異なる利害関係と能力・容量をもった多彩な国々の集まりである。協力行動を見いだすのはなかなか難しい。人が苦難をのがれ、苦境に陥っている場合、主要な行為者の一つである国連各機関は、避難のニーズに応えねばならない。その際、もし一貫性がなく、単に経験に基づく、政策的な分類枠組みで境界線が引かれるなら、それ以外の事柄、人々が見えなくなってしまうおそれがある。

　移り変わる世界を考え、時代を読み解く学問的手段として、難民・強制移動研究が、国連システムの各機関等の仕事と関わりをもち、どの程度内容的に深められているのかを理論的に大筋で探ってみることは、現代の「難民危機」を考えるうえで、十分意味があることだと思われる。

2　研究略史

　難民・強制移動研究が学問分野として現れたのは1980年代だが、人文、社会、政治科学を横断したこの研究は、それまでに長く、重要な歴史がある。1920年代、1930年代、学者は第一次世界大戦中に生み出された大量難民の移動を論じている。第一次大戦後に各国で起きた移民制限策の前に、苦難を逃れる人々に対し、難民という分類がつくられたが、なぜ人々は国を離れるかについては、あまり関心がはらわれなかった[3]。

　研究はむしろ、新しい国での生活に焦点をあわせ、異国人の大量流入で怖れを感じた地元民社会へ、移民が編入される手段を論じていた。現在のよう

な、難民や他の移民にたいする反発はまったく新しい現象ではなく、当時の移民研究は受け入れ側に抵抗がおきていたことを明らかにしている。第一次大戦時の難民移動は、1940年代末よりも規模は小さかったが、人々の避難は同時代の人に衝撃となった。

　二つの大戦中と第二次世界大戦後、歴史家は難民移動と、難民を保護・援助するために作られた国際機関の役割を考察している。彼らは1920～1930年代、1940～1950年代につくられた国際機関に焦点をあわせている。この時期、二つの大戦後に残されたキャンプについての数多くの研究があり、難民についての研究が豊富に存在している[4]。ただし、これら初期の考察は、国家や国際機関の仕事について批判的な目が不足しているといわれるが、1970年代、そして80年代初めになると、研究者は歴史の現実を批判的にみるようになってきた。

　この時期、法律学者は活発な働きをして、難民の定義、庇護、保護についての国内法や難民条約の条項に関心を集中している。彼らは難民認定手続き、UNHCRの役割など、より広範な政策志向のアプローチをとっている。法制度では、ホルボーン（Louise Holborn）の『難民：我々の時代の問題：国連難民高等弁務官の任務、1951-1972』（*Refugees: A Problem of our Time: The Work of the United Nations High Commissioner for Refugees, 1951-1972*, 1975）や欧州での歴史研究では、マルス（Michael Marrus）の『望まれない人々：第一次世界大戦から冷戦までの欧州難民』（*The Unwanted: European Refugees from the First World War through the Cold War*, 1985）がある。アメリカでは1981年、キーリイ（Charles Keely）が世界の開発課題は、国際的な難民危機の理解と一致させるべきだとした。同年、『国際移住リビュー』（*International Migration Review*）が初めて、難民移動を扱っている。ローシャー（Gil Loescher）とスカンラン（John Scanlan）の『計算づくの親切心：難民とアメリカの半開きの門戸、1945－現在』（*Caluculated Kindness: Refugees and America's Half-Open Door, 1945 to the Present*, 1986）はアメリカの戦後の難民政策への最初の包括的な批判的研究である。

難民・強制移動研究で忘れてならないのは、人類学の貢献である。そのさきがけは、おそらくコルソン（Elizabeth Colson）の政治人類学の調査で、1942年〜43年にアリゾナ州のポストン戦時転住所（Poston War Relocation Camp）でおこなった日系米人の調査である。そこはカリフォルニア州から日系米人二世が主に第二次世界大戦中、強制収容されていた[5]。そしてその後、彼女は1950年代、60年代に植民地が解放される中での人々の避難や強制移住の経験を分析している。

1970年代以降、人類学者は暴力や福祉の研究だけではなく、強制避難の民族誌的研究に関与するようになった。ロイゾス（Peter Loizos）の『ねじ曲げられた心』（*The Heart Grown Bitter*, 1981）やハレルボンド（Barbara Harrell-Bond）の『押しつけ援助』（*Imposing Aid*, 1986）が記念碑的な作品である。人類学者は、キャンプに収容された人々の経験を描写した。

1980年代初めまでには、難民は世界的に重要な問題となっていた。欧州、北米に庇護民が押し寄せ、東南アジア、パキスタン、イラン、アフリカの角、南アフリカ、メキシコ、中央アメリカでは大量に難民が滞留した。フォード財団などは、研究組織や個人に資金を出して、プロジェクトを実施した。

1980年代、研究者は、難民や、国家の開発プロジェクトなどで、土地や資源をうばわれた人々、災害の被災者、こうした人々が受けた様々な種類の強制移動の研究からの発見をもちよりはじめた。大規模ダムの建設がもたらす人々の強制移転の問題は、世界銀行で大きな懸念となった。チェルネア（Michael Cernea）らは、追い立ての危険にあう人々の経済的、社会的影響を評価する指針を作成している。

この時期、研究者たちは、自分たちが発見した成果が一般の人々と政策担当者にとどき、難民や危険な目にあっている人々に声をだす場をつくろうとしてきた。1982年、英オックスフォード大学に「難民研究プログラム」（Refugee Studies Programme: RSP、後に Refugee Studies Centre: RSC と改称）が出来たのは偶然ではなく、RSP は研究とその成果を強調した学術

計画を発展させ、難民はもちろん、政策担当者や行政官をセミナーや研究会にさそいこんでいる。RSP はハレルボンド（Barbara Harrell-Bond）が創始者であり、最初の所長となった。彼女は、他の分野で個別におこなわれていた難民生活の各面を相互に関連づけ、広範な展望にもとづく教育訓練計画を発展させた。

1980 年代は研究が沸騰した時代であり、研究や政策分析の明確な分野として難民・強制移動民研究があらわれ、新しい研究組織や教育機関、政策研究所が次々と設置された。RSP のほかに、カナダ・トロントのヨーク大に「難民研究プログラム」(the Refugee Programme)、ワシントン D.C. の「難民政策集団」(Refugee Policy Group) などは著名である。その他民間には、すでに「アメリカ難民委員会」(the US Committee for Refugees, 後に the US Committee for Refugees and Immigrants と改称)、「人権法律家委員会」(the Lawyers Committee for Human Rights)、そして「欧州難民・亡命者評議会」(the European Council on Refugees and Exiles) があり、難民や庇護民への支援をひろげている。その後、アメリカの各大学、欧州各国そして南アフリカ、エジプト、ウガンダ、タイなどの大学に続々と関連の研究施設や、教育訓練のコースが設けられた。

英オックスフォード大学の RSP は、世界の先陣を切って、ふたつの新しい学術専門誌、『難民研究ジャーナル』(*the Journal of Refugee Studies*) と『国際難民法ジャーナル』(*the Journal of International Refugee Law*) をそれぞれ、1988 年と 1989 年に発刊している。同じ 1989 年には、実務家用のニューズレター『強制移動リビュー』(*Forced Migration Review*) も発刊している。

世界の研究者のフォーラムとして、RSP の尽力で多くの学問分野から世界中の研究者がオックスフォードに集められて、「難民・他の避難民についての国際研究・諮問委員会」(the International Research and Advisory Panel on Refugees and other Displaced Persons: IRAP) が 1990 年に設立された。パネルの結成で、RSP は避難民のすべての種類について研究をお

こなうという、より広い使命にむけて動きはじめた。しかし、年を追うごとにIRAPへの参加者が増え、国際学会として「国際強制移動研究学会」(the International Association for the Study of Forced Migration: IASFM) に発展的に解消することが適切と判断された。学会の設立時には公式に、「難民研究」から「強制移動研究」への転換が確認された。

過去30年、難民・強制移動研究は、比較的少人数の学者、政策研究者の関心事であったものから、既存の諸科学を横断して、避難を研究するグローバルな学問に成長してきた。1980年代以降、唱道や政策立案といった事柄をこえて、学問的に価値ある独立の分野として、発展を続けてきている。

危機といわれる現下の状況の中で、UNHCR等の国連各機関、ドナー、各国政府は、自分たちの事業の改善を望んでいる。おそらく、そう思われる。強制移動研究は、難民・強制移動民が発生する状況や形態、国内避難民の権利、人の密輸と人身売買、国境を越えた犯罪、人道介入など、国連がかかえる問題と実際の事業を評価・研究し、数多くの報告・提言をしてきた。そして、これまで国連機関等から委託された強制移動研究の多くが、実務者、政策立案者の事業を評価するため、その目的に沿った研究を続けてきている。これは、国連への研究による関与である。研究にとって、この点は、政策立案者や実務家の行動や思考に、影響を与えることを意味する。その結果、状況の改善に役立つことは好ましい。

その一方、現実はというと、はなはだ複雑である。例えば欧州内での話だが、西欧での難民認定手続きが適切ではないという提言、文献が数多く出ているのに、実際上、欧州各国の国内政策への影響力はほとんどない、と言われる。こうした状況下では、負担分担のような提言も、西欧各国の担当者がわずかな注意を払っただけ、という状況がある。また、提言の「つまみ食い」の話もよく聞かれる。それでは、根本的な解決にはならない。

また、研究の中で政策的な関心が独占すると、未熟な理論で、悪くいえばお役所的な利益を志向した仕事になるだけでなく、政策に適切に資するという本来的な目的にさえ、基本的に合わないおそれが出てくる。国家の安全保

障への脅威の一つとして、難民を安易に位置づける政策を支えれば、事実上、アフリカでの難民・避難民の生命の安全を解決するよりも、むしろ問題をおおい隠してしまう。研究は、暗に「難民問題」を自ら作り出してしまう。そうした政策による、人の避難（移動）の研究は、政策の目的に沿おうとすればするほど、現実とは合わなくなる。

　しかし、いくらか進展もある。研究成果の蓄積、そして研究者と国連機関との間で、重要で緊密な連絡が行われてきている。英オックスフォード大学難民研究プログラムは、かつて世界食糧計画（WFP）のような国連機関と調査契約を結んで、その後、数多くの重要な出版物を出している。研究と政策は、二者択一の問題ではなく、統合することが可能だし、そう考えられねばならない。

3　カギとなる論点

　難民・強制移動研究で、「人の大量避難」や「学問上の洗練さ」の問題が、批判的に検証されだしたのは近年のことである。その中で、根本的に論争となるいくつかの点がある。何があって何が欠けているのか。問われているのは、研究の断片的状況と分析上の限られた見方に関してである。その多くは、現在も論争が続けられている。そのうち主要なものを、以下にかかげてみたい。

（1）【論点1：研究と政策】

　この研究の現在の最も大きな論争のひとつは、難民危機に対応すべく、研究は一体どの程度まで、政策課題によって方向づけられるものと関わり合いをもつのかという点である。この研究には当初、概念上で大きな不足があったが、既存の他の学問は、人の大量避難の性格、原因と結果にはふれていなかった。しかし、難民研究は概念を探る作業に、ただちに取りかかるということにはならなかった。1970年代、1980年代と世界各所で難民が大量に発

生して、国家、国連機関、援助機関側から、学者への実務的な解決策の要求が強く出されてきていた[6]。その後も、世界各地で難民の数は急速に増え、難民が移動する方向も大きく変化した。移動の方向は、冷戦時の「東」から「西」へに代わり、新しいグローバル時代は、「南」から「北」へ変わった。

　政策担当者は、研究者の話は、理想主義的で知的かもしれないが、抽象的にすぎ、現実的ではない、と感じている。他方、研究者は、より理論的なアプローチが学問的論議には重要で、政策に適した研究は、目的自体にあらかじめ偏りがあり、厳密な知的分析を放棄するわけにはいかない、とする。両者には、問題に対する見方の違いがある。概念への認識上の違いといってもよい。

　しかし研究において、政策的関心が支配的になると、研究での発見物と齟齬をきたす。科学的関心よりも政治的、政策的関心がまさり、その産物である分類法や用語の使い方に研究が依存してしまう[7]怖れがある。このアプローチの問題点は、政策担当者が採用した概念や分類は、科学的な分析の助けにはならず、科学的理解をすすめようとすると、全く助けにならないことである。他方逆説的だが、科学的な研究の成果は、政策をたて実施する際には、現場での適切さや効果を減じてしまうこともある[8]。この論争は継続中だが、両者は調査の異なる技法であるので、併用すれば補完しうる[9]、という折衷案も示されている。

（２）【論点２：研究対象の線引き】
　第二の論点は、研究分野の枠組みをどうするか、という問題である。迫害から逃げ、国境をこえた人、それゆえ「難民」として法的地位を主張する資格のある人々に研究はしぼって、あわせるべきなのか。それとも国内避難民、人身売買、不規則移民（いわゆる不法移民）、第二、第三世代の難民の定住状況をふくむまでに、拡げるべきか。もし拡げるとすれば、移民研究、人権、開発、国際政治のような広い分野との関連はどうするのか。

研究で使われる分類をめぐる問題は、科学的な関心よりも、むしろ政治的、政策的な関心で決められているというのは、この研究の関係者の間ではよく知られた事実である。「難民」という用語はそれ自身、難民条約に基づく法的な分類だが、ユダヤ人の迫害への反省、そして冷戦という特定の歴史的時点で、西側勢力の戦略的な政治目標に強くもとづいて作られている。

難民研究として、英オックスフォード大学の難民研究プログラム（RSP）が始まった時、上記の『難民研究ジャーナル』（JRS）の初代編集長をつとめたゼッター（Roger Zetter）は、分野を具体化し、研究の境界がいくつか、JRS の創刊号で示されている。彼は 1951 年難民条約と 1967 年難民議定書に定義されるものを研究の中心にすえ、自発的ないし自己決定で生じた移動の形は除いている。

しかし時の経過で、難民にのみ、研究の主要な焦点をあわせるやり方に、他から互いにベクトルが異なる圧力がかかってきた。ひとつは他の強制移動民、特に国内避難民を含めるべく、対象を拡大すべきだという意見。もうひとつは逆に、国内避難民等を含めると、研究対象の境界をぼやけさせてしまうという反対意見である。前者が、難民然の状況あるいは同じように権利を侵害された人々をふくむ全体論的な見方であるのに対し、後者は「伝統主義者」あるいは「原理主義者」として、難民条約に定義される難民の研究に研究対象を限ろうとした。

この論争は、難民研究から強制移動研究へ分野を拡げることには反対する人々をかかえつつ、今も続いている[10]。現在、研究の境界をどこで線引きするかでは、研究者の間で明確な合意はない。

（3）【論点 3：気候変動の移民の扱い】

上記、論点 2 でおきた論争が、環境状況、特に気候変動で避難を余儀なくされた人々についても、続けられている。紛争が関連する暴力と、慢性ないし急性の災害の結合を「複合災害」（dual disasters）と言い、益々普通になってきている。気候変動が、どこまで移住に関係してくるかの論議はさて

おき、環境悪化もしくは気候変動による移民については、関係者の間で論議が高まっている。彼ら被災者に、難民にあたえられる保護をあたえられるようにするために、国際法を改正して、彼らに国際保護に相当する権利をあたえようという声がある。

被災者の問題にかかわり、政策に影響をあたえうる強制移動研究は、傾向として、開発や災害研究のような分野との協力に進んでいる。しかしこの広い関心にもかかわらず、おそらくそのために、この研究はこの分野で、根本的に重要な事柄での研究上の明晰さを欠いている。そのため、一般理論への自覚と分析力を強めるための努力が続けられている。

(4) 【論点4：方法論上の論議】

英オックスフォード大学で、ハレルボンドにより始められた難民研究プログラムのように、現場からつくられ、学際的に強力に全体性をとらえようとするアプローチは、他に例をみない優れたものであった。しかし、彼女の人類学を基礎にした現象学的なアプローチと、法・政治・国際関係論が課題とする「難民政策」関連のアプローチの間に研究の基本的な立脚点をめぐって、緊張関係がみられる。後者の、国家を基礎として、法や法制度の分析を優先しようとする動きと、前者のように、人々と彼らの生活経験に力点を置くやり方をめぐって、緊張状態がある。この緊張関係は、一面ではいわば書物・資料を相手にする座学的な方法と、フィールドワークを重視する立場のちがいでもある。このところ、次第に国際関係論的な見方が優位を占めつつあり、人類学が二番目の地位というふうになりつつあるが、ハレルボンドがもたらした概念と方法は革新的なものであった。

(5) 【論点5：学際研究の利点と弱点】

避難民の苦悩をやわらげようとの道徳上の責務と学問的関心から生まれたこの研究は常に、多くの学問分野を含んでいることである。学問研究の明確な一分野として、難民研究が1980年代に現れて以来、各国で難民について

の研究センターが作られ、研究誌が発行され、大学での教授科目になってきた。その中で、この研究と他の分野や他の学問との関連について、論議は続いてきている。研究は多分野にわたるべきだという合意はある一方、その程度と範囲についてはあまり合意がみられない[11]。論議の多くは、「移住」から「避難」をどう区別し、そうした区別がまた、どれだけの説得力をもつかに関わっている。

また歴史家からは相対的に、この研究の歴史的な視点の弱さが指摘されてきた。亡命、追放、聖域、避難、庇護についての考えは古くからあるが、学者からは一般に無視されてきた。これは部分的な理由として、この研究が、政策の開発と結びついているほかに、研究者自身が現代の実際的課題に関心をもち、焦点をあわせてきた点があげられる。

歴史をふりかえるのは、一般に政策担当者にとっては魅力にとぼしく、彼らはあまり過去の移動に関心をもたないことがある。その結果、既に明らかになっていることでも、危機がおこるたびにあたかも新事実であるかのようになって、素人の専門家が現われて、無駄な時間を費やす[12]、という批判もある。

とはいえ、この研究には各学問分野から、研究者の積極的な参加がみられ、本来、分散化してまとまりがないものになりがちな学際研究の弱点を克服して、日々研究がすすめられていることも事実である。

(6)【論点6：不可視の問題】

ベイクウェル（Oliver Bakewell）は2008年、多くの避難民は、研究者には"不可視（見えない）"の状態のままで、国際機関の政策関係者の考えで定義され分類された、特別の人々（キャンプ在住者）だけに援助や関心が集中した状況が続いているとした。彼によれば、アフリカでは国際機関や政府が設けた公式のキャンプに住む人々だけが援助の対象者で、それより圧倒的に数が多い避難民は、難民とは分類されず、無視された状態が続いている。研究者は、国際機関が設立したキャンプでの調査をおこない、課題を研究す

ることになってしまっている、という。国際機関にしてみれば、自分で定住先を見つける（自主定住）人々の存在は具合が悪いし、アフリカでは無視されてきた[13]。「不可視（見えない）」は、世界中の難民で大きな問題である。世界中の「自主定住」ないし「自発的」に行動する難民の数は急速に増えている。

（7）【論点7：可動性と不可動性】

これはまた、別の形の「不可視（見えない）」の人々の問題である。人々はなぜ、どのようにして危機の時、閉じ込められて動けなくされてしまうのか。難民研究は一貫して「移動する人々」に集中したため、自分の意思ではなく「不可動な人々」を見えなくした、という。問題の設定は、世界人口の3％の国際移民から、その残りの97％の人々への研究対象の転換がある。

危機で移住するパターンは、短距離の一時移動が主流である。それゆえ、この型の移動で、不可動な人々が最も重要な対象になってくる。非自発的な不可動性は、多くの事例で明らかになっているが、端的にいえば移住政策の不可避な結果である。例えば、途上国で難民がどこへも行けないままの滞留、先進国での不法入国扱いでの勾留。事態が発生するのはほとんど常に、厳格な入国政策の結果であるが、時には「聖域」(safe haven、安全地帯)へ閉じ込められる場合のように、政策的に不注意のものもある[14]。

また1990年代、ボスニア、スリランカ、ソマリア、ルワンダその他では、人道ニーズが最も高い人々は、難民や国内避難民になって動く人々よりも、紛争や暴力から逃げられない人々であった。動けない人々は、国内の紛争や自然災害のために、避難の通過地、目的地や隣国で動けなくなる。モロッコやトルコのような場所で、身動きならない事態を打開するために、長く危険な旅（小型の老朽船での脱出に命をかける）をおこなう人々の研究も進展している。

動けない人（または動かない人）を考えるときには、動く能力、望み、ニーズの間を区別せねばならない[15]。動けなくなるのには、個人は動くのに

能力を欠くだけではなく、動きたいか動くニーズがなければならない。避難する能力は複雑で、多面的な指標があり、それらは重要な資源や資本、そして動きを妨げる上記のような政策がふくまれる。望みはおそらく、よりわかりやすい。

　動けないことは、人の脆弱性を増すとともに、援助者の接近・接触を妨げる。移住者自身が本来的に資源であるなら、移住を制限したり管理する政策は、故意か偶然にかかわらず、動けない人々を作りだしてしまっている。難民の望む目的地が入国を妨げる管理措置を導入すれば、人々は動けなくなる。国際移住の機会は利用できなくなり、事実上、出生の偶然性にたよるほかなくなる。

　問題は、可動性（動く人）よりも、不可動性（動けない人、動かない人）への説明が求められるが、学問的にはまだ希薄な状況がある。人々はなぜ、囚われの身（trapped）になるのかの研究は、まだ非常に初期の段階にある。

4　アプローチ：用語と分類、理論と概念、プロセス、倫理

　難民は誰で、彼らをどう定義し、強制移動をどう理解するかは、難民・強制移動研究の中心課題である。研究は学際的で、社会学、政治学、国際法、公共政策、人類学、人文地理学、歴史学など多数の学問分野にかかわっている。研究で問題となるのは、用語と分類、概念をどうとらえるか、逃亡から定住・統合のプロセスの理解、そして倫理である。筆者が考えるなりに、研究の全体像を概括的に描写してみたい。

（1）　用語と分類

　「難民」は、国家や国際機関の政策上で作られた用語と分類に従って定義される傾向がある。難民、国内避難民、逃亡、現地統合、定住、帰還、恒久的解決、これらの用語は大半が、実務上で作成されたものである。ことばを

作り、分類することは、行政制度の強力な特性であり、組織的な事業を行う上で重要な手段である。

しかし研究を行う上では具合がわるい。分類の仕方が、科学的探究よりも見た目の表面的な事象に基づき、背後にある実際のニーズにあうようにつくられていない。現場の状況にもとづかないこともある。

現代的な特徴として、ある意味では無責任に、難民をさす様々な言葉がある。不法移民、不法な庇護申請者、人身売買された人、不法滞在者、難民認定を却下された人など。これらの言葉は、別々の隠された意味があり、範囲がある。言葉は言外に、"外れ者"というイメージをつたえ、不正行為、恐怖、外国人嫌い、と品位を下げる働きをする。言葉が過剰につかわれ、意味も不明確なために危険と混乱が生じている。難民保護の国際制度と人道援助は、未確認の仮定に依拠している[16]怖れがある。

強制移動の範囲についての論議は、国際人道援助の行為者の政策の中に反映される。UNHCRは、難民と移民の間に明確な線引きをしようとして、難民は移住者ではないと主張している。2007年の同機関誌『難民』（*Refugees*）の最終版は、「難民か移民か、なぜそれが問題か」と銘打って、組織としての区別の重要性を強調している。

しかし難民を分類上で見れば、移民ではないというのは正しいかもしれない一方、状況としては移民になることはできないということではないし、それは通常、移住の形として分析できないというわけでもない。

こうした機能主義的なアプローチは初期に発展し、1970年代、1980年代にインドシナ難民を受け入れたアメリカ、カナダ等の先進国での定住研究でもみられた。これを反省して、近年のアプローチでは、ジェイコブセン（Karen Jacobsen）らが、定住・統合を地元民と難民の相互関係性のプロセスとして探っている[17]。

用語の厳密性を確保することは重要だが、その反面、移住と避難を区別すると見えなくなる人々もいる。政策用語、そして広くは分類は、地元民、都市難民、そして援助機関にたよらず独力で定住する避難民のように、見えな

い人々を分類上で作り出してしまい、分析上で問題を生じることもある。強制移動が不可避にもっている複雑さと、不確かな方法論上の問題にもかかわらず、分析にあたっては様々な学問分野の方法論をとりまぜたアプローチからくる利益を最大に利用する[18]のが好ましいと思われる。

　また、研究の展望、範囲、因果関係を全体的に描き、より良く理解するためには、正確で意味のある質的、量的なデータを集めることが重要になる。データ収集の方法で、過去問題となったのは、雪ダルマ式サンプリングを通じて、情報・資料を特定のNGO、教会系組織、キャンプ関係者だけにたより、広範なデータ入手をあまりおこなわなかったことが反省されている。

　移動を強いられた人々の移動性と、自発的な移民の間の関係を理解する必要があるのは当然のことだが、移動の過程では、人には行動の程度が様々に異なり、自発的移動と強制移動の間を明確に線引きすることがなかなか困難である。移住と避難との境界は、いくつかの変数、たとえば移動距離（どのくらい移動するか）と時間的な幅（最終地点まで、どのくらい時間がかかるか）が、特に関係してくる。

（2）　理論・概念上の課題

　難民・強制移動民についての社会科学的な研究は、主に人類学、社会学、地理学のような学問分野でおこなわれ、人間避難の原因と結果の分析がおこなわれてきた。一般にボトムアップで、分析の中心に彼ら避難民の経験をおいていた。

　その一方で、強制移動により影響をうける国家やその他国連等の組織の反応というマクロ段階の構造を理解するために、トップダウンの分析で研究をおぎなう必要があった。これは、国家や他の関係者であるUNHCRなどの国連組織がおこなう政治的選択（つまり政策）や実施規範となる国際条約が、避難民の将来を左右するということで重要となる。

　上記をふまえつつ、強制移動民の研究は、権力や財力、紛争による社会変化、そして紛争に直面し、生きるために状況に適応する人々の能力の移り変

わりを説明しようとしてきた。人の移動の範囲と多様性、社会制度とネットワーク、流動的な避難生活を持続させるか阻害するもの、そして移動する人々の社会的、空間的な行動とをつなぐことが強調された。

新しい概念、方法論的な枠組み、理論的なモデルの作成は、強制移動研究を枠組みづける基礎である。この研究は、難民をこえた他の強制移動の領域、たとえば国内避難民、開発移転民と環境避難の人々、無国籍者にまで拡大している。

難民研究から、強制移動（民）研究への進展は、適切な用語と方法論的な意味をめぐる論議であった。経験に基づく研究は、主として一般の社会学理論で形づくられていた。概念的、理論的な洗練度はかぎられていた[19]。初めから、難民研究の分野は用語上での困難さがあったが、ただし難民政策上で作り出された定義を無批判に使用することは慎重に避けられていた[20]ことも事実である。

研究は、学問的な用語や、概念上の不足がありながら始められたが、同時に現場の研究者の間では、人道主義、福祉と唱道、強い利他主義の考え方に強く動機づけられていた。いくつかのカギとなる問題で、概念的な空白があるものの、空白部分は研究組織と関わりを持つ難民に関与してもらい、それでうめあわせることができると考えられていた。政策課題や制度上の分類が、批判的な思考を妨げている場合には、カギとなる概念上の問題に議論を集めることが繰り返しおこなわれた。

他方、強制移動の原因と結果、対策をあつかう理論的作業の多くは、国家間関係に焦点があわせられ、分析がおこなわれてきた。さらに論議では、現象を解明するため、国際政治学等から、多くの概念を借りてきている。そしてこの分野でも、いくつか目覚ましい進歩がみられている。その結果、この研究が貢献できるとみられるのは、移り変わるグローバル・ガバナンスの状況、非国家主体の増大とその活動、国境をこえた政治勢力の動員等の分析にあるとみられている。

研究をおこなう上では、異なる学問の間の境界を破り、個人、家族、地域

社会、国、世界といったミクロ、メソ、マクロレベルで、あらゆる異なる学問の見方をもちより、要因や分析単位をつなげて考察しようとすることが試みられている。同時に、異なる段階と異なる場所をつないで分析し、強制移動の社会的動態の全体的理解をめざそうと考えられている。

難民・避難民の逃亡過程は、人々に大きな影響をあたえ、人間生活を大きく変える出来事である。概念を現場にさらし、試すことがおこなわれている。強制移動の地理学調査は、人文地理学の副次的な分野で行われており、強制移動と物理的な環境と間の関係を調べている。たとえば国境をこえた難民に、トランスナショナルなアプローチがおこなわれ、定住国での統合が、難民に実際はどのように知覚されているか、を調べている。その結果、より近年の研究によれば、多くの難民がおそらく他の移民以上に、母国と緊密な政治関係をもっていることが示されていた。これまでの同化アプローチに対して、考え方を大きく変えさせることになった。しかし大事な点はそうしたことが、定住国での統合の障害にはなっていないと思われる点である。

この研究が生み出した理論では、1970年代、80年代初めのクンズ（Egon Kunz）による「逃亡モデル」、1980年代のゾルバーグ（Aristide R. Zolberg）の難民創出の種々の型を横断した統合理論や、リッチモンド（Anthony H. Richmond）らの「人の国際移動理論」が著名だが、1990年代末からは、国際政治の分野でも理論化が徐々にすすみ、現在にいたっている。

（3） プロセス：時間と空間

難民や強制移動民の調査は、亡命の原因と結果で占められている。研究は、移住プロセスの最初か最後に焦点をあわせている。人が逃げることを強制される状況や、ホスト国（受け入れ国）での受け入れと定住、そして時間的経過の中での追い立てによりおこる事柄が、法学、政治学、社会学、文化人類学、心理学等のカギとなるテーマとなっている。現実の亡命プロセス、つまり二つの両極端をつなぐ中間で発生することは、一般に無視され忘れ去られてきた[21]。

プロセスは、一定のやり方でおきる行動の連続である。難民・強制移動研究は、紛争と逃亡の前後、逃亡中、その後に注目する。この社会プロセスは、人間集団と制度の間のたえまない相互作用である。研究は、発生地から目的地への問題のない移行として移住をみる、規格化された仮定を変える必要性を強調している。

自己の喪失と力の消滅は、強制移動民に大きな影響をあたえる一方、避難は喪失とともに、経済的、社会的、政治的な権限が不明確な混乱状況をつくりだす。移住と避難を考える際には、原因地域での社会的・政治的な構造状況と、意思決定（いつ動くか、どこへ動くか）、移動の経路、定住の形と統合が含まれ、研究の主題となっている[22]。フィールドでの調査は性質上、主として質的なもので、ひとつの事例研究の詳細な分析である。

ミクロ段階では、移動は社会関係により影響される。特に違いをつくりだす要因は、家族、世代、社会関係、階層、民族性、ジェンダーに関係している[23]。逃亡中の家族の分離、家族が再会するまでにかかる長い時間。紛争が発生した場合は、ほんのわずかな人々だけが家族として逃げることができる。家族の何人かのメンバーは死に、残った家族は懸命に先を急がねばならない。家族の離散中は、保護、世話、情緒的な支援のような家族機能を保つことは困難である。しかし「家族」と一般に理想化された概念は使うことができない。避難による影響とは別に、この概念では、家庭内でおこるジェンダーや世代間の対立を考えることがないからである。

強制移動は男性と女性に異なる衝撃をあたえる。女性が持つ特定のニーズと願いは一般に無視され、また援助計画で女性を優遇することは、家族の長であり、保護者、物事の決定者という男性の伝統的な役割をくずしてしまう。女性は、国際NGOの指導下で人権や権利の話にさらされ、それらを通じて自分たちを見、考えるようになるかもしれない。

逃亡・避難と難民経験はまた、世代間で違いがあり、地域社会と国がジェンダーにしたがい権威を発揮するので、男女でそれぞれ異なる影響をうける。

移動では、財力のある豊かな人々は安全に目的地につけるが、一方貧しい人々は魅力の乏しい目的地に安全性の低い形で到着するようになる。難民・庇護民の社会・経済的背景が異なれば、移動の形が異なってくる。各国の移住制度が制限的になればなるほど、入国のための移動費用は増し、各国の移住制限は、移動する人々の社会階層化につながっている。豊かな人は最初に逃げ出し、逃亡の形での社会階層化はクンズ（Egon Kunz）の逃亡理論[24]でも明らかなように、ある程度脱出の時期を説明することができる。階層による違いはまた、逃亡ルート、形態、手段、特定の目的地にたいする説明となる。

（4） 倫理

他人の災禍を研究する場合、何に注意せねばならないのか。難民の歴史は、国家や国際機関の側（つまり援助側）から見られることが多く、偏った見方だとされている。これに対し、難民の声は、公的な国家の語りに異議をとなえようとするものである。

ひとつの文化集団（援助関係者）が、もうひとつの文化集団（難民）に関与し、おそらく変化させようとする時、倫理的な問題が発生する。大事なことは、例えば医療関係者の場合、第一は害をあたえないこと[25]、だという。しかし時として、何かをすることは重要である。

倫理的な態度をもった研究は、善と悪を宣言することではなく、できるだけ多くの難民の異なる声を聞き、彼らの行動を読者に知らせるようにすることである。この研究は、苦難を和らげる手段として、対象とされた人々に何かを戻すという、倫理的な義務をもってきた。

難民の経験や逃亡への反応をさぐることは、難民の人間らしさを回復する試みであり、難民の社会的な要求を発展させる道である。研究者と対象とされる人々、双方の尊厳を促すことができる倫理基準の自覚が必要である。その手段として、透明性と説明責任は、表現と分析の質を改善するばかりか、研究対象となった人々・集団の利益をこえて、普遍的に利益となる政策にす

すむのを助ける[26]、と考えられる。

おわりに：難民・強制移動研究の将来

　ベッツ（Alexander Betts）は、難民制度に不可避な、国際協力の問題は、道義上の説得ゲームだとして、制度が不安定なのは、南北間の根本的な力の非対称性にある、という。北のドナー国は、協力（負担分担）に対する褒賞物がなくためらい、一方南の難民受け入れ国は協力（庇護をあたえる）で条件を提示する以外に、選択肢がない。結果は、南北間の袋小路で、保護と解決にめどが立たなくなる[27]、という。彼は解決の手段として、国家の安全保障、移住、開発といった国家の関心事項に、難民保護をむすびつけ、南北協力の進展をみようとする。

　彼の見方のほかにもまた、この袋小路を脱するには、人権を基礎にした研究が急速に成長をつづけており、権利という言葉を介して、「移住政治」に影響をあたえるのも一つの可能性かもしれない。

　そうした実践的な視点をもちながら、難民・強制移動研究の土台となるものを改めて確認しておく必要がある。この研究は、単なる純粋な知的探求ではなく、多様な学問分野からの見方、分析、方法論の統合をおこないながら、人間の避難と喪失という経験を理解し、それに対処しようとする学問である。

　この研究は、戦争であれ、他の暴力形態であれ、災害避難であれ、避難を余儀なくされた人々の生活、感じ方、望みを理解する枠組みをつくる学問である。研究と政策、その実施の間には議論が欠かせないが、今ではこの分野の研究者の了解事項となっている二つの責務がある。学問的知識の探求と倫理的な行動である。もし研究者が自分の研究の明らかな目的として、人の苦難を軽減するということを念頭におかないなら、人が極度の苦難に陥っている状況の研究など、正当化できるものは何もなくなってしまう。

　政策の枠組みを批判的に評価し、新しい考え方を作り出すのではなく、盲

目的に政策課題にしたがう研究は、ほとんど革新的なアイディアを生みだすことはない[28]、であろう。

人道アプローチに固有な問題は、難民・避難民の到着による否定的な影響に関心が集中し、ともすれば肯定的な面がなおざりにされる。彼らは、すでにもっている脆弱さなどの困難のために非難され、先をみすえて包括的に問題に対処されるよりも、近視眼的で制限の多い対応策に直面させられる。これは、特に途上国での滞留状況の場合、政府は短期・長期の社会、経済に意をはらうことなく、安全上の問題に結びつけてしまう。先進国では政府は特に、難民・移民の受け入れを表明することは、選挙の際の票の損失になり、逆に働くおそれから、話題として取り上げたくないという慎重な気持ちがある。難民は、中央・地方政治の犠牲となっている。

難民は自分たちの問題が何であるかを、信頼できる形や方法で定期的に知り理解する機会はなく、また彼ら難民の考えが何らかの形で表明されれば、問題の解決に役立つかもしれないということを知る方法もない。彼らは、受け入れ国やマス・メディアの話に誤りや誇張があっても、それを甘んじて受け入れている。自分たちの内なる気持を外部の強力な関係者に知らせることは難しい。

強制移動は必ずしも、否定的な結果につながるわけではない。人々が追い立てられたことに怒り、トラウマとなり、長期間苦しめられるとしても、避難は人間のエネルギーと創意にみちた能力を解き放ち、避難者をより良い生活に導く可能性もある。避難による生活の下降という、悪循環は壊されねばならない。

事態が改善に向かっている兆候がみられる。受け入れられた場所で、避難民がもたらす経済的な刺激と効果が、いくつか報告されている。そのため、地域にすむ避難民とその他の人々の生活状況を調べる目的で、複合的な世帯調査がおこなわれている。加えて、国や地域での取り組みが進められている。

社会学、人類学の学者は、年齢、性別、性的志向、障害、宗教にしたが

い、人間経験がそれぞれ異なることを示してきた。移住は、精神衛生問題のリスク要因である一方、個人の性格や彼らの住む社会状況での違いが、移住それ自体よりも精神衛生がどうなるかの結果について、より大きな影響をおよぼす[29]ことが、明らかになっている。

　現場で使用可能な科学的知恵をもって、政策に倫理的に影響をもちうる能力を確保することは重要であろう。研究は、現場段階での強制移動民の状況をより良く理解することである。応用科学というものはなく、科学の適用があるのみである。難民の要望と可能性と障害を包括的に分析することが、より適切な対処法をみつけることにつながる。

　避難民の対策で、開発関係者の参加が必要だということが国際社会内で広く認識されている。これらの話は、「世界人道サミット」（the 2016 World Humanitarian Summit）の準備過程や「持続可能な開発のための2030アジェンダ」（the 2030 Agenda for Sustainable Development）の中でも取り上げられた。この論議の中心は、開発に必要な人材となる避難民についてのデータ収集と分析であった[30]。

　滞留状況に囚われた人々へは、「恒久的解決」を単に言うだけではなく、何らかの変化をもたらす解決策を探すことである。避難民を今ある開発計画に組み入れられるよう、不断の努力が必要となってくる。

　グローバル化した世界は、現在私たちがもつ、「難民のイメージ」に異議をとなえている。難民同士がグローバルにネットワーク化され、相互に作用している。難民の多くが、拡大家族に電子送金システムを使って送金している。難民は、互いに会うこともないまま世界中に無作為に散らばり、もはや同民族や同じ国籍者の孤立化した社会として存在するのではなく、多くの土地や国、地域をこえて、互いに即座につながりあう社会となっている。難民はネット社会の一部である。

　難民に共通なのは、自分の意思に反して「家」をはなれ、どこかに落ち着き先を求める経験である。国家中心の家の考え方では、焦点は、あくまで国民国家内に含まれる個人である。しかし現代は、家が何で、どこであるかと

いった単に物理的な実体ではなく、どこに所属するかのプロセスとなっている。家の構造的な評価をこえた動きが根本にある。

移民研究と強制移動（民）研究の間で、分析対象の重なりあう場面が増えている。難民研究が強制移動民研究に転じて以来、取り組まれてきた課題は、迫害のためではなく、貧しさや戦火を避けるために居住地から逃れ、移住する人々をどう枠組みづけるか、にあった。

この難民・強制移動研究が、より広い「移民研究」にどのように関連し、学術的に貢献することが可能なのか。それとも、切り離された独自の分野として今後も研究を進めていくのか。それはまだ、わからない。難民という、個別的な話題から脱し、分野を広げ、より広い立場に立とうとする一方、危険性もある。これまで曲がりなりにも難民研究が培ってきたアイデンティティや豊かな学際的伝統と知見、人道主義という力を失うかもしれない[31]。

世界中で起きている避難の姿は変化し、これまで考えられてきた国家、国境、移住、ネットワークについて、新しい思考法をもつことがせまられている。このことは、国連システムを人の移動の視点から見る場合にも、当てはまる。学問研究は、人間状況を一般に改善するうえで、最も価値ある貢献ができる。この研究の将来の方向性で言えることは、学問的な客観性と真正さを堅持し、異なる見方を広く受け入れる開放性にあると考えられる。

〈注〉

1　Roger Zetter, "More Labels, Fewer Refugees: Remaking the Refugee Label in an Era of Globalization," *Journal of Refugee Studies*, Vol.20, No.3 (2007), pp.172-192.

2　*Ibid.*, p.175.

3　Elizabeth Colson, "*Forced Migration and the Anthropological Response*," *Journal of Refugee Studies*, Vol. 16, No.1 (2002), p.8.

4　Jérôme Elie, "Histories of Refugee and Forced Migration Studies," in *The Oxford Handbook of Refugee and Forced Migration Studies*, eds. Elena Fiddian-Qasmiyeh, Gil Loescher, Katy Long and Nando Sigona (Oxford: Oxford

University Press, 2014), p.24.
5 Dawn Chatty, "Anthropology and Forced Migration," in *The Oxford Handbook of Refugee and Forced Migration Studies*, eds. Elena Fiddian-Qasmiyeh, Gil Loescher, Katy Long and Nando Sigona (Oxford: Oxford University Press, 2014), p.76.
6 Dawn Chatty and Philip Marfleet, "Conceptual Problems in Forced Migration," *Refugee Survey Quarterly*, Vol.32, No.2 (UNHCR 2013), p.5. 第三世界の視点から難民情勢を分析するチムニ（B.S. Chimni）は、難民研究の拡大は、西側国家の不安と心配の結果だ、とした。
7 David Turton, "*Refugees and 'Other Forced Migrant*'," RSC Working Paper, No.13, Oxford, Refugee Studies Centre, University of Oxford, 2003, p.14.
8 *Ibid.*, p.3.
9 Elena Fiddian-Qasmiyeh, Gil Loescher, Katy Long and Nando Sigona, "Introduction: Refugee and Forced Migration Studies in Transition," in *The Oxford Handbook of Refugee and Forced Migration Studies*, eds. Elena Fiddian-Qasmiyeh, Gil Loescher, Katy Long and Nando Sigona (Oxford: Oxford University Press, 2014), p.4.
10 2007年、ハサウェイ（James Hathaway）は、難民は国際法の中では特有の地位をもつと主張して、難民と他の強制移民の間に明確な区別を維持するべきだ、とした。これに対し、様々な反論がよせられたが、特にコーヘン（Roberta Cohen）やデウインド（Adrian W. DeWind）から激しい反論があった。前者のコーヘンは、国内避難民は研究に含まれるべきで、難民と並行して考えられるべきだ、と主張した。後者のデウインドは、迫害された個人だけではなく、それを生み出す社会的、政治的な文脈の中で強制移動のプロセスを考えるという、より広い視野が必要だ、と主張した。
11 Oliver Bakewell, "Conceptualising Displacement and Migration: Processes, Conditions and Categories," in *The Migration-Displacement Nexus: Patterns, Processes, and Policies*, eds. Khalid Koser and Susan F. Martin (Berghahn Books, 2011), p.14.
12 Elie, *op.cit.*, p.23.
13 Chatty and Marfleet, *op.cit.*, p.8.
14 Richard Black and Michael Collyer, "'Trapped' Populations: Limits on mobility at times of crisis," in *Humanitarian Crises and Migration: Causes,*

Consequences and Responses, eds. Susan F. Martin, Sanjula Weerasinghe, and Abbie Taylor (Routledge, 2014), p.293.
15　*Ibid.*, p.287. 緊急の危機状況の中で、理論的にも政策面からも、しばしば欠落する二種類の人々は、「動きたいができない人」と、「動きたくないが、おそらく動くべき人」である。動く必要は、緊急事態では最も明白だが、しかしゆっくり始まる旱魃のような自然災害の場合には、災害が動くことを妨げる点で重要になる。
16　Turton, *op.cit.*, p.17.
17　Finn Stepputat and Ninna Nyberg Sørensen, "Sociology and Forced Migration," in *The Oxford Handbook of Refugee and Forced Migration Studies*, eds. Elena Fiddian-Qasmiyeh, Gil Loescher, Katy Long and Nando Sigona (Oxford: Oxford University Press, 2014), p. 90.
18　Fiddian-Qasmiyeh, Loescher, Long and Sigona, *op.cit.*, p.15.
19　その理由としては、この研究固有の学際的な性格があったことと、難民状況が、「一時的現象」と理解されていたことがある。1988年以前の研究では、人道組織や国際機関からデータが収集され、得られた成果は、援助側の救援方法の改善要求に沿うことが多かった。
20　Elie, *op.cit.*, p.28. 難民の法的定義は常に部分的で、国家の政策にかなうように作られていたことがある。しかし研究者は、この問題に対応することができなかった。
21　Gadi Benezer and Roger Zetter, "Searching for Directions: Conceptual and Methodological Challenges in Researching Refugee Journeys," *Journal of Refugee Studies*, Vol.28, No.3, (Oxford: Oxford University Press, 2014), p.299.
22　Bakewell, *op.cit.*, p.19.
23　Stepputat and Sørensen, *op.cit.*, pp.91-92.
24　E. F. Kunz, "The Refugee in Flight: Kinetic Models and Forms of Displacement," *International Migration Review*, Vol.1, No.2, New York, Center for Migration Studies.
25　Sidney Waldron, "Anthropologists As 'Expert Witnesses'," in *Engendering Forced Migration: Theory and Practice*, ed. Doreen Indra (Berghahn Books, 1998), p.346.
26　Loren B Landau and Karen Jacobsen, "The value of transparency, replicability and representativeness," *Forced Migration Review*, No.22 (2005), p.46.

27 Alexander Betts, "International Relations and Forced Migration," in *The Oxford Handbook of Refugee and ForcedMigration Studies*, eds. Elena Fiddian-Qasmiyeh, Gil Loescher, Katy Long and Nando Sigona (Oxford: Oxford University Press, 2014), p.66.
28 Fiddian-Qasmiyeh, Loescher, Long and Sigona, *op.cit.*, p.16. 強制移動研究の価値は、真にグローバル・イシューと向き合うことであり、従来の定型化したアプローチを見直し、新しい見方、枠組みを提示することでなければならない。
29 Giorgia Doná and John W. Berry, "Refugee acculturation and re-acculturation," *in Refugees: Perspectives on the Experience of Forced Migration*, ed. Alastair Ager (New York: Continuum, 1999), p.176.
30 Chaloka Beyani, Natalia Krynsky Baal and Martina Caterina, "Conceptual challenges and practical solutions in situations of internal displacement," *Forced Migration Review*, No.52 (2016), p.41.
31 Fiddian-Qasmiyeh, Loescher, Long and Sigona, *op.cit.*, p.16.

3 難民キャンプ収容政策の推移と転換：
その背景とUNHCRの役割

佐 藤 滋 之

はじめに

2014年6月、国連難民高等弁務官事務所（UNHCR）は、世界における難民を含む避難民の数が前年中に第二次世界大戦直後以来はじめて5,000万人を超え[1]、過去最高に達したと発表した[2]。続く2015年12月には、その年欧州を目指して移動した難民・避難民の数が100万に達したとも報じた[3]。2017年6月に発表した前年度統計においても世界の避難民の数は依然として第二次世界大戦後最悪のレベルを更新し続けている[4]。これら迫害・戦争・災害などによって住処を追われた人々の移動、そしてその処遇は、単にこれらの人々にかかわる問題ではなく、目的地や移動ルートにある国の政治・経済・社会の広い範囲にわたって激震を起こし続けている。「難民の世紀」と呼ばれた20世紀が終わって久しいが、21世紀の世界でもなお、難民問題は世界を揺るがし続けている。

難民の保護において、彼らをどのように庇護国において居住させるかは、難民政策の根幹にかかわる問題である[5]。特に流入する難民の数が大きいものであれば、この問題はより深刻である。国境を越えてきた人々の個別の事情を勘案して、真に庇護が必要な人々を条約難民と認定し保護することこそ、第二次世界大戦後に確立した難民管理体制の戦前の難民保護体制との大きな違いである[6]。1951年に締結された「難民の地位に関する条約」（以下、

1951 年難民条約）によれば、条約上の難民と認められた個人は法的な管理の下には置かれるが、原則的には難民キャンプのような特定の場所への居住は求められない[7]。これに従って、戦後の難民国際保護体制の成立を主導した欧米諸国は、個人レベルでの難民性を審査する難民地位審査制度をそれぞれに作り上げ、主に共産圏諸国を逃れて庇護を求めてくる個々人の難民認定の可否を難民保護の柱としていった。それと並行して第二次世界大戦によって発生した（個人として難民性審査を受けていない）難民を収容するためヨーロッパ各地に存在した難民キャンプ[8]は 1960 年頃を境に解消され、西側の先進工業国世界では難民キャンプのない難民保護体制が確立する[9]。

2016 年末時点での統計によれば、住居の形態について UNHCR が把握している世界の難民の約 3 分の 1 にあたる約 485 万人が、難民キャンプあるいはそれに類する集住地域に住んでいるとされる[10]。上述したように北米や欧州など先進工業国では難民キャンプはほぼ存在しない。したがって経済的な発展の度合いが低い地域に限ってみる限り、難民人口において、難民キャンプに居住するものの割合はこれよりも高くなる。現在進行中である南スーダンやミャンマーからの難民流出の事態において、多くの場合、庇護国が難民に提供しているのはキャンプかそれに類するものである[11]。発展途上諸国に限ってみれば、難民キャンプに住む難民の比率は統計の示すところより高いことは明らかである。

UNHCR の最近の政策文書に用いられた定義によれば、難民キャンプとは「目的をもって作られ、計画され管理された場所、あるいは自然発生的な難民の居住地であり、難民が居住を許され、政府や人道組織から援助やサービスを受け取ることのできる場所」である[12]。とりわけ、援助やサービスの提供は難民キャンプにおいて重要である。今日の世界において、迫害、戦乱、自然災害、そして経済的困窮と様々な理由で祖国を離れる人々の前例なきほどの増加は未曽有の人道ニーズを世界各地に発生させている。難民キャンプにおいて、人々は命をつなぐための人道的支援物資とサービスの提供を受け、また保護を得てきた。そこでは人道支援サービスの水準は分野ごとに細

かく定められ、人道的支援を提供する団体は質的にも量的にもその水準も満たすことが求められている[13]。またこうした人道機関によって、難民キャンプは効率的な人道支援活動の展開のために設計され、人々の安全な居住と人道ニーズの充足のための配慮の下に発達してきた[14]。一方で、難民キャンプは、難民の保護をめぐる国際条約に定められた難民管理の方法ではない。むしろそれは多くの点で難民の権利に関して定めた国際条約に違反する側面を有している。1951年難民条約は、難民は庇護国において移動の自由を保障するものである。それにもかかわらず、難民条約が締結されたのちの世界においても、難民キャンプを設置し、そこに難民を収容する政策は、大量の難民を保護する必要に迫られた多くの国々で採用されてきた[15]。

しかしながら、難民を含む避難民の増加が世界的な注目を集める中で2014年、UNHCRは難民キャンプからの脱却を目指す政策（*UNHCR Policy on Alternative to Camps*）を発表した[16]。そしてこの方針は2016年9月、世界各国の首脳レベルが出席した「移民と難民の大規模な移動に関する国連サミット」において採択された「移民と難民に関するニューヨーク宣言」[17]においても踏襲された。これらの文書の中で、難民キャンプの設置は望ましくないものをして取り扱われ、その廃止を目指すことがうたわれている。また、たとえ設置が緊急な人道上の要請においてどうしても必要な場合においても、それは一時的な措置にとどめられるものとしている。膨大な数の難民が人道的支援を必要としている中で、人道的支援をこれらの人々に効率的に届ける仕組みである難民キャンプがなぜ否定されるようになったのであろうか。人道的ニーズは極度に肥大化したこの世界において、なぜ従来の難民保護の手段として有効な手段であった難民キャンプの設置に否定的な態度が採られるようになってきたのはなぜかというのがこの小論の問いである。この問いに対して、この小論の用意する答えは、むしろその人道的ニーズの肥大により、国際社会がもはや、難民キャンプに象徴されるような従来型の人道支援体制を資金的に支えることが不可能という認識に至った結果であると考える。また、これに難民自身の潜在的経済力、さらには難民を取り込んだ経

済開発に関する認識の積極的な変化が、難民キャンプを代替する難民保護の手法を推進する可能性を惹起した結果である。そしてこのパラダイムシフトにおいて UNHCR は主導的な役割を担っている。

　このことを論証するために、まず本論では第二次世界大戦後の世界において難民保護活動が、発展途上諸国に広がっていくプロセスにおいて、コストの高い人道支援の仕組みを作ってきた歴史をたどる。ここでは 1951 年難民条約加盟国の多さと、また大量の難民の発生とそこにおいて生じた人道的支援の必要において、難民キャンプ収容政策を選ばざるを得なかった状況を見ていく。そして次に、難民キャンプ収容政策からの転換とは具体的には何を意味しているのかを分析する。難民キャンプ収容政策の代替モデルの基盤と考えられているのは、難民自身の潜在的経済力と、それを発揮することを可能にするような社会統合であるが。この議論は決して新しいものではなく、大量難民の時代をむかえつつあった 1970 年代後半から既にこのような主張が見られる。それが今あらためて見直されるにおいて、どのような環境や認識の変化があったのか、難民の潜在的経済力の見直しに焦点を当てて論じる。そして、難民キャンプ収容政策からの転換を、UNHCR はどのような方法において実現させようとしていくのか、「難民キャンプ代替政策」や「包括的難民対応枠組み」（CRRF）[18] に代表される、政策実現のための規範提唱やモデルの追求のなかでその役割を論じ、その実現戦略を探る。なおこの論考では東アフリカの事例を多く用いるが、それはこの地域が従来ひろく難民キャンプ収容政策を用いてきた歴史を有することと、それにもかかわらず、現在難民キャンプを軸とした難民支援からの脱却を指向している地域であるからである。

1　先行研究にみる難民キャンプ

　難民キャンプに焦点を置いた先行研究は、その基盤となるディシプリンあるいは関心領域によって、3 つの潮流に整理することができる。まず 1970

年代後半から80年代にかけて難民キャンプ研究の先鞭を着けたのは人類学からのアプローチである。人類学的視点から難民キャンプを通じた人道援助に潜む問題を指摘した代表的研究者はハレルボンド（B.E.Harrell-Bond）であるが、80年代においてすでに、難民キャンプという支援の形態がとられることの背後には、その資金確保に伴う事情が存在することを指摘している[19]。80年代を迎えて難民の自主帰還と第三国定住という解決方法が先細りを迎える中、庇護国での難民の滞在が長期化することはこの時点においてすでに予測されていた。そのなかで難民の庇護国における社会的統合と経済的自立が実現されなければならない重要課題としてすでに意識されていた。しかしながら、現実には難民の支援に必要な資金をドナー国から支出されるために、難民は援助に依存することが必要な人々として、人道機関によって集住地に隔離され可視化される傾向があることを指摘している[20]。その後も難民視点から難民キャンプの経験を積み上げる手法は人類学者を中心に継続され、それは難民キャンプを理解するうえで欠かすことのできない手掛かりを提供している[21]。やがて「難民」が自主帰還や現地統合などを通じて「難民」でなくなるまでに要する時間は平均で17年を要するとした、UNHCRの『世界難民白書（2006年版）』での報告[22]が世界中の耳目を集めた。このような長い期間を僻地にある難民キャンプで、そこから出て働く機会は制限され、ただ人道的支援に頼って命をつなぐ難民たちは「滞留する難民（Protracted Refugee）」という言葉で呼ばれるようになり[23]、その状況がもたらす社会的インパクト、心理的インパクトなど様々なネガティブな側面が明らかにされてきた。こうした状況の中で、人権の観点から難民キャンプへの批判も強まる。難民キャンプで行われている日常的な人権の制限や侵害に関しては国際的な人権団体による報告が多い[24]。国際政治学の領域からは、難民キャンプを国家安全保障上の問題として先行研究が積み重ねられている。この安全保障の立場からの難民キャンプの分析は、それが本来の目的を離れ軍事的な目的で組織化され、庇護国や出身国のみならず周辺諸国の安定に悪影響を及ぼすに至った点に特に焦点が置かれた。そしてそのような難民

キャンプの軍事化が世界各地でおこっている事例を使って分析されている[25]。国際社会による人道的支援の提供の場である難民キャンプが、時として軍事的な拠点となり、内戦の激化や国境を越えた紛争を拡大させていったことは実務の遂行においても大きな衝撃であった。また同じく国際政治学の領域からは、難民問題への対応をめぐって展開してきた国際協調に強い関心が寄せられてきた。レジームあるいはガバナンスといった概念装置を使って分析されるアクター間の協調関係・制度・規範の研究に関しては、その地域化や非国家アクターの役割、そして近接レジーム・ガバナンスとの相互作用を含めた研究領域の広がりを見せている[28]。

これらの先行研究に加えて、近年特に進められようとしているのが、経済学の立場からの難民キャンプの研究だ。これは難民キャンプ内での経済活動の実像を分析するだけでなく、キャンプ経済と外部の経済とのつながり、そして難民自体の経済的なポテンシャルと、より大きな経済発展の中に位置づけようとするものであり、難民キャンプ収容政策の転換を語るうえで大きな手掛かりとなる。そして、難民キャンプ収容政策の転換の理論的バックボーンとして大きな役割を担っているのが、この経済学的な視点からの難民問題へのアプローチである。

2　難民キャンプ収容政策の成立と展開

（1）　発展途上諸国における難民キャンプの採用

第二次世界大戦後、植民地独立の気運の高まりはアフリカ諸国にも及び、独立運動が盛んになった。穏便に独立交渉が進められた旧植民地があった一方で、アルジェリアなど、独立運動が旧植民地勢力との武力闘争にいたった例もあれば、独立運動のリーダーシップあるいは、独立後の権力掌握をめぐって旧植民地国内の勢力間による争いもまた頻発した。これに伴い難民が近隣諸国に流入する事態が生じた。しかし、この時期において難民キャンプのような組織的かつ継続的に人道支援が難民に向けて行われた例は少なかっ

た。流入当初には幾ばくかの人道支援を受け取ることができた難民も、すぐに受入国の社会の中で自立して生きていくことが求められた。また、アフリカの新興独立国は難民条約に加盟することにも積極的であった。アジアの新興独立国が難民条約加盟には極めて消極的な態度をとったのと対照的に、アフリカの新しい国々は次々と難民条約に加入し[27]、やがて自前で難民地位審査を行う国も現れてきた。

　しかしながら、やがて「独立の時代」が終わり、その後の時間を追うごとにこの状況は変化を迎える。独立はアフリカの国々に彼らが夢描いていたような経済的繁栄はもたらさず、むしろ世界的な第一次産品価格の下落はアフリカの夢を次々に消していった。また独立後も続く政治的不安定と冷戦の下で持ち込まれたイデオロギー対立は各地で紛争を起こし、大きな数の難民が生み出されていった。こうした状況でやがて難民の受け入れに管理の思想が現れてくる。アフリカの中で、難民管理の変遷を象徴しているのがタンザニアであり、記録に残っているタンザニアへの難民の流入は1960年頃に始まる[28]。主に近隣のルワンダやブルンジでの独立闘争の結果としてタンガニーカに流入した難民は、当時独立に向けて機運の高まっていた中で大いに歓迎を受け、独立後のタンザニアにおいて、本人が希望すればタンザニア国籍を取得することも可能であった[29]。ニエレレ（Julius K. Nyerere）大統領の指導下、タンザニアは難民に対する門戸開放政策を60年代を通じて維持する。次いで大規模な難民流入が起こったのは1972年のことである。約30万人のブルンジ難民がタンザニア西部に流入した。当時まだニエレレ大統領の指導下にあったタンザニアであったが、ここで同国は難民の居住地を定める政策を初めて採用する。難民はタンザニア西部の辺境地帯に1世帯当たり5ヘクタールの土地を自活のために与えられたが、難民居住区の運営はタンザニア政府の管理下におかれた[30]。さらに1993年に新たなブルンジ難民の流入が始まると、タンザニア政府は難民をブルンジ国境に設置された難民キャンプでの居住を義務付け、移動を厳しく制限した。また難民に自活の手段は与えられず、難民は人道支援物資に完全に依存した生活を強いられる。やがて、

こうした難民の管理は、難民キャンプを継続的に運用し、そこで難民を居住させるという方法に変質していく。

一方で、難民条約加盟には距離を置いたアジア新独立諸国でも大量の難民流入に対応する方法として難民キャンプが定着していく。1971年に東パキスタンが独立を宣言したことによって勃発した西パキスタンとの武力闘争にともない、ほんの数か月の間に1,000万人にものぼる東パキスタンの人々がインドに流入した。そのうちインド側に身を寄せる親類や友人のあてのない680万人は東北4州にまたがって開設された852箇所の難民キャンプに収容されることになり、インド政府は国連に協力を求めた。国連はUNHCRをこの危機対応での責任機関に任命し、難民キャンプを中心に国連創立以来最大の規模での人道支援を展開した[31]。東パキスタンからの難民の長期定着を恐れたインド政府によって、難民キャンプは現地の住民の生活とは切り離された人道支援の目的の空間となり、のちの難民キャンプ収容政策の下に設置されるキャンプの特徴をそなえるものであった。そして1975年にインドシナ半島からの難民の流出、1979年にアフガニスタンからの難民の流出が始まると、近隣の難民受け入れ諸国は難民キャンプの設置をもって対応したのである[32]。

またUNHCRも大規模な難民キャンプの運営が難民管理の手法として積極的に採用されていくにしたがって人道支援機関としての性格を強めていく。難民受け入れ諸国の多くは経済的にも成長の端緒にもつけていない発展途上諸国である。継続的な人道支援物資の供給の経済的負担にはとても耐えられない。当然そこには国際社会によるリソースの提供が必要とされ、それを担う機関としてはUNHCRがあった。こうしてUNHCRの活動の地理的範囲の拡大がすすんだ。またこれとともにUNHCRは難民条約に基づき難民の国際法上の権利保護を監督する機関という性格から、難民に向けての人道的支援を組織的に遂行する機関として、その組織的性格を大きく変えていくことになる[33]。

（2） 大量難民の時代と国際人道アクターの興隆

　さらには、冷戦の解消の結果、それぞれ東西陣営の一方に組することで経済的援助を受け取っていた発展途上諸国はその援助額を大幅に削減され、それに大きく依存して国家運営を行ってきた脆弱な国家群を経済的に破綻させた。破綻国家の一部は内戦状況への転落、そして大量の難民流出という事態を招いたが、そこに至らない国でも、財政の窮状から条約上の難民保護に責任を果たせない状況に陥った。ここに至って、発展途上諸国の中に難民条約の加盟国でありながら、その責任の遂行を果たすうえで国際アクターへの依存が必要となった。例えばケニアでは1991年にソマリア人の庇護希望者が数十万に規模で流入する以前は、国として難民地位審査も条約難民の権利保障も行っていたが、この巨大な数の庇護希望者の流入のために難民地位審査を一切停止し、以降UNHCRに、そのマンデートに基づいて庇護希望者の登録とその地位審査を任せることとなる[34]。またPrima facie手続き（出身国の客観的状況によって、個人審査によらず集団として難民として難民認定する手続き）で難民とされたソマリア人やスーダン人難民に関しては、国境地域に設けられた難民キャンプへの居住を義務付け[35]、移動と居住地選択の自由を厳しく制限した[36]。

　その中で冷戦後の西側諸国に沸き上がった市民社会の自由主義的使命感の強まりと、グローバリゼーションの進展に伴ってもたらされた非国家アクター活動の国際的広がりの下で、国際社会の中で国際機関や非政府組織（NGO）が国家に代わって難民の国際保護体制を担保する状況が現れた。1990年代初頭から2000年代中盤までの期間は、まさに非国家アクターによる難民支援の最盛期であった。この時期、発展途上諸国において国家は難民保護の少なくとも物質的支援や管理にまつわる事務的業務を、国際社会における非国家アクターに大きく委ねていた。今日なお発展途上諸国にある多くのキャンプで国際機関の事業施行パートナーとして契約を結んでいるのは、多くが欧米諸国に本拠を置く巨大NGOである[37]。こうした国際NGOによる国際人道支援活動の寡占は、難民を迎え入れた地域の経済水準と著しく乖

離した、非常に高価な人道支援システムが作られるにいたった。

3　難民キャンプ収容政策の問題と難民キャンプを前提としない難民保護の模索

（1）　難民自身の経済的潜在力と社会統合を軸とした難民保護へ

　人権の制限、軍事化、犯罪や暴力の蔓延、政府の目の届かない違法な活動など、過去の研究が難民キャンプで観察してきたような多岐にわたる問題は、それだけでは、国際社会をただちに難民保護手法として難民キャンプの廃止や見直しに向かわせるには十分でなかった。難民キャンプは決してベストな難民保護の手段ではなかったが、現実的にはそれ以外の手段がないようにも見受けられた。決して潤沢ではなかったが国際社会からの資金提供により、難民キャンプでの人道支援を軸とする難民保護の方法は長年にわたって維持され、その代案が語られることも少なかった。しかし現在、地球規模で観察される難民および避難民の増加は、今まで国際社会が負担してきた難民の保護や人道的支援のニーズを、これまで以上に巨大なものとさせた。この人道支援に関わる国際社会の負担の増加こそが、難民キャンプでの人道支援に象徴される従来の難民保護の方法論に見直しを強いている。英ガーディアン紙によれば、2004年から2015年までの間で国連がその人道活動に必要とする資金アピール額は500％増えた[38]。そして多くの場合、必要額を満たすことができない。2014年、UNHCRはその活動に必要とする資金のうち、わずか54％しか確保することができなかった[39]。世界各地で難民保護に必要なリソースが枯渇し、食糧配給は削られ、難民キャンプで様々な社会サービスが閉鎖された。もはや、難民の保護に必要なリソースを探し得る場所は、難民彼ら自身の自活能力の中にしか残されていなかった。しかし、難民キャンプは人道的支援を目的として設置された隔離された場所として設計されたことから、難民がその自ら持つ経済的生産性と自活のための能力を発揮するには、決して適当な場所ではなかった。ここにおいて、難民キャンプ収

容政策の継続がリソースの観点から再検討されるに至る。もしも今後も難民が保護されるべきであるならば、そのためのコストは軽減されなければならず、そのコスト削減の一部は難民の人道支援への依存を削り、彼ら自身が生計確保の力を利用することによってしか生まれない。そのためには難民キャンプ収容政策はそぐわないのである。

　こうした背景の中で難民の潜在的経済能力に関する検討が盛んになる。もちろん難民キャンプの内部であっても、人々の生活するところ、必ず経済活動が発生する。戦乱を逃れて難民キャンプにたどり着いた人々も、決して人道的援助物資だけに頼って暮らしているわけではない。現実的に人道的援助物資が、充足させられるのは難民の生活の一部分にすぎない。人道的支援物資にアクセスを得るのに、経済力が必要となる皮肉な事態も現実として発生する。やがて難民キャンプが成立して数か月もすると、難民キャンプの中は様々な経済活動であふれる。難民の経済活動に関する先行研究は主に難民キャンプの内部での経済活動に焦点が当てられていた[40]。また政策的にも難民の収入創出プログラムや、マイクロ・クレジット、そして現金収入につながるような職業訓練など、難民キャンプ内の商業活動や流通の存在を前提としたものも長らく続けられてきた。しかしながら、これは決して難民を受け入れている地域の経済社会開発という大きな視点によって行われてきたものではない。ベッツ（Alexander Betts）らは難民の経済に関する最近の研究において、難民の経済活動に関する研究および政策的な関心は難民キャンプを切り離された存在として捉え、その難民キャンプが存在する地方経済との大きな枠組みにおいてとらえてこなかったこと、そしてその難民の経済活動や社会統合を利用しながら地方経済の発展を実現していく理論的枠組みの不在を指摘している[41]。

　2015年3月に開設されたエチオピアのジェウイ難民キャンプでの筆者の調査によれば、開設から一か月時点では食糧配給には含まれていないものの調理には必要な調味料やトマトなど野菜を売る露天商がすでに存在した。そして同年の年末にはさらに経済活動は多様化し、雑貨屋・生鮮食品店・精肉

店だけでなく、簡単な食事や清涼飲料を提供するレストラン・太陽電池を使って携帯電話の充電サービス、さらにはビリヤード台を持ち込んで娯楽を提供する店まで登場する。また世界食糧計画（WFP）から供給された穀類を使ってキャンプ内でのアルコール醸造もさかんとなる。そのほうが食糧として消費するよりもより大きな経済的価値をもたらすからである。またキャンプの中だけではなく、キャンプの周辺に地元のエチオピア人が店を作り、より遠くから運ばれた商品を売り始める。こうして難民キャンプは瞬く間に経済規模を拡大していく。難民キャンプの多くが経済的発展の程度に劣る辺境地域に作られることから、難民キャンプが地域での最大規模の商業活動が行われる場所になる[42]。このように地方の経済的中心地としての難民キャンプの例は多くある。これは大規模な難民キャンプが長期間置かれている地域では多くの事例が観察されている。例えばケニアに置かれた二つの大規模な難民キャンプ、カクマとダダブは明らかにその地方最大の都市であり、最も商業活動の活発な経済的ハブとなっているのである。物資の流れが地元市場から難民キャンプへという流れに代わって、難民キャンプが物資流通の拠点となり、そこから地元市場へ流れるようになる。また商業活動を営むための資本も、地元経済よりも難民キャンプの住民のほうがより潤沢に用意できる状況がある。大規模な難民流出を経験しているコミュニティは、多くの場合は先進国にすでに十分に定着したディアスポラを持っている。近年発展の目覚ましい先進国と発展途上諸国の間の送金ネットワークを利用して、商業活動のための多量の資金が難民キャンプに流入している[43]。

　しかしながら、難民支援をめぐるリソースの枯渇が差し迫る中で、このような自然発生的な経済活動・発展を待つ余裕はない。難民たちが自分たちの生活を支える収入を自らの手で確保することを促進しつつ、それが現地住民との間で資源の奪い合いという結果をもたらさないよう、その地域全体としての経済発展や成長を実現しなくてはならないという難しい課題に直面している。難民自身の人道支援に依存しない経済的自立につなげていくには当然のことながら政府の役割なしでは不可能である。特に難民の存在を地方の経

済開発・発展に積極的に結び付けていく上で、政府がその主導権を握る必要があり、UNHCRをはじめとする国連機関の役割はその経済開発のモデルや技術的サポートの提供と、なによりも必要となる開発リソース、特に資金面でのサポートである。

大量の難民の流入を現在受け入れているシリア周辺諸国では、難民への雇用機会の提供を条件に、投資を呼び込み生産活動を展開するうえで優遇措置や法人税の減免を受ける経済特区を設け、国際金融機関や二国間援助を通じて巨額の資金を受け入れている。これによって難民が雇用機会やその他の経済機会を通じて経済的自立を実現しながら、難民を受け入れている地域の経済発展が図られる「Win-Winな関係」の実現を目指している。

特にシリア周辺諸国の中でも最大数のシリア人難民の受入国であるヨルダンでは、特別経済区（Special Economic Zone: SEZ）の制度を利用して、そこで創出される雇用の15％をシリア人難民に提供することを条件に、欧州諸国への製品輸出に関税免除が適応されるなどの優遇措置を可能とする。またこれは「ヨルダン・コンパクト」と名付けられた国際社会によるヨルダンの難民対応への支援パッケージの一環であり、2016年に締結された合意によれば、その提供される資金の規模は17億米ドルにものぼる。確かにこれは難民の経済的自立と地域の経済発展の両立を実現することによって、世界の多くの難民を抱える別の地域で同様の試みを展開するうえでのモデルを提供することができるであろう。しかし、ヨルダンにおけるSEZの試みは、あくまでも個々の難民に雇用機会、そしてそれを通じた自立的生計の可能性を与えるものであるが、それは難民キャンプに代表される従来の人道支援システムを補完するものでしかない。難民の経済的潜在力と社会統合を軸に、難民キャンプに象徴される従来型の難民援助から脱却するには、さらに新しいモデルと理論の深化が必要である。

4 難民キャンプ収容政策からの脱却とUNHCRの役割

(1) UNHCRの政策転換

 2014年、UNHCRは「キャンプ代替に関するUNHCRの政策」と銘打たれた政策文書を発表した[44]。この政策はUNHCRとして初めて、難民キャンプを軸とした難民支援のありかたを明確に否定したものというだけでなく、緊急時のやむを得ない場合を除いてキャンプの新設を不支持とし、また既存のキャンプに関してもそのなるべく早い段階での廃止を提唱する画期的なものであった。そしてもしも難民キャンプがどうしても廃止できない場合は、難民キャンプの住民に課せられている様々な権利の制限の除去を求めている。この政策の発表は従来から難民キャンプの在り方に批判的であった研究者や人権団体に喜びをもって迎えられたが[45]、本政策を現実のものとする道のりは険しい。政策の発表から3年近い時間が経過したが、その後もなおUNHCRはいくつもの難民キャンプを受入国政府と共同で開設してきたし、また既存の難民キャンプの廃止は進んでいない[46]。しかし、このようなエポックメイキングな政策の発表が可能だったというその事実において、明らかに難民問題を取り巻く環境の変化を見て取ることができる。特に「アラブの春」以降に出現した難民の数と移動の急増の中で、国際社会は従来の手法を使っての難民保護が、もはや有効ではないことを悟った。その中で打ち出されたUNHCRのこの新しい政策は、単に難民キャンプの是非に関するだけのものではない。それは従来の人道支援活動が前提としてきた、「難民＝受益者」という構図を書き換えるものである。こうした背景の下にUNHCRが発表した政策には、むしろ従来の援助パラダイムにかわる規範を打ち出す目的を強く見ることができる。

(2) 「移民と難民に関するニューヨーク宣言」に見る方法論の深化

 UNHCRの政策転換は、難民保護における国際的規範の転換を象徴づける

ものであったが、一方で政策として難民キャンプの廃止を目指す方法論や、難民キャンプを設置することなく難民保護を実現する手段に関して十分な具体性を持っていない。特に難民キャンプを軸とした難民管理を今日なお政策の柱にしている発展途上諸国にとって、難民キャンプの廃止は一朝一夕に認められる提案ではない。規範の提示だけではなく、それを実現するための手段の明示と、その実現を可能とする資源が保障されなくてはならない。さらには、難民の社会統合には大きな政治経済的なコストが予見されることから、難民の社会統合の影響を受ける自国民が納得する形で、難民の社会統合が自国民の生活の向上につながるような利益の明らかにしなくてはならない。2016年9月、第71回国連総会の機会を利用して行われた二つの会議はそれに関する議論を推し進めるものとなった。一つは19日に行われた「難民と移民の大規模な移動に関する国連サミット」であり、もう一つは翌20日にオバマ（Barack Obama）米国大統領の提唱によって開かれた「難民に関するリーダーズ・サミット」（オバマ・サミット）である。「難民と移民の大規模な移動に関する国連サミット」において全会一致で採択された「移民と難民に関するニューヨーク宣言」には難民キャンプの廃止にむけた条文がふくまれている[47]。そして、難民の自立につながる雇用や教育の支援の協調や、居住や移動の自由など難民キャンプ収容政策とは相容れない難民の基本的人権の確認など、難民キャンプを軸とした難民支援とは異なり、難民の地域社会への統合を軸にした支援の方法が積極的に盛り込まれた。この合意において特に重要なのは、難民を領内に抱える諸国がリソースに乏しい中で現地社会への難民の統合の実現が可能になるような、財政的支援の仕組みを盛り込んだことである。本サミットと前後して多くの難民の社会的包摂に資金を必要する国々に向けた援助パッケージが世界銀行から発表された[48]。

　ニューヨーク宣言の内容は大部分において決して新しい主張ではない。特に難民支援と開発支援の連携の強化に関しては、1980年代初頭、第1回および第2回アフリカ難民国際援助会議（ICRA IおよびICRA II）の時代から繰り返し主張されてきた内容であるにもかかわらず、その実現は果たされ

てこなかった[49]。これに対して、ニューヨーク宣言では「包括的な難民対応枠組」(Comprehensive Refugee Response Framework: CRRF) という難民居住地域で開発にかかわるリソースを確保する仕組みを添付文書として用意している。そして何よりも違うのは、国際社会が難民にまつわる様々な危機に直面する中で、世界銀行をはじめとする開発パートナーが、人道支援から開発支援の橋渡しを可能にするような資金を要して、多くの難民を抱える国々を支える用意があるという点である。こうした開発融資の供与を前提に、すでにいくつかの国が CRRF に基づいた開発プロジェクトを準備している。当面パイロットとなるのは、エチオピア、タンザニア、ウガンダなど多くの難民を抱えるアフリカ諸国である。そしてこれらの多くは従来難民キャンプ収容政策を採用してきた国々である。

(3) CRRF の実践と難民キャンプの将来：エチオピアでのパイロット・プログラム

そのなかでも伝統的な難民キャンプ収容政策採用国でありながら、2017年から今後10年の期間で、難民キャンプをすべて廃止することにコミットしたエチオピアの例は、特に注目に値する。エチオピアは2017年9月時点において国内に75万人を超える難民を抱え、アフリカで第二位の難民庇護国となっている。「難民と移民の大規模な移動に関する国連サミット」の翌日、2016年9月20日に行われた「難民に関するリーダーズ・サミット」でエチオピア政府は共同議長国を務め、またそこで発表された新しい難民保護政策を、ニューヨーク宣言の精神を反映させ、また CRRF によって進められている手法を活用して、難民の社会統合と開発を両立させる試みとして注目されている。その新政策が含むのは、①現在のキャンプ収容政策を見直し、難民の一割にあたる7万5千人にキャンプ外での居住を許可すること、②難民に対する労働許可と身分証明書の発行、③難民のエチオピア国内の学校への就学機会の増加、④新たに一万ヘクタールの土地を供与し、難民とエチオピア国民が共同で農耕に従事する機会を設ける、⑤エチオピアで20年

以上居住する難民のなかで少なくとも1万3千人に永住許可を与える、⑥国際金融機関等との協力において、エチオピアで新たに開発が進められる工業団地で難民の雇用を10万人分創出する、⑦そして、医療やその他の社会経済活動において難民のアクセスを拡充することなどが含まれる[50]。

エチオピアは基本政策として難民のキャンプ収容政策を採用している国であり、そこでは多くの場合、現地のエチオピア人の生活とは隔離された難民の生活圏があり、ドナー国や国連から資金供与を受けたNGOが生活の殆どすべてにわたって必要な物資とサービスの供給が行われてきた。難民をエチオピア国民の生活圏に社会統合していくことは、エチオピア政府全体の関与なくしては実現されない。一方で経済発展を急ぐエチオピアのような国にとって、大規模な開発プロジェクトへの資金の確保は死活問題である。難民の社会統合を約束する代わりに有利な条件で融資を受けることは、前出のヨルダンSEZの例にも見るように受容可能な取引となる。CRRFは国際社会からの巨額の開発資金を確保することによって、難民ホスト国に難民の社会統合への障壁を低くするものである。

おわりに

この論考で見てきたように、難民キャンプを軸とした難民保護の方法は、大量の難民が流入するという事態に直面し、それに対応するリソース確保を主たる理由として、難民保護の方法の第一選択肢として長らく使われてきた。また国際的に人道支援活動を展開する非国家アクターの興隆はこの難民キャンプを軸とした難民保護手法を維持するのに結果的に貢献してきてしまった。しかしながら、難民の数が前例のないほどまでに増加し、難民の庇護提供国での生活が長期化していく中で、いつ終わるとも知れない難民の生活を人道支援だけで支え続けていくこと経済的負担は、もはやどのドナー国も支え続けることのできないものである

しかしながら、難民キャンプという、これまで大量の難民流入を経験した

発展途上諸国で難民管理の第一選択肢として取られ、また現在も世界全体に存在する難民の少なくとも約30％が居住する空間を廃止していくことは容易なことではない。特に、今実際に自国領内で大量の難民と向き合っている発展途上諸国にとって、そのような政策転換は簡単に受け入れることはできないであろう。UNHCR のリードの下で国際社会は新たな難民保護体制の基盤となる規範の形成に今まさに取り組んでいる最中であり、そこに想定されているのは、難民が受入国のコミュニティに包摂され、そこでそれぞれの能力に応じて経済的自立を確保するモデルである。当然のことながら、このような難民受け入れを実現するためには、規範の形成だけでは全く不十分であり、新たな規範を実現に移すための現実的なインセンティブを供給する仕組みが必要である。2016 年9 月の一連の合意から明らかであるように、この新しい規範形成は多くの難民を抱える発展途上諸国に、難民を自国社会に包括していくことの社会経済的および政治的コストを上回るだけでなく、難民を受け入れる地域に目に見える開発上の恩恵をもたらすだけの資金パッケージと組み合わさることによってのみ、はじめて受容可能な規範となるであろう。

　もちろんこのアプローチは万能のものではない。この論考で取り上げたヨルダンのような安定した中進国や、経済成長目覚ましいエチオピアにように、企業の経済活動にリスクの相対的に少ない国においては投資を呼び込むことも可能であろう。しかし難民の滞在する国の多くが政治的に安定を欠いた投資リスクの高いものであり、紛争の当事国でありさえする現実の中で、このアプローチの適用範囲を広げていく上で極めて困難な課題が多い。このような国から逃れてくる難民が必要としているのは安全と保護であり、それは決して雇用機会ではない[51]。またヨルダンやエチオピアの例でも、経済的自立の機会を得る難民は全体から見ればまだまだ少数であり、なお多くの難民は難民キャンプでの生活の継続や、人道的支援への依存から脱却することは難しいままである。またこのアプローチの実現には継続的な資源の確保が欠かせない。過去数年間に主に欧州諸国の経験した難民の流入は、難民に対

する政治的関心を一時的に高め、特に欧州諸国に流入している人々の出身地域をめぐる状況改善にパニック的に資金提供を決めてきた。しかし、それも長くは続くとは考えられない。現実の世界で各ドナー国が直面している財政的状況と、また自国優先も声高に叫ぶ勢力が伸長しつつある国内政治状況ではたして UNHCR は国際社会からこの政策の転換に必要とされるオペレーション資源を確保し続けていけるのか、そのような国際的な合意を創出することができるのか、2018 年の合意を目指して議論が続けられている「難民に関するグローバルコンパクト」の成否は慎重に見極められなくてはならない。この論考で見てきたように、国際社会はもはや難民キャンプでの人道支援を軸とした難民保護の仕組みを維持することはできない。目指すべき方向は明確にされた。しかし、その実現にはなお多くの困難が待ち受けている。

〈付記〉本論文の内容や意見は、全て執筆者の個人的見解であり、所属機関の公式見解を示すものではない。

〈注〉

1　UNHCR, *Global Trends 2013: War's Human Cost*, 2014, p.2. この資料による強制移動による避難民の世界総計は 5,120 万人。このうち難民は 1,670 万人、国内避難民は 3,330 万人、庇護申請者は 120 万人。

2　UNHCR, "World Refugee Day: Global forced displacement tops 50 million for first time in post-World War II era," 2014, accessed 1 December 2017, http://www.unhcr.org/news/latest/2014/6/53a155bc6/world-refugee-day-global-forced-displacement-tops-50-million-first-time.html.

3　UNHCR, Press Release of 22 December 2015, accessed 3 March 2018, http://www.unhcr.org/news/press/2015/12/567918556/million-refugees-migrants-flee-europe-2015.html.

4　UNHCR, *Global Trends: Forced Displacement in 2016*, 2017, p.2 上掲資料（*Global Trend 2013*）から 3 年間で世界の強制移動による避難民総数は 6,560 万人に増加している。このうち難民に相当する人々の数は全世界で 2,250 万人に増えたと推計されている。

5 Oliver Bakewell, "Encampment and Self-Settlement," in *The Oxford Handbook of Refugees and Forced Displacement Studies,* eds. Elena Fiddian-Qasmiyeh et al. (Oxford, Oxford University Press, 2014), pp.128.
6 中山裕美『難民問題のグローバル・ガバナンス』東信堂、2014年、57-65頁。
7 難民の地位に関する条約（1951年）第26条
8 第二次世界大戦の結果、難民となった人々を収容していた難民キャンプ。
9 Gil Loescher, *The UNHCR and World Politics: A Perilous Path* (Oxford: Oxford University Press, 2001), pp.89-91. しかしながら1994年のユーゴ紛争時と2014年に始まった難民の西ヨーロッパ諸国への流入の事態の下では西ヨーロッパでも一時的に難民キャンプが存在した。
10 UNHCR, *Global Trends: Forced Displacement in 2016*, 2017, p.55.
11 ミャンマーからバングラデシュに逃れたロヒンギャ難民の多くが難民キャンプかそれに類する場所で滞在している。また南スーダンから流出が続く難民も多くが難民キャンプに居住し、これらの人々を主要するため大規模な難民キャンプが設置されている（例：ともに2016年に開設された27万人収容のウガンダのBidi Bidi Refugee Settlement、8万人収容のエチオピアのNgwenyiel Refugee Camp）。
12 UNHCR, *UNHCR Policy on Alternatives to Camps*, UN Document, UNHCR/HCP/2014/9, 22 July 2014.
13 この代表的な例であるスフィア・プロジェクト（Sphere Project）は1997年に従来統一的水準のなかった人道支援活動に、満たすべき基準を明らかにするために開始された。現在もなお、人道支援活動の現場では供給するサービスの質と量の水準の指標として一般的なリファレンスとなっている。(accessed 20 April 2017, http://www.sphereproject.org/)。
14 キャンプの運営と管理をめぐる技術や経験の蓄積もGlobal Camp Coordination and Camp Management Cluster（http://www.globalcccmcluster.org/）によってなされている。
15 難民キャンプの設置の記録は第二次世界大戦以前から多くあるし、UNHCR設置や難民条約が結ばれる以前に作られたパレスチナ人難民キャンプは現在も存続している。今日発展途上国で見られるような大規模で長期間運営される難民キャンプは、1970年代以降の大規模な難民流出に対応して発展してきた。パキスタンのアフガニスタン国境地域に見られる難民キャンプの多くは30年以上の歴史を持つ。

16 UNHCR, *UNHCR Policy on Alternatives to Camps*, UN Document, UNHCR/HCP/2014/9, 22 July 2014.
17 United Nations General Assembly, New York Declaration for Refugees and Migrants, UN Document, A/71/L.1, 15 September 2016.
18 上記 New York Declaration for Refugees and Migrants の付帯文書
19 B.E. Harrell-Bond, *Imposing Aid – Emergency Assistance to Refugees* (Oxford: Oxford University Press, 1986), pp. 2-13.
20 *Ibid.*
21 Michel Agier, *Managing the Undesirable – Refugee Camps and Humanitarian Government* (Cambridge: Polity Press, 2011).
22 UNHCR, *The State of the World's Refugees 2006: Human Displacement of the New Millenium* (Oxford ; New York : Oxford University Press, 2006), p.109.
23 Gil Loescher et al. eds., *Protracted Refugee Situations – Political, Human Rights and Seculity Implications* (Tokyo: United Nations University Press, 2008).
24 Human Rights Watch, *Hidden in Plain View – Refugee living without Protection in Nairobi and Kampala* (New York: Human Rights Watch 2002), pp.126-160.
25 Sarah K. Lisher, *Dangerous Sanctuaries – Refugee Camps, Civil War, and the Dilemmas of Humanitarian Aid* (Ithaca: Cornel University Press 2005).
26 中山、前掲書。
27 Loescher (2001), *op.cit.*, pp.105-106.
28 *Ibid.*, p.114.
29 UNHCRのタンザニア人職員に対する筆者の聞き取りによる。2017年6月。Wim L'ecluse (2010) "*Refugee Politics in Tanzania: Receding Receptivity and New Approach to Asylum*"（ベルギー・ゲント大学に提出の修士論文　2009 – 2010学年）にも独立前後の時期に近隣諸国での独立運動の結果として難民が流入した件に関しての記述があるが、その後の国籍取得に関しての記述はない。
30 1972年に流入したブルンジ人難民は、多くが帰還を果たすことなくタンザニアに定着し、2008年に市民権が付与された。
31 Loecher (2001), *op.cit.*, p.156.
32 最大規模のアフガニスタン人難民を受け入れたパキスタンでは難民キャンプ収容政策を採用し、アフガニスタン人難民に難民キャンプでの居住を求めた。また、2018年現在では殆どのアフガニスタン人難民を都市難民として保護するイラン

でも、当初は難民キャンプをもってアフガニスタン人難民の流入に対応した。

33　Alexander Betts et al., *UNHCR: The Politics and Practice of Refugee Protection*, second edition（London: Routledge, 2008）, pp.31-33. UNHCR として人道援助に関わった最初の事例は 1960 年のアルジェリア独立戦争で発生した難民に対してであったが、UNHCR の人道支援機関としての性格を推し進めたのは 1970 年代、アガー・カーン（Sadruddin Aga Khan）高等弁務官の時代であったという。

34　1991 年以前、ケニアは自国に庇護を求めた難民に対して、ケニア政府として難民地位審査を行い難民認定の可否を判断していた。ケニア政府によって認定された難民は、移動の制限を受けず、労働許可証の発行も受けることができた。1991 年以降、ケニア政府が難民管理の多くを UNHCR に委託したのちも、これら 1991 年以前に認定された難民はキャンプ収容政策から除外された。

35　当初は港湾都市モンバサの近郊をはじめケニア各地に散在した難民キャンプは 1990 年代後半までにスーダン人難民を中心とするカクマと、ソマリア人難民を中心とするダダーブ難民キャンプの二つに統合されていく。どちらの難民キャンプも十万人をこえる難民をかかえる世界最大級の難民キャンプとなった。

36　Human Right Watch, *op.cit.*, p.148.

37　エチオピア・ガンベラ地域の 7 つの難民キャンプで現在進行中の南スーダン人難民緊急救援活動において、UNHCR が 2017 年 5 月時点で資金提供している、あるいは協定を結んでいるパートナー 19 団体のうち、エチオピア以外（主に欧米諸国）に拠点を置く国際 NGO が 15 団体なのに対して、エチオピア出身の NGO はわずか 4 団体にとどまっている。最新の情報は以下のポータルにアップデートされている。UNHCR, South Sudan Situation, 2018, accessed 20 February 2018, http://data.unhcr.org/SouthSudan/region.php?id=36&country=65.

38　Rachel Banning-Lover, "UN's aid appeal up 500 % in a decade as multiple crises become the 'new norm'," *The Guardian Online, International Edition*, 17 June 2015, accessed 20 February 2018, https://www.theguardian.com/global-development-professionals-network/2015/jun/17/uns-aid-appeal-up-500-in-a-decade-as-multiple-crises-become-the-new-norm.

39　Joe Sandler Clarke, "Humanitarian system 'stretched to its limits' says new research," *The Guardian Online, International Edition*, 2 October 2015, accessed 20 February 2018, https://www.theguardian.com/global-development-professionals-network/2015/oct/02/humanitarian-system-stretched-to-its-limits-says-new-research.

40 Alexander Betts et al. eds., *Refugee Economies: Force Displacement and Development* (Oxford: University Oxford Press (Kindle Version), 2017), position number 1263-1323 (corresponding to Chapter 3. "Refugee economies," Section 1 "Refugees and Economis" from paragraph 3 to 11).

41 *Ibid.*

42 ジェウイ（Jewi）難民キャンプはエチオピア・ガンベラ地域に位置し、南スーダンからの難民を受け入れるために2014年にエチオピア・南スーダン国境地帯に開設された二つの難民キャンプ、ニプニプ（Nip-nip）とレイチョウ（Leighchou）が洪水で水没したのを受けて、この二つの難民キャンプの住民を洪水の危険の少ない高台に移すために2015年4月に開設された難民キャンプである。ジェウィ難民キャンプの設立時の詳細に関しては、UNHCR, *Jewi Camp Profile*, August 2015, accessed 20 February 2018, https://reliefweb.int/sites/reliefweb.int/files/resources/JewiCampProfileAugust15.pdf.

43 ウエスターン・ユニオンなど送金を専門とする組織のみならず、例えば携帯電話を通じて小規模な送金な可能になるような仕組みの導入は、難民が海外にいる家族から送金を受け取ることを飛躍的に容易にした。例えばケニアのダダブ難民キャンプの事例は、内藤直樹「カネとケータイが結ぶつながり―ケニアの難民によるモバイルマネー利用」羽渕一代他編『メディアのフィールドワーク―アフリカとケータイの未来』北樹出版、2012年、153-171頁に見ることができる。

44 UNHCR（2014-2）*op.cit.*

45 Lucy Hovil, "With camps limiting many refugees, the UNHCR's policy change is welcome," *The Guardian*, 2 October 2014, accessed 20 April 2017, https://www.theguardian.com/global-development/poverty-matters/2014/oct/02/unhcr-policy-change-refugee-camps.

46 UNHCRでは難民キャンプの代替政策推進のためにポータルサイトを開設し、実践と政策施行のためのツールの共有を行っている（UNHCR, "Alternatives to Camps," accessed 20 April 2017, http://www.unhcr.org/alternatives-to-camps.html）。このサイトではニジェールとケニアでキャンプの代替策として設けられた居住区の例を紹介している。

47 United Nations General Assembly, *New York Declaration for Refugees and Migrants*, UN Document, A/71/L.1, 15 October 2016, accessed 20 April 2017, http://www.un.org/ga/search/view_doc.asp?symbol=A/71/L.1.

48 World Bank, *Following the Refugees: New Global Concessional Financing Facility*, 2016, accessed 30 October 2017, http://www.worldbank.org/en/news/feature/2016/10/04/following-the-refugees-new-global-concessional-financing-facility.

49 小泉康一『グローバリゼーションと国際強制移動』勁草書房、2009 年、103-104 頁。

50 United Nations, *Summary Overview Document, Leaders' Summit on Refugees*, accessed 4 October 2017, https://refugeesmigrants.un.org/sites/default/files/public_summary_document_refugee_summit_final_11-11-2016.pdf.

51 Heaven Crawley, "Why jobs in special economic zones won't solve the problems facing the world's refugees," The Conversation, 6 April 2017, accessed 25 November 2017, http://theconversation.com/why-jobs-in-special-economic-zones-wont-solve-the-problems-facing-the-worlds-refugees-75249.

4 学生移動を支える国境を越える高等教育とユネスコの対応

杉 村 美 紀

はじめに

　今日、人々はさまざまな理由で移動しており、そこには大きく分けて2つの場合がある。ひとつは移民や難民のように、国内紛争や他国との戦争、経済変動あるいは天災による被害などにより移動を余儀なくされて移動する場合である。それに対して、人々は自らの意思で移動する場合もある。国際結婚による移動や、国外での労働に従事する外国人労働者の移動、また移民の中でも経済移民のように、いずれも自ら選択してそれぞれの意思で移動するものである。こうした自発的な移動は、前者の移民・難民問題に比べ、必ずしも人道支援や国際協力の対象となるわけではない。しかしながら、それらが国境を越えての移動であり、送り出し国や受け入れ国、そして場合によっては通過する国それぞれの社会システムや規範の違いなどから、時に人権問題等が引き起こされる場合には、国際社会による人道支援の対象となり得る。

　本稿が対象とする学生移動は、自らの意思で移動する人々である。小林は、「留学とは、国境を越えて外国の教育機関で学ぶことであり、個人の教育の過程に関わる現象であるが、同時に、この留学生を伝達者として、一国の文化が他国に伝播されるという文化現象でもある。留学は教育的目的のための国際人物交流の一形態である。（中略）留学は必ずしも新しい現象では

ない。国民国家成立以前の中世・近世ヨーロッパのパリ、ボローニャ、オックスフォード、ケンブリッジの各大学には、地元の学生と並んで、ヨーロッパ各地からの学生が学んでいたと伝えられているし、下って19世紀には、今日の最大の留学生受入れ国であるアメリカから、大学院教育を受けるために多くの若者がヨーロッパの諸大学に学びに海を渡ったといわれる。」[1]と述べている。たしかに、歴史的に見れば、留学生は元来、学びの場を求めて移動する者であった。古代の西欧社会では、プラトン（Plato）が築いた「アカデメイア」に、優れた師を求めて異なる文化を持つ様々な人が集っていたといわれる。近代国民国家が登場してからは、国家形成のための人材育成と技術や知識の習得という観点から国家が留学生を国費留学生として派遣するようになった。しかしながら、それらはいずれも一部のエリート層を中心とする留学であった。

これに対して今日の学生移動は、全く異なる特徴をもっている。第一に、幅広い層のいわゆる「普通の人々」が自分の意思で留学するようになっているということである。経済協力開発機構（OECD）（2017年）[2]の統計によれば、世界中に留学生は460万人（2015年）いるといわれる。その数は2005年の300万人から約1.5倍となっており、1975年には80万人、1985年には110万人、1995年には170万人だったことを考えると、特に90年代半ば以降の伸びが目立ち、学生移動が活発化している状況がみてとれる。欧州連合（EU）諸国においては、1980年代より国際学生流動のスキーム「エラスムス計画」が進行し、加盟国間で活発な学生及び教職員の交流活動が展開されている。このスキームは今ではEU域外の教育機関との交流にも発展しており、「エラスムス・プラス」として域外の教育機関との連携を促している。この欧米の動きを受けて今日ではアジアでも新たな高等教育圏の展開がみられる。経済発展に一定の成果がみられ、人々の生活水準が向上するに伴い、教育需要が高まり、国費留学生のみならず私費留学生として移動する学生が増加することによって学生移動は複雑化しているのである。

第二に1990年代から活発化した高等教育の国際化の結果、プログラムを

提供する機関そのものが、国際共同学位プログラムや教育機関の海外展開という形をとって「移動」するようになり、トランスナショナル教育、あるいはクロス・ボーダー教育といわれる新たな教育形態が登場した。国境を越えるプログラムが旧来の教育と決定的に異なるのは、従来は一つの国家の枠組みのなかで、当該国の国民を育てるために構想されていた教育プログラムであったのが、それらは国境を越え、二国間または多国間で構想される教育プログラムであるという点であり、今日ではそれが高等教育圏を形成するようになっている。

学生移動を促すこうした高等教育の動きに対し、国連システムはどのような役割を担いうるのか。本稿では国連システムのなかでも特に国際連合教育科学文化機関(ユネスコ)が取り組んできた学生移動とそれを促す国境を越える高等教育をめぐる対応に注目し、人の国際移動とそれに対する国連システムの役割を検証する。以下では、はじめに活発化している学生移動とそれに伴い形成されている高等教育圏形成の動きを、ヨーロッパおよびアジアを中心に概観した後、国境を越える高等教育をめぐりユネスコが策定した卒業資格と学位認証にかかわる地域別の「地域条約」と、世界190カ国の参加のもとに定めた質保証をめぐるガイドラインの概要を整理する。そのうえで、ユネスコの取り組みが、各国ごとの教育枠組みがあるなかで、「文化的国際主義」という観点から意義づけられることを説明し、国連システムとしてのユネスコが、国家が取り組むのとは異なる観点から国境を越える高等教育を支えていることを明らかにする。

1　学生移動の活発化と高等教育圏の登場

(1)　高等教育圏の形成

近代国民国家において、各国の教育政策は、一般的に共通の言語や価値観、アイデンティティの形成に基づいた国民統合と、経済発展のための人材育成を図るという点で政策の柱とされてきた。留学生政策も旧来は自国の人

材育成を目的に展開されてきた。高等教育の国際化の進展とともに、留学生の受入れを促進し、教育文化交流の拠点化を図ろうとしていることは、教育政策における戦略的側面を象徴している。そこにはランキングをはじめとする他国との競合のなかで、留学生政策を通して人材育成を図ろうとする国益が強く反映されている。

しかしながら近年では、国境を越えて展開される教育プログラムの発達に伴い、協力や協調による国際連携が注目されるようになっている。ヨーロッパでは、1980年代に「エラスムス計画」という多国間の学生移動プログラムが登場し、欧州高等教育圏が形成されるようになった。国境を越えて提供される教育への関心の高まりについて、斎藤[3]は以下の4つの点を挙げている。第一に、1995年に世界貿易機関（WTO）の付属協定としてサービス貿易に関する一般協定」（GATS）が発効し、自由貿易の対象となる「サービス」に「教育」分野が位置づけられたこと、第二に、教育機関としての実態が伴わず、贋物の証明書や学位を売る「ディプロマミル」や「ディグリーミル」のような悪質な業者が登場するようになり、質の保証を国際的ネットワークのもとで実施する必要が生じたこと、第三に1999年のボローニャ宣言をきっかけに、EU圏において学位と学修内容の相互認証を進める「ボローニャプロセス」が進行するようになったこと、さらに第四として開発途上国における教育需要への対応と人材育成を進めるため、国境を越えたプログラムを提供することにより高等教育の能力開発に貢献すること、という点である。

こうした一連のヨーロッパでの学生移動と欧州高等教育圏成立の状況を受けて、アジアでも高等教育圏が形成されつつある。これまでもっぱら留学生を送り出す側であったアジアからの留学生は、今日、世界全体の45％を占めており、引き続き欧米英語圏への留学が盛んである。しかしながら、今では非英語圏への留学や、アジア域内の留学も活発化し、一部の国は留学生の受入れ側にもなり、国際学生移動のハブが誕生している。

（2） 国境を越える高等教育プログラムとネットワークの誕生

　アジア高等教育圏誕生の背景には、同地域において、特に 1990 年代以降、一定の経済成長のもとに人々の高等教育への需要が高まり、私費留学を可能にする中間層が増加したことがあげられる。同時に、財源が限られたなかで各国政府は民間セクターによる高等教育機関やプログラムの拡充に乗り出し、それに伴い主として英語を教授言語とする多様なプログラムがつくられるようになった。折しも国際化やグローバル化が教育にも影響を与え、教育プログラムも従来の交換プログラムにとどまらず、一定期間を学習者が主として所属する教育機関で学び、課程の半分は提携先教育機関で学ぶツイニングプログラムや、同時に 2 つの学位を取得する二重学位プログラム、課程の開始期と終了期は主として所属する教育機関で学び、途中を提携先教育機関で学ぶサンドイッチプログラムや、海外分校におけるプログラムなど、国境を超えるトランスナショナルプログラムが増加した。アジア各国がそれぞれ国際教育交流の拠点化を目指し、人材獲得競争もあいまって戦略的に留学生政策を展開するようになり、教育機関、プログラム、学生、教職員のモビリティが活発化したのもこの動きと重なる。

　高等教育をめぐるモビリティの促進は、アジアが留学生の送り出し地域としてのみあるのではなく、留学先地域としても一定の位置付けを得るようになったことに大きく寄与している。2000 年代に入るころから、アジアでは、欧米の英語圏への留学が引き続き大きな流れとしてあるなかで、域内の学生移動も活発化した。特に中国から東南アジア諸国連合（ASEAN: 以下、アセアンとする）ならびにオセアニアへの移動や、日本、中国、韓国の東アジア地域での移動、さらに南アジアからオセアニアや中国への移動は、アジアから欧米英語圏の国々へ一方向的に学生が留学していたかつての時代とは異なり、アジア域内の留学生の量的増加と、留学の大衆化という質的変容を物語っている[4]。

　特徴的なのは、前述のように各国政府が協力し、あるいは国別の枠組みを超えた国際機関が教育ネットワークを構築し、教育機関―国―地域内―地域

間の多層的なプログラム構造が展開されている点である。各教育機関が行う交換留学や短期プログラム等の教育機関の枠組みに加え、日本、中国、韓国の政府が協働してつくった「キャンパス・アジア」、地域機構としてのアセアンが主導する「アセアン大学連合（AUN）」、東南アジア教育大臣機構・高等教育開発センター（SEAMEO-RIHED）による「東南アジア国際学生モビリティプログラム（AIMS）」、南アジア地域協力連合（SAARC）による「南アジア大学（SAU）」がある。さらに地域機構が、アジア以外の地域と結んで形成されているものとして、アジア太平洋地域を結ぶ「アジア太平洋大学交流機構（UMAP）」、相互尊重と平等の精神に基づき，アジア・欧州両地域の協力関係を強化することを目的とした「アジア欧州会合（ASEM）」およびその傘下にあるアジア欧州財団（ASEF）による人的交流、さらにアセアン経済共同体（AEC）とEUの間で2015年から連携が始まった「EUシェア」もある。他方、近年ではインドシナ半島にサブ・リージョナルな組織として「大メコン圏大学ネットワーク（GMS-UC）」が登場したり、2017年には中国が提唱した「一帯一路構想」に基づいて「アジア大学アライアンス（AUA）」も設けられた。こうして今日、アジアには「アジア高等教育圏」を形成する国際高等教育のプラットフォームが複数誕生している[5]。

2　学生移動を支える質保証枠組みとユネスコの取り組み

（1）「地域条約」による質保証枠組みシステムの構築

　高等教育圏の登場に伴い登場した国境を越えるプログラムは、学生のモビリティを高め、あわせて教職員やプログラム、カリキュラム、プロジェクト、研究、サービスなどの移動を促した。国境を越える移動には、最近では実際に国境を越えるのではなく、バーチャルな形態で国境を越える事例も含まれる。いずれにしても、国際移動が拡がるに伴い、新たな教育機会の拡大や国際連携の機会の増加が顕著にみられる。その一方で、外国で得た資格や単位が自国で認められないといった例や、他国のプログラムを自国に移動さ

せる場合のカリキュラムや学事歴の違いなども挙げられる。この結果、高等教育圏の登場に伴い、各国政府に対しては法的枠組みの整備が求められ、プログラムや教育機関の互換性を高めるための様々なスキームが構築されるようになった。

　こうした一連の潮流は高等教育の「質保証」という課題を生んでいる。「質保証」とは、人材育成のために知識やスキル、コンピテンシーを養う際に求められる教育の質を、一定の水準や基準を設けて通用性や同等性、比較可能性を担保することを意味する。前述のように、流動性が高まっている今日の高等教育においては、国ごとに異なる単位や資格の認証基準の相互互換や関連性をいかに的確に設定するかが追求されてきた。

　大学評価・学位授与評価機構（現在の大学改革支援・学位授与機構）（2017年）[6]の調査でも指摘されているとおり、ユネスコは、1963年11月にパリで開催された第66回執行委員会（Executive Board）においてすでに、国際協力の進展に伴い大学入学資格や学位の認証（recognition of the equivalence of university entrance certificates and degrees and diplomas）の必要性が高まっていることを指摘している。そして国際大学協会（International Association of Universities; IAU）に対して、1）高等教育、特に科学技術分野でのカリキュラムや入学要件に関する比較研究や、2）学位やディプロマの相互認証制度を設立するための方法の調査を依頼している[7]。

　その後、1970年代になると、高等教育の資格の認証等をめぐり、ユネスコは6つの地域別に「高等教育の学業、卒業証書及び学位の認証に関する地域条約（Regional Convention on the Recognition of Studies, Diplomas and Degrees in Higher Education）」を取り決めた。その対象地域は、ラテンアメリカ・カリブ海（1974年）、地中海（1976年）、アラブ（1978年）、欧州（1979年・1997年改訂条約）、アフリカ（1981年、2014年改訂条約）、アジア・太平洋（1983年、2011年改訂条約）である。

　大学評価・学位授与評価機構（前出）の分析によれば、欧州では、条約採択後、「中等教育後機関の多様化と欧州評議会（Council of Europe）におけ

る条約等と足並みをそろえたいという背景から、欧州評議会とユネスコ共同の地域条約として、1997年に改訂条約を採択した。改訂条約は、ユネスコの北米の加盟国とイスラエル等の域外の国も参加する形で『欧州地域の高等教育に関する資格認証条約（Convention on the Recognition of Qualifications concerning Higher Education in the European Region）（通称、リスボン認証条約）』として1999年に発効した。」[8]とされる。

このリスボン認証条約では、他国からの高等教育機関への進学や就職を容易にするために、他国の学位・資格について、本質的な違いがなければ自国の類似した学位・資格として認証し、学生や雇用主、高等教育機関等に対して、外国の学位・資格の認証に関する情報提供を行うナショナル・インフォメーションセンターを設立することなどが盛り込まれている。また、高等教育機関に対して、ディプロマ・サプリメント（欧州委員会、欧州評議会、ユネスコが共同で作成した学位・資格の学習内容を示した様式）の発行を促進させることも盛り込まれた。

リスボン認証条約は、2004年に出された「ジョイント・ディグリーの認証（認定）に関する勧告（Recommendation on the Recognition of Joint Degrees）」を生み出すきっかけともなった。同勧告は、1997年の欧州の地域条約の副次的文書として策定された勧告であり、異なる国の複数の高等教育機関による共同のカリキュラム開発及びジョイント・ディグリーの授与が、学習あるいは就労のための流動化（モビリティ）を促進し、欧州高等教育圏の確立に貢献することを強調している。

このほか、同じくユネスコが関与したものして「国境を越えた教育提供におけるグッド・プラクティス規約（改訂版）（Revised Code of Good Practice in the Provision of Transnational Education（2007年）」および「海外資格・学位認証における資格枠組みの使用勧告（2013年）（Recommendation on the Use of Qualifications Frameworks in the Recognition of Foreign Qualifications）」があるが、これらについても、前者がリスボン認証条約におけるグッド・プラクティスに関する規約であり、後者はリスボン認証条約の補足的文書であるとい

う位置づけにある。

　他方、アジア太平洋地域については、「アジア・太平洋における高等教育の学業、卒業証書及び学位の認証に関する地域条約」が 1983 年に 26 カ国の正参加国に全会一致で採択され、1985 年に発効した[9]。2011 年には、改訂条約「高等教育の資格の認証に関するアジア太平洋地域条約（Asia-Pacific Regional Convention on the Recognition of Qualifications in Higher Education（通称、東京条約）」が採択された。この東京条約もまた、リスボン認証条約を参考として改訂されたものであり、特に職業資格に関する規定が削除され、他国の国家資格でも様々な労働市場へアクセスできる自由を促そうとしている点、ならびに高等教育への進学に必要な中等・高等教育資格の相互認証、または評定するための原則、基準及び権利義務関係を定めるとともに、質保証制度に関する情報共有が挙げられている点に特徴がある[10]。

　他方、高等教育に関する一連の動きと並行して、2015 年 5 月に韓国・仁川で行われた世界教育フォーラムで発表された「2030 年に向けた教育：包括的かつ公平な質の高い教育及び万人のための生涯学習に向けて（Education 2030 : Incheon Declaration and Framework for Action[11]）」（文部省仮訳、通称：仁川宣言[12]）が示された。これを受けて、ユネスコ・アジア地域事務所は、2016 年にオーストラリアで開かれた会議において、アジア太平洋のユネスコ加盟国 30 カ国以上の参加者とともに東京条約ならびに仁川宣言で示された教育目標への取り組みを討議した。この結果、2011 年の時点で東京条約の締約国はオーストラリアと中国だけであったのが、2017 年 12 月 1 日時点ではニュージーランドが締約国に加わり、同年 12 月 6 日には、日本もパリにおいて、同条約の加入書をユネスコ事務局長に寄託した。さらに中国も締約国に参加したことから、規定により、2018 年 2 月 1 日に東京条約はついに発効した[13]。これにより、日本においても、外国人留学生の誘致及び日本人学生の海外留学の促進を図るとともに、高等教育の国際化にさらに取り組んでいくことが企図されている。

（2）「国境を越えて提供される高等教育の質保証に関するガイドライン」による国際参照基準の設定

一方、以上述べた一連の地域条約に対して、ユネスコは、OECDとの共同プロジェクトとして「国境を越えて提供される高等教育の質保証に関するガイドライン」(Guidelines for Quality Provision in Cross-border Higher Education, 以下、「ガイドライン」とする)[14] を策定した。このガイドラインには、地域条約とは異なる特徴がある。

第一に、特定の地域に限らず、国際社会全体を対象とした初めての質保証ガイドラインであるという点である。ガイドラインは、統一の基準や共通ルールを定めるものではなく、各国・地域がそれぞれの高等教育制度に照らして、自国の責任において教育の質保証体制の整備や、学位資格、職業資格の認定プロセスの明確化と円滑化及び公正さの確保、国内外の関係者間のネットワーク構築、連携強化、ならびに正確な情報提供を確保することを促すものである。ガイドラインという性格上、法律的な拘束力はないものの、ユネスコとOECDという2つの国際機構が承認し、かつ190以上にわたる国が参加するものであるという点で、地域条約とは異なりより広範に参照されるものとなっている。

第二に、本ガイドラインでは、質保証に関する国際協力を進めるうえでの具体的な枠組みの構築や、学生等の保護のために各国の関係者が取り組むべき指針が、政府、高等教育機関・提供者、学生団体、質保証・資格認定機関、学位・学修認証機関、職能団体それぞれのためのガイドラインとして設けられている点である。そこでは 1) 各国間の信頼、高等教育における国際協力が重要であること、2) 高等教育政策に関する各国政府の責任及び各国間の制度の多様性を尊重すること、3) 高等教育制度は各国の文化的背景、経済的発展や国としての一体感の育成に関する方針に密接に関連するものであることを認識することという3つの点を前提にした上で、政府や他の関係者に学位の透明性を高め、国際的な学位認証のための手続きの更なる明確化を図るよう呼びかけている。その上で、政府に対しては国境を越えた高等教育の

ための包括的な質保証制度を整備すること、その際、国境を越えた高等教育の質保証は高等教育の提供国及び享受国双方の責務であることを認識することを求めている。また、高等教育機関に対しては、外国で提供する高等教育が国内で提供するものと同等の質であり、かつ受入国側の文化的な背景を考慮したものであることを保証すること、さらに学生団体に対しては、国境を越えた高等教育の質の保証に積極的に参加することを挙げている。

（3） 参照基準設定後のステークホルダーの取り組み

以上述べたように、「ガイドライン」は、地域条約のように単に政府のみならず、国境を越える高等教育に関わるステークホルダー全体を視野に入れ、法的拘束力はもたないものの、質保証を考える指針を与える役割を果たすようになっている。たとえば、ガイドラインが発表された翌 2006 年に、非営利組織（NPO）組織であるアジア太平洋質保証ネットワーク（Asia Pacific Quality Assurance Network: APQN）は、ユネスコと共に、ガイドラインの指針を具体化する「ユネスコ—APQN ツールキット：国境を越えた教育の質の規制（UNESCO — APQN Toolkit: Regulating the Quality of Cross-Border Education）」[15]を整備した。斎藤[16]によれば、同「ツールキット」は、「国境を越えた教育の提供と受入にかかわる国々による質保証を，規制によって支援することを目的としており，提供国，受入国の両面から，実際の場面に即して対処方法を論じている」[17]と述べている。実際に同「ツールキット」のなかには、規制の枠組みについて、受入れ国の例として中国、香港、マレーシア、ニュージーランドが、また提供国の例としてオーストラリア、英国、米国、ニュージーランドが取り上げられており、具体的に応用可能なポイントが示されている。

こうした質保証の動きは、APQN の活動にみるとおり、各国での取り組みに加え、地域機構や NGO の活動にも重要な役割を果たしている。アジア太平洋の場合には、APQN のほかに、ASEAN 質保証機構（ASEAN Quality Assurance Network: AQAN）があり、さらにそれらがともに連携

を結んでいる国際質保証機関ネットワーク（International Network for Quality Assurance Agencies in Higher Education: INQAAHE）がある。このINQAAHEはNGOであり、世界の質保証にかかわる15の機関と協定を結んでおり、文字通りネットワークを形成している。あわせてユネスコのオフィシャル・パートナーでもある。言い換えれば、ユネスコは非政府組織（NGO）との協働作業を含め、「ガイドライン」の指針についての活動を展開している。ここには、功刀[18]が「従来から国連の最も重要なConstituency（支持基盤）とされてきた加盟国政府に加え、市民社会、企業、自治体、研究機関などの様々なステークホルダー（利害当事者）の傘下に開かれた数多くの多角主義機構が国連システムを中心に近年来発展してきた」[19]ことの事例がみられる。同時に、内田[20]が指摘するとおり、「国連と民間部門及び市民社会との連携が強化されつつあるのは事実であり、グローバル・ガバナンスにおける国連の役割を補完することは間違いないであろう。」[21]という観点が認められる。

さらに「ガイドライン」については、2015年にOECDが、ガイドラインの取り組み状況をまとめた調査報告書「国境を越える高等教育の質保証：ユネスコ・OECDガイドライン実施状況（日本語仮約）（*Ensuring Quality in Cross-Border Higher Education: Implementing the UNESCO/OECD Guidelines*）」[22]をまとめている。同報告書は、OECD加盟32カ国と非加盟10カ国に対して調査を行い、2005年に採択された「ガイドライン」の内容をどの程度遵守しているかをまとめたものであり、2012年に続いて行われたものである。調査の結果によれば、調査対象国は「ガイドライン」の内容を総じて高く遵守していることが認められたと指摘している。加盟国の中で特に「ガイドライン」を遵守しているのは政府（77%）と高等教育機関（75%）であり、次いで質保証機関（63%）、学生団体（50%）という順であった。また、「ガイドライン」で示された主要目標については約75%が遵守されていたが、規制枠組みの導入、国境を越えて展開される多様な教育形態への対応、制度の透明性、国内外連携に関しては大部分が達成されたとす

る一方で、情報へのアクセスのしやすさと学生/消費者保護の2点についてはまだ取り組みが十分ではないことも指摘されている。あわせて「ガイドライン」の内容は現状にあっており、現時点ではまだ改定の必要はないことも付記している。

　学生移動を支える質保証の枠組みは、今後の国際高等教育を巡る動きのなかでも引き続き重要である。たとえば、2015年から協議が開始された「EUシェア」においては、ヨーロッパの質保証機構（ENQA）とヨーロッパ大学連合（EUA）が、アセアン質保証機構（AQAN）と協力して新たなアセアン・EU地域間単位互換システム（ASEAN-EU Credit Transfer Systems :AECTS）をたちあげ、奨学金を付与して学生移動をより活性化させようとしている。また、前述したように複数のスキームが並存しているアジア高等教育圏では、プログラムの運用面でもスキーム間の互換性が問題になっている。このような状況に対して、近年では新たにスキームを越えたアジア単位互換フレームワーク（Academic Credit Transfer Framework for Asia: ACTFA）が提案され、欧州や北米、南米の地域単位互換制度とも比較されている。さらにASEAN+3では、学生交流プログラムに関するガイドライン（Guidelines on Transcripts for Exchange Students）という新たな共通枠組みが提案され、単位互換のみならず、学生移動を促進するための共通チェック項目が整理されつつある。こうした動きにおいても、「ガイドライン」は、より包括的な広範な対象を視野に含めて基準を示した。

　以上述べたように、ユネスコが1960年代からOECDとの共同プロジェクトで取り組んできた「ガイドライン」は、各国に直接履行義務を及ぼすものではないものの、「国境を越える高等教育」という多国間の関係が問われ、かつ当事者国や地域が多様な考えをもっているなかにあって共同の参照指針を構築したという点で大きな意義をもつものといえる。このような指針をまとめることができたのも、特定の国や機構がイニシアティブをとるのではなく、それぞれの思惑が異なるなかで、メンバー間の考え方の差異やバランスを重視する国連システムとしてのユネスコならではの役割といえよう。

3 ユネスコの質保証枠組み設定をめぐる課題と意義：
「文化的国際主義」の視点から

（1） 国境を越える高等教育をめぐる現実的課題

 国境を越える高等教育の展開をめぐっては、国際連携の動きの主体である各国あるいは機関それぞれの利害をめぐる現実的な課題もある。第一に、各国の高等教育政策の違いから、質保証のあり方についても一様ではない。ユネスコが取り組んできた地域条約についても、各国のとらえ方は様々であり、「ガイドライン」についても各ステークホルダーに対して法的拘束力はないとしているのはそのためである。

 第二に、国境を越える高等教育のなかには、前述のように、地域機構が主導するネットワーク型の教育プログラムがあり、そこでの質保証は単独の政府や機関が対応するのとは異なる複雑さがある。たとえばアセアンが主導する「アセアン大学連合（AUN、前出）」や「東南アジア国際学生モビリティプログラム（AIMS、前出）では」、それぞれのメンバー大学が相互に学生や研究者を送り合うシステムをとっており、それを事務局が管轄する体制をとっている。AUN や AIMS はいずれも、各国政府がかかわるとともに各大学の意向が反映された形で運営されているが、いずれにしても事務局はいずれの国にも属さない国際的な組織であり、学生のモビリティは対等に位置づけられた加盟大学間で行われる。それに対して、「南アジア大学（SAU）（前出）」は、南アジア地域協力連合（前出）という地域機構が事務局を務める一方、大学そのものはインド政府が提供した土地と建物を使用してインドのニューデリー郊外に設立されており、インドのリーダーシップが目立つ形態で運営されている。前者がメンバー大学が事務局の下に対等に学生を送り合う、いわば「循環型」を取っているのに対し、後者はインドを中心軸とした「中心―周辺型」といえるモデルである[23]。

 国際連携の形態に関する両者の違いは、プログラムの構成にもよく表れて

いる。すなわち前者の方は、メンバー大学がそれぞれの得意分野を提供しあい、相互のプログラムを相補いながら運営する仕組みになっている。学生はそれぞれの志向にあわせてプログラムや大学を選択する。それに対して、「南アジア大学」は、インドのニューデリー郊外にある一つのキャンパスにメンバー8カ国の学生を集めてプログラムを実施することで、学生は同一の内容を共に学ぶ機会を得る。8カ国相互の間に、インドやパキスタンの例にみるように複雑な政治や経済、外交関係があることは周知のとおりであるが、同大学では、あえて国際関係論や法学のプログラムが盛り込まれている。いずれのモデルにおいても、単一の国がそれぞれの枠組みの中だけで高等教育を実施していたのでは実現できない協働の学びを実践しているが、同時にネットワークのイニシアティブをめぐってはメンバー間の相互調整が求められており、そこには国ごとに異なる質保証の違いが影響を与えている。

　第三に、各国間の政治体制の違いやそれに起因する教育政策の違いが、ユネスコが提唱する共通指標に影響を与える場合がある。たとえば、「キャンパス・アジア（前出）」は、日中韓の3カ国政府で合意されたものであるが、これらの国の間には一方で初等・中等教育における教科書問題や領土問題などの政治的課題がある。こうした問題が常態化しているなかでは、共通の質保証を考える前提となる政府間協議そのものが低調にならざるを得ない場合もある。

（2）「文化的国際主義」とユネスコの役割

　以上述べたように、国境を越える高等教育とそれを支える質保証枠組みについては、多様な各国社会と国別政策との相克という地域内の課題と、別の地域共同体との差異化、あるいは域外との関係性の構築という、国益や地域益にかかわる複雑な課題がある。今日、アジア高等教育圏を形成しつつあるアセアンが、地域政策の方向性として、地域統合という用語を表面上は用いながらも、同時に「多様性の尊重」を掲げ「調和化（harmonization）」を重視するのも、各国政府間の政治的経済的立場の違いと文化的多様性があるか

らであり、単一の地域コミュニティを創るというよりは、モザイク状に相互のバランスをとった「緩やかな共同体」が模索されている。ここには言語、宗教といった文化的側面でアジアは非常に多様性に富み、共通の基盤とする文化を定めにくいという背景が大きく関係している。同時に、南アジア地域や東南アジアが相互に牽制しあう地域主義の動き、あるいは東南アジアがASEAN+3として展開しようとしている地域拡大の動きがある。アジア域内の相互関係に加え、2015年から関係構築が始まったアセアンにおける「EUシェア」のように地域間連携を考慮した動きなど、地域化がもたらす新たなパワーバランスの問題がある。

　しかしながら一方でユネスコが「地域条約」や「ガイドライン」で提唱してきた質保証枠組みについての参照基準は、前項でみたように、参照基準があることがその後の各地域や各国の質保証システムの整備を促し、国境を越える高等教育の展開と学生移動を促してきた。そしてそれは高等教育圏の形成へと結びついている。そこでは、新たな知の交流拠点を生み出し、文化基盤を支える教育のもつ本来の役割を担うものであり、国際公共空間としての学びと交流の場を創出するものである。そうした動きは「国際高等教育」として、各国の人材育成・獲得戦略として展開されている「高等教育の国際化」とは区別されるべきものといえる[24]。

　各国の高等教育政策には基本的に国家統合と経済発展のための人材育成という目的が根底にあり、国際化が進むなかで優秀な人材をアジアのみならず世界中からいかに獲得するかという競争原理が働いている。トランスナショナル教育の積極的な導入を図り、高等教育のランキングを掲げるのも、学生移動の動向をにらみながら魅力的な高等教育をアピールするためである。これに対して高等教育圏の登場は、人材獲得競争だけにとどまるのではなく、むしろ国際教育を協働という観点から実践するものとして意義づけられるものであり、それは単に地理的拡がりだけではなく、高等教育の新たな機能として、従来の国民国家を軸とした高等教育の国際化とは異なる次元での役割が期待される。そこでは、次世代の人材育成を協働で行うことが重視され、

単一の国だけでは解決できない国境を超える課題が山積しているなかで、複数の国が協働して国際社会の共通問題を共に考え、解決を目指す人材をいかに育てるかを目的としている。こうした国際高等教育の動きは、国境を越えた協調や交流を通じ、国の存在を前提としながらも、国家という枠組を越えた国際秩序を目指している。

　この考え方は、入江[25]が、「国際主義の系譜」として論じている「文化的国際主義」にあたるものと考える。入江は、「国際主義はその性格上、国単位ではない世界的視野で作り上げようとするものであり、（中略）国境を越えた協調や交流を通して、ある種の世界秩序を作り出そうとする主張乃至運動、あるいはそういった考えを具現した組織やつながりを意味するもの、と定義してよかろう。もちろん国と国とを結びつけるということは、国の存在を前提としてはいるが、ただ現実の状態を受け容れるだけではなく、国家という枠組を越えた国際秩序を目指す点に国際主義の特徴がある。」[26]としている。そして、「国際主義」を「法的国際主義」、「社会主義的国際主義」、「経済的国際主義」、「文化的国際主義」に分類したうえで、文化的国際主義を「国境を越えた文化の交流を通して協調的な国際秩序を作ろうとする動き」であり、「今日のように経済面での国際協調がはかどらず、ともすれば国益中心な経済関係が発展しているかのように見られる時に、文化面で密接なつながりができ上がっていること、あるいはでき上がるように努力することは、国際主義を強固なものとする上で重要である。」と指摘している[27]。

　文化的国際主義は、ユネスコの前身と言える、国際連盟時代の1922年に設立された国際知的協力委員会（ICIC）での知識人交流や、第二次世界大戦後のユネスコ設立の規定となった国際連合教育科学文化機関憲章（ユネスコ憲章）に通底するものである。国境を越える高等教育とその質的保証を支えるユネスコの役割は、国境を越えた協調や交流を通じ、国の存在を前提としながらも、国家という枠組を越えたネットワーク形成と国際秩序を目指している点において文化的国際主義の特徴を反映するものである。

おわりに：
「国際高等教育」のプラットフォームとしてのユネスコ

　今日の学生移動は、国際高等教育の進展によって活発化している。そこでは国境を越えて提供される高等教育が、各国政府や教育機関あるいは地域機構の意図のもとで多様化し、高等教育圏を形成するまでに至っている。こうして形成されつつある高等教育圏の枠組みは、共に学び合う人々のモビリティを高め、相互理解と信頼関係を醸成することにより、社会の恒久平和を目指そうとしている点で、国の存在を前提としながらも、国家という枠組を越えた国際秩序を目指している文化的国際主義の理念に共通するものがある。単一の国だけでは解決できない国境を超える課題が山積しているなかで、複数の国が協働して国際社会の共通問題を共に考え、解決を目指す人材をいかに育てるか。この課題に、単に地理的拡がりだけではなく、オンライン教育などを含めた様々な形態を持つ国境を越えて提供される国際高等教育は、新たな市民像の形成を促すという点で可能性をもつものといえる。

　一方、そこには課題もある。文化的国際主義には、人々の交流による知的な国際公共空間という新しい共同体の創出という理想が含まれる一方で、国家間に存在する政治的緊張関係に制約される側面もある。たとえば各国の教育政策によって異なる質保証のあり方や教授言語ならびに教育内容の問題、人の移動に伴う査証問題等は、国境を越える枠組みに必要不可欠な観点でありながら、国益にかかわる点で調整が難しい課題である。

　しかしながら、各国政府や教育機関、地域機構など様々なアクターがそれぞれの意図でかかわるなかで、国連システムとしてのユネスコが1960年代より取り組んできた卒業資格や学位認証にかかわる質保証枠組みとしての「地域条約」や、OECDと協働して2005年に示した「国境を越えて提供される高等教育の質保証に関するガイドライン」は、法的拘束力はもたないものの、それがその後、様々な国や地域の質保証枠組みを構築する上での国際

高等教育の共通の参照基準となっていることから、いわばプラットフォームの役割を果たしているといえる。

　今日では、高まる学生移動をより質の高いものとするために、ネットワークの拡充や量的拡大だけを是とするのではなく、そのプログラムを通じてどのような人材を育てるか、そのためにはどのような内容を、どのような教え方によって取り上げるのがよいのか、言い換えれば、実際にそこでどのような学びが行われているのかを問うラーニングアウトカムの議論も盛んである。このことは、国境を越えた協働を特徴とする高等教育圏においては、地域全体で求められる人材像や社会システムを視野にいれた目標設定が求められていることを意味し、個々のメンバー国が定める目標との調整も課題となる。教育においても効率性や合理性が重視され、自国中心主義がにわかに台頭するようになっている今日、学生移動とそれを支える質保証枠組みについても様々な意見がある。このような状況のなかで、ユネスコにおいては、同一地域内の流動性を担保する地域別の枠組みだけではなく、地域間を視野にいれた「世界条約」の策定検討も始められていると言われる[28]。

　高等教育圏が紡ぐ協働の枠組みは、知の創造と次世代の人材育成を担う学術的な教育研究活動の真髄であり、人間の尊厳を守るため、国家間や民族間、文化間の偏狭な対立を越えてアカデミアが担うべき社会的責務でもある。ユネスコが、高等教育関係のステークホルダーと協力しながら、グローバル化が進むなかで相互信頼と相互協力という規範を重視し、次世代を担う人材育成という役割を担う高等教育に必要不可欠な新たな国際高等教育の共通指針を提供していることは、グローバル・ガバナンスにおける国連システムのかけがえのないプラットフォームとしての役割を象徴づけるものである。

〈注〉

1　小林哲也「世界の留学―総論」権藤与志夫編『世界の留学―現状と課題―』東信堂、1991年、3頁。

2　OECD, *Education at a Glance: OECD Indicators*, 2017.
3　斎藤里美「監訳者解説」OECD教育研究革新センター／世界銀行（編著）斎藤里美（監訳）德永優子・矢倉美登里（訳）『国境を越える高等教育：教育の国際化と質保証ガイドライン』明石書店、2008年。
4　杉村美紀「東アジアにおける留学生交流と地域統合」黒田一雄編著『アジアの高等教育ガバナンス』勁草書房、2013年、29-48頁。
5　杉村美紀「アジア高等教育圏のダイナミクス」『カレッジ・マネジメント』204号、リクルート、2017年5・6月号、52-55頁。
6　大学評価・学位授与評価機構『学生移動（モビリティ）に伴い．国内外の高等教育機関に必要とされる．情報提供事業の在り方に関する調査報告書』、2017年、13頁。
7　UN Document. *Resolutions and Decisions adopted by the Executive Board at its Sixty-Sixth Session*.（*UNESCO*）. 66 EX/Decisions PARIS, para. 4.2.5, 12 November 1963.
8　大学評価・学位授与評価機構、前掲書、13頁。
9　改訂前のアジア太平洋の地域条約には20カ国（アゼルバイジャン、アルメニア、インド、オーストラリア、カザフスタン、韓国、北朝鮮、キルギス、スリランカ、タジキスタン、中華人民共和国、トルクメニスタン、トルコ、ネパール、フィリピン、法王聖座、モルディブ、モンゴル、ラオス、ロシア）が批准していた。
10　大学評価・学位授与評価機構、前掲書、13頁。
11　UNESCO, *Education 2030: Incheon Declaration and Framework for Action for the Implementation of Sustainable Development Goal4*：Ensure inclusive and equitable quality education and promote lifelong learning opportunities for all, Incheon, Republic of Korea, 21 May 2015.
12　「仁川宣言」の文科省仮訳は、以下の文部科学省ウエブサイトに掲載されている。http://www.mext.go.jp/unesco/002/006/001/shiryo/attach/1360521.htm（2018年2月22日閲覧）
13　「高等教育の資格の認証に関するアジア太平洋地域条約」の発効は、アジア太平洋地域のユネスコ加盟国5カ国が締結した後一か月の期間が満了する日の属する月の翌月の初日に効力を生ずることになっていた。2018年2月1日の同条約の発効は、この条件を満たした結果、実現したものである。
14　UNESCO, *Guidelines for Quality Provision in Cross-border Higher Education*,

2005.
15 UNESCO, *Asia-Pacific Regional Convention on the Recognition of Qualifications in Higher Education. UNESCO Constitution*, Tokyo, 26, November 2011.
16 斎藤貴浩「翻訳『ユネスコ―APQN ツールキット：国境を越えた教育の質の規制』」『大学評価・学位研究』第 8 号、2008 年、59 – 98 頁。
17 同上、61 頁。
18 功刀達朗「国連のアイデンティティ・クライシス」功刀達朗・内田孟男編著『国連と地球市民社会の新しい地平』東信堂、2006 年、4 – 29 頁。
19 同上、25 頁。
20 内田孟男「グローバル・ガバナンスにおける国連の役割」日本国際連合学会編『国連：戦後 70 年の歩み、課題、展望』国連研究、第 17 号、2016 年、19 – 43 頁。
21 同上、37 頁。
22 Vincent-Lancrin, Stephan, Dara Fisher and Sebastian Pfotenhauer, *Ensuring Quality in Cross-Border Higher Education: Implementing the UNESCO/OECD Guidelines*, 2015, Paris, OECD.
23 杉村美紀「アジアの高等教育におけるネットワークの構造と機能」『上智大学教育学論集』47 号、上智大学総合人間科学部教育学科、2013 年、21 – 37 頁。
24 杉村美紀「東アジアにおける留学生交流と地域統合」黒田一雄編著、前掲書、29 – 48 頁。
25 入江昭「国際主義の系譜」『比較法学』29 巻 2 号、早稲田大学比較法研究所、1996 年、145 – 154 頁。
26 同上、147 頁。
27 同上、151 頁。入江はまた、1999 年の著作 *Cultural Internationalism and World Order*（邦訳：入江昭著（篠原初枝訳）『権力政治を超えて―文化国際主義と世界秩序―』岩波書店、1998 年）において、国際関係における文化の役割について論じている。
28 大学評価・学位授与評価機構、前掲書、13 頁。

II

政策レビュー

5 人の移動の文脈における子どもの人権の保護に関する国連人権機関の動向

大 谷 美 紀 子

はじめに

　子どもには特別な保護が与えられるべきであることは、1924年に国際連盟で採択された「子どもの権利に関するジュネーブ宣言」以来の国際社会の一致した認識である。国連が1959年に採択した「子どもの権利に関する宣言」でも確認されている。その後、1989年に国連で採択された「子どもの権利に関する条約」(以下、「子どもの権利条約」)は、子どもが単なる保護の客体ではなく、人権の主体であることを認めた点で重要な意義を有するが、子どもは、その脆弱性ゆえに特別の保護を必要とすることに変わりはない。
　今日の国際社会は、グローバリゼーションの進展により、国境を越える人の移動を容易にし、かつ、紛争や貧困、自然災害等は国内避難民を含む国境内での人の移動や、難民や国境を越える移民の増加をもたらしている。自発的移動、非自発的移動のいずれにおいても、特に国境を越える人の移動の文脈における子どもの特別の保護の必要性について、国際社会の関心が高まっている。本稿は、筆者が2017年3月に、子どもの権利委員会[1]の委員に就任し、同委員会が移住労働者委員会[2]と合同で2017年9月に採択した「国際移住の文脈における子どもの人権の保護に関する合同一般的意見」[3]の採択に関与したことから、同合同一般的意見の採択に至る国連人権機関の動向

を紹介するものである。

なお、本稿においては、特に国境を越える人の移動の文脈における子どもの人権の保護の問題を扱うことから、以下、単に「人の移動」という場合も、すべて国境を越える人の移動を指すものとする。

1 人の移動に伴う子どもの人権の複雑な様相

国境を越える人の自発的移動及び非自発的移動の増加という現象の中で、特に脆弱な立場に置かれる子どもに対して特別の保護が必要であることは想像に難くないが、国家の領域内に存在する個人を念頭にその人権を保障する国際人権法は、国境を越える人の移動という現象の中で生じる様々な子どもの権利の保護について十分な規定を置いていない。

そもそも、人の移動に伴う子どもの権利の保護と言っても、子ども自身が親や保護者と共に、あるいは、単独で移動の当事者である場合のほか、親の移動先で生まれる子どもや、親のみが移動し親の出身国に残る子どものように、子ども自身は移動しないが、親の移動によって影響を受ける子ども等、類型毎に問題状況が異なる。さらに、子ども自身が移動している場合、親や保護者が同伴しているか、移動が自発的か否か等によって、さらに問題となる人権状況が異なる。このように、人の移動に伴う子どもの人権は、人の移動と子どもとの関わりや移動の性質、子どもが置かれた状況等の様々な要素が関連して複雑な様相を呈している。

では、子どもの権利条約は、移動の文脈での子どもの権利をどのように規定しているのだろうか。

2 「子どもの権利条約」における人の移動に伴う子どもの人権の保護

子どもの権利条約の規定の中には、国境を越える人の移動に関連する子ど

もの人権に関する規定がいくつかある。私見では、これらの規定を以下のように整理することができると考える。

第一に、子または父母の移動によって、子と父母が別の国に居住する状況が生じた場合における、子の父母からの不分離・再統合、子の養育・発達についての父母の責任に関する規定である。具体的には、家族の再統合を目的とする、子ども又はその父母による締約国への入国又は締約国からの出国の申請の取扱い（10条1項）、他国に居住する父母との定期的で人的な関係及び直接の接触を維持する子どもの権利（10条2項）、子どもの国外への不法な移送の防止及び帰還についての措置（11条）、国際的な扶養料の回収についての措置（27条4項）等の規定である。

第二に、他国からの移動により締約国の領域内に所在する子どもの特別の脆弱性やニーズに関連する規定である。具体的には、難民申請者または難民と認定された子どもについての規定（22条）、外国人である子どもが刑法を犯したと申し立てられた場合における無料で通訳の援助を受ける権利（20条2項（b）（vi））、民族的、宗教的又は言語的少数者に属する子どもの文化の享有、宗教の信仰実践・言語の使用の権利（30条）等の規定である。

第三に、国境を越える人の移動を伴って行われる人権侵害や搾取等から子どもを保護する規定である。上述の11条の規定、国際養子縁組に関する規定（21条）、性的搾取及び性的虐待からの保護（34条）、子どもの誘拐・売買・取引からの保護（35条）等の規定である。なお、「子どもの売買、子ども買春及び子どもポルノに関する子どもの権利に関する条約の選択議定書」（2000年採択）は、国際的に行われるこれらの人権侵害からの子どもの保護の強化を図っている。

以上のとおり、子どもの権利条約の規定において、人の移動と子どもの側面は、1節で示した子どもの移動の様々な局面の一部に関連するにすぎない。子どもの権利委員会が条約条文の解釈のために採択している一般的意見において、人の移動の文脈における子どもの権利が、どのように解釈されていったか、次に見ていきたい。

3　子どもの権利委員会の「一般的意見6」

　子どもの権利委員会は、2005年に、「出身国外にあって保護者のいない子ども及び養育者から分離された子どもの取扱いに関する一般的意見6」[4]を採択した。同意見が採択された背景は、様々な理由からこのような状況に置かれる子どもの人数が増えている一方で、このような子どもの取扱いにおいて保護が行き届いていない部分が数多くあることを委員会が認識するに至ったことである。具体的には、これらの子どもは、特に性的搾取及び虐待、軍による徴用、児童労働（里親家族のためのものを含む）並びに拘禁の危険性が増大し、差別されたり、食糧、住居、一時居住場所、保健サービス及び教育へのアクセスを否定されたりすることが多い。女子はジェンダーにもとづく暴力を受ける危険性が特に高まる。そうした子どもは、身分証明、登録、年齢鑑定、書類、家族の追跡、後見制度または法的助言にアクセスできない場合があること、定型的に入国拒否または拘禁の対象とされたり、庇護手続へのアクセスを否定されたり、年齢及びジェンダーに配慮した方法で庇護申請を処理されなかったりすることがある。さらに、出身国外にある子どもは、家族再統合が制限・制約されること、効果的な帰還プログラムがないこと等の点において十分な保護が受けられていない等の状況がある[5]。

　そこで、同意見は、子どもの権利条約が示す法的枠組み全体に基づき、差別の禁止原則、子どもの最善の利益原則、子どもの意見表明権を踏まえたこれらの子どもの保護及び適切なケアに関する指針を具体的に示した[6]。その内容は、出身国外にいる保護者のいない子ども及び養育者から分離された子どもという、特に脆弱な立場にあり特別の保護を必要とする子どもについて、まず、在留資格や国外にいる理由にかかわらず、差別の禁止原則や子の最善の利益原則、子どもの意見表明権等の子どもの権利条約の一般原則が適用されることを確認した。次に、ノン・ルフールマン原則に基づき、締約国は子どもに回復不可能な危害が及ぶ現実の危険性があると考えるに足る相当

の理由がある国に子どもを帰還させてはならない義務を負うとした。さらに、人身取引や暴力・搾取等からの保護のほか、特に、拘留について触れており、保護者のいない子どもまたは養育者から分離された子どもは原則として拘留されるべきではなく、子どもが保護者のいないもしくは養育者から分離された状態にあることや、子どもの移住者・在留資格やその欠如のみを理由として拘留を正当化されないこととした。

同意見の対象は、保護者のいない子ども及び養育者から分離された子どもで、かつ、国籍国（無国籍の子の場合には、常居所地国）の外にいる子どもであって、子どもがそのような状況に置かれた理由は問わない[7]。このように、子どもが自発的移動または非自発的移動により出身国から国外に移動した場合を含み、かつ、子どもの在留資格や出身国外にいる理由を問わずに適用されるという点は重要である。しかし、保護者または養育者と共に出身国外にいる子どもや、親の移動によって親と分離され出身国内にいる子どもは対象外である。その点で、今日の国境を越える人の移動の増加によって影響を受ける子どもの人権問題がすべて含まれている訳ではない。また、同意見は、保護者のいない及び養育者から分離された子どもが出身国外の国家の領域内にいる場合に、子どもの所在国が子どもの権利条約の締約国として負う義務を明らかにする点に専ら焦点があり、そのような子どもが出身国外にいる間や、子どもが出身国に帰還した場合における、出身国の義務については、ほとんど述べていない。

以上のことから、「一般的意見6」においては、移動の文脈における子どもの保護は部分的な扱いにすぎず、より包括的な議論は次節で述べる段階を待たねばならなかった。

4　移住の文脈における子どもの保護に関する議論の進展

子どもの権利委員会が、より包括的に移住の問題を扱うことになったのは、2012年9月の一般的討議「国際移住の文脈におけるすべての子どもの権利」

においてである。その背景になったのが、移住者の人権に関する特別報告者が人権理事会に提出した下記の報告書である。

　移住者の人権に関する特別報告者は、子どもに焦点を当てた報告書として、2009年5月、「移住の文脈における子どもの保護に関する報告書」を人権理事会に提出した[8]。同報告書は、移住のすべてのプロセスにおいてすべての子どもの保護を確保する国家の義務に基づいて、移住の文脈における子どもの保護に焦点を当て、適用される国際法の枠組みを概観し、概念上の枠組みを提案し、国家その他のステークホルダーが取るべき行動について勧告を述べるものである。同報告書は、移住のプロセスによって影響を受ける子どもとして、家族の移住によって残された子ども、国境を越えて移動する子ども、及び、所在地国における移住者である子どもの3つのカテゴリーについて言及し、子どもの権利委員会の「一般的意見6」より広範な子どもの保護の問題を扱った。

　人権理事会は、同年10月、国際移住の動きに参加する子どもの増加と子どもをすべての虐待・暴力・搾取から保護する必要性の認識、大量かつ増加する移住者、特に子どもが、渡航のために必要な書類を持たずに国境を越えようとしていることへの懸念、及び、すべての移住者の人権を尊重すべき国家の義務の認識を背景として、移住と子どもの人権に関する決議を採択した[9]。同決議は、国連人権高等弁務官事務所に対し、移住の文脈における子どもの権利に関する研究を行うよう要請しており、これを受けて、2010年7月、国連人権高等弁務官事務所の報告書が人権理事会に提出された[10]。

　このような動きを背景として、子どもの権利委員会は、2012年9月に行う一般的討議のテーマを「国際移住の文脈におけるすべての子どもの権利」とすることを決定し、一般的討議の結果、勧告を含む報告書を採択した[11]。その後、2015年4月、移住労働者委員会と子どもの権利委員会は、国際移住の文脈における子どもの人権の保護に関する合同一般的意見の起草を開始した。また、2016年5月、ジュネーブで開催された専門家会議に参加した国連人権高等弁務官事務所、国連難民高等弁務官事務所、国際移住機関

(International Organization of Migration: IOM)、国連児童基金（ユニセフ）、その他の国際的なNGOの参加者によって「移動する子どもその他の移住によって影響を受ける子どもに関する行動指針のための推奨される原則」[12]が策定され、同年12月、移住労働者委員会は同原則を支持することを発表した。

さらに、国連における重要な動向として、2016年9月、難民と移民に関する国連サミットにおいて「難民と移民に関するニューヨーク宣言」が採択され、そこでも、子どもの特別の脆弱性や、子どもの最善の利益原則等が確認された[13]。同宣言に基づき、国連において、2018年9月に「難民に関するグローバル・コンパクト」、及び、「安全な、秩序あるそして規則的な移住のためのグローバル・コンパクト」の採択に向けたプロセスが始まった。これに合わせて、ユニセフは、2016年9月、国際社会に対し、特に保護者のいない難民・移民の子どもの搾取や暴力からの保護、難民認定や移住を求める子どもの拘留の撤廃、家族の不分離、すべての難民・移民の子どもの教育・保健等のサービスへのアクセス等、避難民・難民・移民の子どもの保護及び支援のための6つの具体的な行動を要請した[14]。

5 移住労働者委員会と子どもの権利委員会の合同一般的意見

このように、国連において難民・移民に関する議論が高まる中で、移住労働者委員会と子どもの権利委員会の合同一般的意見の起草のためのコンサルテーションが、2017年5月から7月にかけて、バンコク、ベイルート、ベルリン、ダカール、マドリッド、メキシコ・シティの各地において、主要なステークホルダー、専門家、子ども、移住者団体等を招いて開かれた。そこで聴取された意見等を反映して、同年9月の両委員会の会期において、「国際移住の文脈における子どもの人権に関する一般原則に関する移住労働者権利委員会の合同一般的意見3/子どもの権利委員会の一般的意見22」（以下、

「合同一般的意見 3/22」)[15] と「出身国・通過国・目的地国及び帰還国における国際移住の文脈における子どもの人権に関する国家の義務に関する移住労働者権利委員会の合同一般的意見 4/ 子どもの権利委員会の合同一般的意見 23」（以下、「合同一般的意見 4/23」)[16] の 2 つが採択された。

条約機関が合同で一般的意見 / 一般的勧告を採択した例は、2014 年に採択された「有害な慣行に関する女性差別撤廃委員会の合同一般的勧告 31/ 子どもの権利委員会の一般的意見 18」[17] があるのみで、本合同一般的意見が 2 例目である。

本合同一般的意見は、その対象となる子どもや締約国の義務の内容の両面において、極めて広範かつ包括的なものである。その対象は、「国際移住の文脈における子ども」であり、これは「国際移住によって影響を受ける子ども」を意味する。

（1）「国際移住の文脈における子どもの人権に関する一般原則に関する合同一般的意見 3/22」

「合同一般的意見 3/22」は、「国際移住」と明記されているとおり、国境を越える国際移住のみが対象となるが、これによって影響を受ける子どもには、子ども自身が移住者である場合（家族と同伴で、または、子どもだけで）のほか、移住者である親から目的地国において生まれた子ども、及び、親が他国に移住し、出身国に残った子どものように、子ども自身は国境を越える移動をしていない場合も含まれる。子ども自身が国境を越えて移動している場合には、子どもが正規・非正規の移住者、庇護申請者、難民である場合、保護者や養育者が同伴している場合とそうでない場合、移動中の場合と定住している場合等、すべての場合が含まれる（3/22 の 3 項、9 項、21 項等）。そのため、出身国外にあって保護者のいない子ども及び養育者から分離された子どもの取扱いのみを対象とする子どもの権利委員会の「一般的意見 6」から対象を発展させている。

本合同一般的意見は、国際移住の文脈において、子どもは、子どもとして

の、そして、移住によって影響される子どもとしての二重に脆弱な状況に置かれているとの認識（3項）を前提として、子どもは何よりも子どもとして扱わなければならないという考え方が基本となっている。子どもの権利条約の締約国は、子どもまたはその親または法的後見人の移住者としての地位にかかわらず、国際移住の文脈における子どもの権利を尊重・保護・充足する義務を遵守しなければならない（11項）。

　国際移住の文脈での子どもの権利も、子どもの権利条約の4つの一般的原則、すなわち、無差別原則（条約2条）、子どもの最善の利益原則（条約3条1項）、生命・生存及び発達の権利（条約6条）、並びに子どもの意見の尊重の原則（条約12条）が柱となっている。まず、無差別原則について、「合同一般的意見3/22」は、「子どもの権利条約の無差別原則は、締約国が、条約に規定された権利を、すべての子どもに対し、子どもが、特に、正規または非正規の状況にある移住者であるか、庇護申請者であるか、難民であるか、無国籍であるか、かつ／または、人身取引の被害者であるか、出身国への帰還または送還の状況にある場合を含め、子どもまたは親または法的後見人の国籍、入管上の地位または無国籍にかかわらず、尊重しかつ確保することを義務付ける」と述べている（9項）。次に、子どもの最善の利益原則について、子ども自身の入国・居住・帰還や措置・監護等に関する手続だけでなく、親の送還や拘禁等の入管上の決定についての手続においても明示的に確保されるべきであり、そのために、最善の利益の評価及び決定手続を制度的に行う必要性、その実施者や手続の適正、子どもの参加、手続の開発と基準の定義、実務における適切な履行監視を目的としたメカニズムの開発、帰還が子どもの最善の利益であると決定された場合における持続的な再統合のための個別の計画の策定等について、極めて詳細に述べている（30 - 32項）。さらに、子どもの意見を聴かれる権利及び参加（条約12条）については、特に、移住及び難民申請手続の本質的な部分として、子どもの見解が適切な重みを付与されることは決定的であるとして、そのために、子どもは、すべての関連する情報、特に、自分自身の権利、利用可能なサービス、コ

ミュニケーションの手段、苦情メカニズム、移住及び難民申請手続、及び、その結果に関する情報を、適時に、子ども自身の言語で、子どもに配慮した年齢的に適切な方法で提供されるべきであること、すべての子どもに対して、資格のある法的代理人を任命すべきこと、保護者のいない、また、養護者から分離された子どものために訓練を受けた後見人を任命すべきこと、また、手続を通して子どもが母語で完全に表現できるようにするため、通訳や、子どもの民族的・宗教的及び文化的背景に精通した者からの支援を提供されるべきこと、これらの専門職は、国際移住の文脈における子ども特有のニーズについて研修を受けるべきこと、親の手続において子どもは親とは独立に意見を聴かれるべきことやその個別の状況が家族の事件の検討に含められるべきこと、これらの手続において子どもの個別の最善の利益の評価が実行されるべきであること等が詳細に述べられている（35－38項）。

同じく国際移住の文脈で重要なのがノン・ルフールマン原則である。「合同一般的意見3/22」は、ノン・ルフールマン原則について、子どもの権利委員会の「一般的意見6」で述べた内容をほぼ踏襲し、子どもが帰還された場合、帰還先またはその後の移動先の国において、子どもの権利条約6条1項及び37条の下で考慮されるような回復不能な危害にさらされると信ずる実質的な根拠がある場合、国家は子どもを国境で拒否し、または、返還してはならないと述べる（45項）。

（2）「出身国・通過国・目的地国及び帰還国における国際移住の文脈における子どもの人権に関する国家の義務に関する合同一般的意見4/23」

「合同一般的意見4/23」は、出身国・通過国・目的地国・帰還先の国における子どもの人権についての国家の具体的な義務について述べている。その義務の具体的内容は、下記のように多岐にわたる。

まず、子どもが年齢によって与えられる保護の程度や年齢の決定、子どもであることの推定（3－4項）等、子どもの年齢に関する内容が最初に掲げ

られる。さらに、子どもまたは親の移住者としての地位を理由とする子どもの拘禁の禁止、移住者である子どもについては子どもの保護及び福祉関係者が主たる責任を負うべきこと等（5 - 13項）が続く。また、適正手続の保障と司法へのアクセスの内容として、移住及び庇護申請に関する手続及び決定の存在、その意味及び上訴の可能性を知らされる権利、聴取が子どもとのコミュニケーションについて訓練された専門職によって直接面談して行われること、手続きのすべての段階における聴取と参加、翻訳者及びまたは通訳者による無償の支援、領事保護・支援へのアクセス、手続きのすべての段階において、子どもの代理について研修を受け、かつ・または、経験のある弁護士によって支援を受け、その代理人と自由に連絡ができること、無料の法律扶助へのアクセス、子どもが様々な根拠（たとえば、居住の長さ）に基づいてその地位を正規化するための明確で利用可能な地位決定手続の存在等（17 - 18項）、極めて詳細である。名前・身分関係事項及び国籍に関する権利については、出生登録と出生証明書の発効、出生登録されていない子どもの保健・保護・教育その他の社会的サービスに対する平等のアクセスの確保（20項）、子どもの身分証明文書が非正規なものである場合の対応（22項）、そうしないと子どもが無国籍になるような場合に国家の領域で生まれた子どもに国籍を付与すること（24項）、国籍の継承または獲得についての差別的な国籍法の改正（25項）、無国籍の防止のための措置（26項）が述べられている。

特に、合同一般的意見4/23は、家族生活について、国家は、兄弟姉妹を含む家族単位の維持、及び、家族からの分離の防止に関して国際法上の義務を遵守すべきであり、家庭的環境についての権利の保護は、しばしば、国家が家族の分離または家族生活についての権利に対するその他の恣意的な介入となりうる行為を控えるというだけでなく、分離された家族構成員の再統合を含む、家族単位の維持のために積極的な措置を取ることをも要求すると述べる。そして、移住者のための家族の一体性の権利は、国家がその領域に自国民以外の者を入国または滞在に関する決定をするについての正当な利益と

交錯するが、国際移住の文脈における子どもは、その私生活及び家族生活に対する恣意的または不法な干渉を受けるべきではなく、そのため、締約国の領域から家族の構成員を送還・退去させ、または、家族構成員がその領域に入国・在留することの許可を拒否することによって家族を分離することは、家族生活に対する恣意的または不法な干渉にあたる可能性があるとする（28項）。また、本合同一般的意見は、国家が非正規の状態で子どもたちと一緒に居住している移住者のための、地位の正規化に向けた道筋を提供するよう勧告し、特に、子どもが目的地国において生まれ、または相当な期間居住しているような場合や、親の出身国への帰還が子の最善の利益に反するような場合等において、子の最善の利益の権利及び子どもの意見が聴かれ尊重される権利を含む子どもの権利は、比例性の原則その他の人権原則と基準をも考慮に入れて確保されるべきであると述べる（29項）。

家族の再統合については、出身国における家族再統合は、帰還が子の人権侵害になる合理的な危険がある場合には追求されるべきではなく、出身国における家族再統合が子の最善の利益にならない場合、または、帰還が法的その他の障害のために可能でない場合には、子どもの権利条約9条及び10条の義務に基づき、家族の再統合や子の最善の利益に基づき親の地位を正規化するための措置が講じられるべきであると述べる（35項）。

その他、本合同一般的意見は、子どもの暴力からの保護（42項）、経済的な搾取からの保護（45-48項）、相当な生活水準の権利・保健サービスへのアクセス（52-58項）、教育及び職業訓練の権利、移住者である子どもに対する排斥・差別や不寛容への対応・防止のための具体的な措置、人権教育、移住及び移住者の権利と子どもの権利（59-63項）等について述べ、特に、非正規の子どもがこれらの保護やサービスに対するアクセスを阻害されないよう、保護やサービスの提供者と入管執行当局者との間の情報共有を禁止する措置（ファイアーウオール）を要求している（42項、46項、52項、56項、60項）。

おわりに

　本合同一般的意見の内容は上記のように多岐にわたるが、本稿では、最後にその意義について、次の5点を挙げておきたい。

　第一に、本合同一般的意見が、移住労働者委員会と子どもの権利委員会の合同一般的意見として採択された点である。本合同一般的意見は、子どもの権利条約はアメリカ合衆国を除く世界中のすべての国が締約国であるのに対し、移住労働者権利条約の2018年4月1日現在の締約国数が51カ国と締約国数に大きな差がある中で両条約の条約機関の合同一般的意見として採択されたことから、子どもの権利条約の締約国ではあるが移住労働者権利条約については非締約国である多くの国に適用される[18]という点が重要である。

　第二に、その対象となる子どもの範囲は、子どもの権利委員会の「一般的意見6」のように限定的ではなく、国際移住によって影響を受ける子ども、すなわち、移住者である子ども、移住者である親から目的地国において生まれた子ども、親の移住により出身国に残った子どものすべてを含む点である。子どもに保護者や養育者が同伴している場合と子どもが単独の場合、子どもの移住が正規・非正規の場合、子どもが難民申請者や認定を受けた難民である場合、移動中及び定住している場合等、あらゆる場合が含まれる[19]。

　第三に、国際移住の文脈において、子どもは、子どもであるという地位により、かつ、移住による影響により、二重に脆弱な状況に置かれているとの認識を前提として、子どもは何よりも子どもとして扱わなければならないという基本的な考え方が示された点である[20]。差別の禁止原則により、子どもの権利条約上の原則と権利は、子どもまたは親の移住者としての地位にかかわらず、すべての子どもに適用され[21]、移住に関するすべてのプロセスにおいて、子どもの最善の利益原則が適用される[22]。

　第四に、合同一般的意見3/22と4/23は、その表題が示すとおり、国際移住の文脈における子どもの人権の保護並びに、そうした子どもの人権につい

ての締約国の義務を明らかにするものであるが、子どもに対する子どもの権利条約の原則や権利の保障によって、締約国による子どもの親の扱いについても一定の要請が導き出されることを示した。たとえば、締約国の領域から親を送還・退去させ、または、親がその領域に入国・在留することの許可を拒否することによって親子を分離することは、子どもの家族生活に対する恣意的または不法な干渉にあたる可能性がある[23]。また、合同一般的原則は、子ども自身について、子どもや親の移住者としての地位に関する理由による拘留（入管上の理由による拘留）の禁止を述べるが[24]、子どもの家族からの不分離の観点から、子どもと同伴する親の入管上の理由による拘留も禁止されるべきである[25]。さらに、親の送還や拘留等の入管上の決定は、子どもに重大な影響を及ぶことから、その決定のための手続においても子どもの最善の利益原則及び子どもの意見が聴かれ尊重される権利が確保されるべきである[26]。2つの合同一般的意見は、さらに進んで、出身国における家族再統合が子の最善の利益にならない場合、または、帰還が法的その他の障害のために可能でない場合には、家族の再統合や子の最善の利益に基づき親の地位を正規化するための措置が講じられるべきであるとする[27]。

　第五に、合同一般的意見は、その表題が示すとおり、国際移住によって影響を受ける子どもに関わる子どもの出身国・通過国・目的地国・帰還先の国のすべてが、子どもの権利条約の締約国として、国際移住の文脈における子どもの人権の保護について義務を負うことを明らかにした。移住労働者権利条約が、移住の準備から帰国後までを含む、移住のすべての過程における移住労働者とその家族構成員の権利保護について、移住労働者及びその家族構成員の出身国、通過国、目的地国の義務を定めているように、自国の領域内にいる個人を対象に国家の人権保障義務を定める国際人権法の枠組みの中で、移住という人が移動する現象における個人の権利保護のためには、移動する人に焦点を当てて、移動のプロセスに関わるすべての国家が人権保障義務を負うとの考え方が表われている。

　本合同一般的意見は、まだ採択されたばかりであり、合同一般的意見が、

国際移住の文脈における子どもに関する政策や実務に携わる公務員、民間機関、市民社会、専門家等の間で広く周知され、具体的な実施に向けた協議が開始されることが、喫緊の課題である。

〈注〉

1 「子どもの権利条約」の履行監視機関であり、本稿では、子どもの権利委員会その他の国際人権条約の履行監視機関を総称して、「条約機関」と言う。
2 「すべての移住労働者及びその家族構成員の権利に関する国際条約」（移住労働者権利条約）の条約機関である。
3 本文中に後記のとおり。
4 UN Document, CRC/GC/2005/6, 1 September 2005.
5 *Ibid.*, paras. 1-4.
6 *Ibid.*, para. 1.
7 *Ibid.*, para. 5.
8 UN Document, A/HRC/11/7, 14 May 2009.
9 UN Document, A/HRC/RES/12/6, 12 October 2009.
10 UN Document, A/HRC/15/29, 5 July 2010.
11 Committee on the Rights of the Child, "Report of the 2012 Day of General Discussion on the Rights of All Children in the Context of International Migration," accessed 23 April 2018, http://www.ohchr.org/Documents/HRBodies/CRC/Discussions/2012/DGD2012ReportAndRecommendations.pdf.
12 "Recommended principles to guide actions concerning children on the move and other children affected by migration," June 2006, accessed 23 April 2018, http://www.ohchr.org/Documents/HRBodies/CMW/Recommended-principle_EN.pdf.
13 UN Document, A/RES/71/1, 19 September 2016, para.32.
14 UNICEF Statement on the New York Declaration on Refugees and Migrants, 19 September 2016, accessed 23 April 2018, https://www.unicef.org/media/media_92773.html.
15 UN Document, CMW/C/GC/3-CRC/C/GC/22, 16 November 2017.
16 UN Document, CMW/C/GC/4-CRC/C/GC/23, 16 November 2017.
17 UN Document, CEDAW/C/GC/31-CRC/C/GC/18, 4 November 2014.

18　UN Document, CMW/C/GC/3-CRC/C/GC/22, *op.cit.*,para.4.
19　*Ibid.*, paras. 3, 9 and 21.
20　*Ibid.*, para. 11.
21　*Ibid.*, para. 3.
22　*Ibid.*, para. 29.
23　UN Document, CMW/C/GC/4-CRC/C/GC/23, *op.cit.*,para. 28.
24　*Ibid.*, para. 5.
25　*Ibid.*, paras. 11-12.
26　UN Document, CMW/C/GC/3-CRC/C/GC/22, *op.cit.*, paras. 32 (e), 37.
27　UN Document, CMW/C/GC/4-CRC/C/GC/23, *op.cit.*,para. 35.

III

独立論文

6 出口戦略の歴史的分析：
武力行使の変貌がもたらす撤退の変容

中 村 長 史

はじめに

　本稿の目的は、武力を用いた平和活動（領域国内の平和定着を領域国外からの派兵によって実現しようとする試み。以下、単に平和活動と称する[1]）における出口戦略が重要とされるようになってきたのはなぜかを明らかにすることである。大国間戦争の脅威が遠のいた冷戦終結後、平和活動が盛んになるとともに、撤退の決定は難しく、出口戦略を練る必要があるといわれる機会が多い[2]。

　例えば、米軍は 2001 年に介入したアフガニスタンにおいて 2017 年現在も駐留を継続し「米国史上最長の戦争」と呼ばれているが、首尾一貫しない出口戦略が、そのような結果を招いていると指摘されている。しかし、近年になって出口戦略の重要性が各国首脳の発言や国連の報告書において繰り返されるようになりながらも、そもそも、それがなぜ重要であるのかについて学術的に解明が試みられることはほとんどなかった。

　この点につき、本稿は、「武力行使の性質の変化」が「撤退の性質の変化」につながっていることを示すことで、出口戦略が重要になってきた構造的な要因を明らかにするものである。二つの世界大戦に代表される総力戦（total war）、冷戦期になされた限定戦争（limited war）や平和活動、そして、冷戦終結後になされている平和活動と並べて比較してみることで、時代が下る

ごとに、出口戦略の重要性が増していることを示す。

　武力行使の性質の変化については国際関係論に研究の蓄積があり[3]、有効な出口戦略の策定については平和構築論の分野で研究が始まっている[4]。しかし、長期的・理論的な関心を有する前者と、すぐれて時事的・実践的な関心を持つ後者との間で協業がなされてきたとは言い難く、そもそも出口戦略はなぜ重要であるのかといった問いは、その間隙に落ちたままである。本稿は、両者を架橋し、本来はニッチなどではなく、むしろ真っ先に問われるべき根本的な問いに取り組むものである。学際的研究である国連研究として出口戦略を論じる意味が、ここにある。

　なぜ出口戦略が重要なのかを十分に理解せぬまま重要だとしているだけでは、一過性の流行に終わる可能性が高い。実際、冷戦終結後の平和活動では、その時々に特定の政策概念（例えば、「平和強制」や「紛争予防」、「保護する責任」など）が注目を集めるものの、実施の難しさが明らかになるにつれ次第に議論が下火になっていくというパターンが繰り返されてきた[5]。出口戦略を立てる難しさもまた、つとに指摘されているところであり[6]、現在のように重要な理由が不明なままでは、やがて多くの人々が議論に倦み、これまで流行した多くの政策概念と同じ運命を辿りかねない。

　しかし、出口戦略は、一過性の流行に留めるには、あまりにも重要なものである。軍事介入を行なう国にとって、いつ、どのように撤退するかは、ひとたび介入が実施された時から、いや介入が選択肢に上った時から政策決定者の頭を悩ませる問題である。資源が無限ではない以上、出口戦略なき介入構想など考えられない。また、被介入国の将来に対する介入国の責任を考慮すれば、とても場当たり的に済ませられる問題などではない。出口戦略が今日の平和活動において特に重要とされるようになった理由を構造的に示すことで、人々が出口戦略をめぐる難題を直視し続け、試行錯誤をやめないように促す必要がある。

　本稿の構成は、以下の通りである。まず第一節では、出口戦略の重要性に言及した冷戦終結後の言説を国連や市民社会の報告書、加盟国の発言等から

振り返る。その結果、平和活動の活動コストの大きさと撤退がもたらす現地への影響ゆえ、その終了が重要であるとの認識が示されてきたことがわかる。これ自体は極めて妥当な認識だと思われるが、コストの大きな武力行使を伴う活動は以前から存在してきたし、撤退が現地に影響をもたらすことも以前から理解されてきたことである。そこで、第二節では、長期的な観点から歴史を遡って検討を加える。具体的には、総力戦期、冷戦期、そして、冷戦終結後という三つの時期について、武力行使の性質の変化に着目して比較する。最後に、結論として本稿の議論をまとめるとともに、その含意や今後の課題に触れることにしたい。

結論を簡潔に先取りすれば、近年になって出口戦略が重視されるようになったのは、撤退決定に際し、これまでで最も政策の裁量が大きい時代を迎えているからだと考えられる。冷戦終結後の単極構造の下、介入の時期を選ぶことができるように、撤退の時期を選ぶことができるようになったのである。この裁量の大きさは、かえって現地に対する責任を大きくすることにもつながり（行動の自由に伴う責任）、それゆえ出口戦略の重要性が高まっているといえる。

1　冷戦終結後の言説

本節では、冷戦終結後の言説を「第一の国連」（加盟国や加盟国が集う総会や安保理など）、「第二の国連」（事務局）、「第三の国連」（有識者やNGO等の市民社会）に分けて、振り返る[7]。出口戦略に言及のある報告書や演説は数多いが、紙幅の制約から、取りあげる資料を限定せざるを得ない。ここでは、①出口戦略に関するそれ以前の議論に比べて新規性があったり、それ以後の議論に影響を与えたりしたもの、②平和活動に関する著名資料のなかで出口戦略に言及があるものに焦点を当てる。

(1) 第一の国連

　まずは、国連安保理における言説をみていこう。ここでは、2000年11月に「戦略なくして出口なし」という議題のもと、安保理における出口戦略の決定方法について討議された例を確認したい。当時の安保理議長国として同議題を提案したオランダは、この会議に先立って提出した事務総長宛書簡において、「出口」は永続的な平和の達成による任務の完了に基づくものであり、そのためには、活動を計画する段階から活動目的と必要な資源を注意深く検討するべきだとの認識を示した[8]。このような見解は、後述する国連事務総長報告書『戦略なくして出口なし』（2001年4月）に受け継がれることになるが、安保理における議論においても目立った反対はなく、同様の見解を示す加盟国が多くみられた[9]。

　この点につき、国連の活動とは直接の関係がないものの、加盟国の、それも超大国の指導者の発言として、2011年のイラクからの米軍撤退に際してのオバマ（Barack Obama）大統領の演説は注目に値する。オバマは、戦争は始めるよりも終わらせる方がより難しいと言明し、撤退に際しての苦悩をにじませた。「イラクは、完全な場所ではないものの、有権者の代表からなる政府を持つ安定した主権国家を残すことになった」（傍点は筆者）という発言からは[10]、成果を示すことで多大な犠牲を払った自国民や軍に配慮をみせながらも、米軍撤退後のイラク情勢を不安視する国際社会の目を意識する超大国の姿が垣間見える[11]。永続的な平和の達成をもって出口とするべきだとする見解が、少なくとも建前としては加盟国のなかで定着しているといってよいだろう。

(2) 第二の国連

　次いで、出口戦略そのものを主題とした国連事務総長報告書『戦略なくして出口なし』（2001年4月）を確認したい。この報告書では、いつ、どのように撤退するべきかという出口戦略のガイドラインについて論じられており、永続的な平和に資するか否かが、その基準とされている[12]。同時に、活

動計画時から明確で実行可能なマンデートが重要であるとされ、「入口戦略」の重要性にも触れられている[13]。

その後、国連平和維持活動局とフィールド支援局の手になる『国連平和維持活動 原則と指針』(いわゆる「キャップストーン・ドクトリン」、2008年1月)でもまた、出口戦略のガイドラインに関する記述が登場する。冷戦終結後の複合的なPKOがマンデートを完遂したかの判断は難しく、信頼できるベンチマークと指標が必要だと指摘される。一方、そのベンチマークは事例毎に異なるであろうし、状況の変化により手直しが必要だともされる[14]。

両文書からは、永続的な平和を目指した活動が盛んになるなか、出口戦略のガイドラインを模索する国連事務局の姿が垣間見える。この背景には、1990年代のソマリアやボスニアでの活動においてミッション・クリープが批判された経験が教訓として存在するように思われる。

(3) 第三の国連

平和活動に関する重要な報告書である『国連平和活動に関するパネル報告書』(いわゆる「ブラヒミ・レポート」、2000年8月)では、冷戦期の伝統的なPKOは、活動コストの相対的な低さから活動を維持する方が終了するよりも容易であったとの認識が示されている。一方、冷戦終結後の複合的なPKOはコストが大きいとの指摘がなされており[15]、今日のPKOにおける撤退決定の難しさと出口戦略の重要性が示唆されている。

このような分析的な記述は、「第三の国連」の資料の特徴であり、「保護する責任」概念を打ち出した「介入と国家主権に関する国際委員会(ICISS)」の報告書(2001年12月)にもみられる。「予防する責任」・「対応する責任」・「再建する責任」について論じた同報告書では、そのうちの「再建する責任」に関する章において、これまでの平和活動における出口戦略の不十分さとその重要性が指摘されているが、ここでは撤退がもたらす被介入国への影響が重視されている[16]。もっとも、加盟国とてこの点を理解しており、それゆえに国際社会の目を意識しているのは、第一項で触れたとおりである。しか

し、同報告書が具体的な作戦の局面に関する章で指摘するように、活動目的を達成したかの判断が活動参加国間で分かれる可能性がある[17]。この点は、平和活動が複合的になっている現在、特に留意が必要であろう[18]。

「ブラヒミ・レポート」以来の平和活動に関する包括的な報告書である『平和活動に関するハイレベル独立パネル報告書』（いわゆる「ホルタ・レポート」、2015年6月）においてもまた、明確なマンデートと実行可能な出口戦略の重要性が指摘され、撤退に際しては活動主体間の協調が必要になるという文脈で被介入国への影響が重視されている。それと同時に、撤退後の被介入国自身の責任が強調されている点に特徴があるといえる[19]。この背景には、現地のオーナーシップの重要性が、近年多くの場で確認されていることがあるように思われる[20]。もっとも、現地のオーナーシップを確立するためには、外部主体（活動主体）によって事態が一定程度コントロールされる必要がある[21]。この原理的な矛盾を抱えている点への注意が必要とされるなか、活動主体と被介入国双方の責任を指摘する同報告書は、バランスのとれた認識を示しているといえるだろう。

（4） 小括

本節における以上の記述を大まかにまとめると、以下のようになるだろう（表1参照）。

表1 国連における三つの言説

	特徴	典型的資料
第一の国連	永続的な平和の達成をもって出口とするべきである	安保理での討議（2000） 米国大統領演説（2011）
第二の国連	永続的な平和に資するか否かが出口戦略のガイドラインとなるが、その判断やベンチマークは難しい	国連事務総長報告書（2001） キャップストーン・ドクトリン（2008）
第三の国連	平和活動の活動コストの大きさと撤退がもたらす被介入国への影響ゆえ、その終了が重要である	ブラヒミ・レポート（2000） ICISS報告書（2001） ホルタ・レポート（2015）

（筆者作成）

「第一の国連」に関しては、加盟国の間で、少なくとも建前としては、永続的な平和の達成をもって出口とするべきだとする見解が定着している様子が垣間見える。「第二の国連」に関しては、永続的な平和を目的とする活動が盛んになるなか、出口戦略のガイドラインを模索する事務局の姿が看取できる。両者の言動からは、近年における出口戦略の重要性を改めて確認することができよう。

一方、加盟国や事務局への提言という性格ゆえに分析的な記述が特徴となる「第三の国連」においては、平和活動の活動コストの大きさと撤退がもたらす被介入国への影響ゆえ、その終了が重要であるとの認識が示されている。これ自体は極めて妥当な認識だと思われるが、コストの大きな武力行使を伴う活動は以前から存在してきたし、撤退が現地に影響をもたらすこと自体も以前から理解されてきたことである。そこで、次節では、長期的な観点から歴史を遡り、出口戦略の重要性の変化に迫ることとしたい。

2　歴史的考察

本節では、武力行使の性質の変化を撤退の性質の変化と関連付け、長期的な観点から検討する。二つの世界大戦に代表される総力戦、二極構造下の冷戦期になされた限定戦争・平和活動、そして、単極構造下の冷戦終結後になされている平和活動と並べて比較してみれば、時代が下るごとに、撤退に関する政策の裁量が大きくなっていることが確認できる。

（1）　総力戦期

総力戦は二つの世界大戦が典型例であるが、その始まりは、19世紀初頭のナポレオン戦争に求められる。国民国家の下での徴兵制と科学技術の発展による工業化が、軍隊の規模と破壊力を拡大し、戦闘規模の劇的な拡大につながった[22]。かつての絶対君主の下での常備軍の登場もまた軍隊や戦闘規模

を拡大させるものであったが[23]、ナポレオン戦争を境に、その規模が更に拡大することとなったのである。そして、迎えた二つの世界大戦において、この傾向は頂点を極めることとなる[24]。

このような総力戦においては、戦闘を継続するか終了するかは、戦場での勝敗の影響を強く受けることになる。自国の存亡が戦争にかかっているため、継戦意思が挫かれるというよりも、継戦能力の低下によって撤退を余儀なくされるのである。いわば、単純な「力比べ」といってよい[25]。それゆえ、総力戦等の伝統的な戦争では、いつ、なぜ終わり、誰が勝ったのか、疑う人は少ない[26]。このような形態の武力行使では、出口戦略の出番など、ほとんどないのである。

（2） 冷戦期

では、二つの世界大戦後に訪れた冷戦期は、どうであったのか。しばしば誤解されているが、国内紛争は、冷戦終結後になって突如として増えたわけではない。図1に示されるように、国家が少なくとも一方の主体となる武力紛争において、国内紛争が占める割合は、冷戦期を通じて国家間戦争のそれよりも大きかった。

米ソ二極構造下の冷戦期には、超大国間の戦争が起こらなかった一方で、米国のベトナム介入やソ連（当時）のアフガニスタン介入といった、局地紛争への超大国の介入がしばしばなされた。これは、非対称な力関係にある交戦主体間の非正規戦の形をとるため、継戦能力よりも、むしろ継戦意思が問題になる。弱者の側は強者の継戦意思を挫くべく行動し、強者の側は漸増する人的・経済的コストをどこまで受忍するかの「根比べ」の様相を呈するのである[27]。

図 1　国家が主体となる武力紛争のタイプ別推移

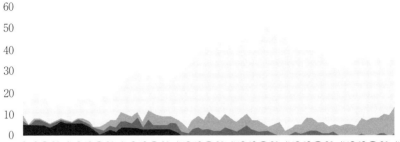

■ 独立戦争　■ 国家間紛争　■ 国際化された国内紛争　□ 国内紛争

（UCDP/PRIO Armed Conflict Dataset v.4-2015 を参照して筆者作成）

　したがって、総力戦の際に比べて、限定戦争では、介入国が撤退時期を選択する政策の裁量が大きいといえる。しかし、東西両陣営が対立した冷戦期には、別の制約が大きく働いた。

　現地からの撤退後に当該国や同盟国が相手陣営に加わるのを防ぐ必要が生じたのである。そのため、例えばベトナムでは、現地への一定の影響力を残し、イランやパキスタン等との同盟の信頼性を維持しながらの「名誉ある撤退」が模索されることとなった[28]。現地の安定のみならず、冷戦構造下の戦略的利益がかかった武力行使ゆえ、「現地との根比べ」に加え、冷戦期特有の「超大国間のさや当て」もまた避けられなかったのである。

　そして、この冷戦期特有の論理は、国連主導の平和活動においても看取できる。ここでは冷戦期最大の国連 PKO である 1961 年に開始された国連コンゴ活動（ONUC）を例にみてみよう。ONUC においては、資源に乏しい国連事務局の対米依存が深まるにつれて「米国の事業」と化していった。その結果、国連事務局には、米国が望む親米コンゴ樹立への協力以外の現実的選択肢はほとんどなかった。そして、コンゴ情勢になお不安が残るなか、国連の軍事顧問が要求した駐留軍の規模と期間は聞き届けられず、当初予定から半年間は延長されたものの、1964 年 6 月に撤退に至った[29]。撤退に伴い、現地の情勢は、案の定、再び悪化した。これに先立ち、1961 年頃から米国

は、コンゴの軍人であるモブツ・セセ・セコ（Mobutu Sese Seko）への支援を強めていた。米国の支援を受けたモブツはコンゴ国内での権力闘争を勝ち抜き、1965年には完全に権力を掌握した[30]。こうした状況下では、ONUC撤退後にコンゴが東側陣営に加わる見通しは低く、それゆえに撤退が容認されやすかった面があったとしても不思議ではない。超大国間関係の影響からは、国連の平和活動もまた自由ではなかったといえる。ここでも、出口戦略の出る幕はごく限られていたのである。

（3）冷戦終結後

大国間戦争の脅威が遠のいた冷戦終結後、国内統治に問題を抱える国に対する国際介入の是非が、国際政治の課題として、ごく一般的に問われるようになった。冷戦終結を境に武力行使の性質に変化が生じたのは、人権・人道規範が高まったためと捉えられる一方で、米ソ対立の終了により地域紛争が代理戦争である時代が過ぎ去り、一方的抑止が可能な環境下で警察力を投入するように介入ができる条件が生まれたためとも捉えられる[31]。

こうして米国が単極国となった今日では[32]、介入国の撤退に関する政策の裁量は更に大きくなったといえる。非対称な力関係のもとになされる平和活動が「現地との根比べ」を強いられる点は冷戦期と同様であるが、「超大国間のさや当て」がなくなったからである。

もちろん、今日でも米国をはじめとする介入国は現地への影響力保持や同盟の信頼性維持に一定の配慮はしている。しかし、冷戦期に比べて、それが撤退の意思決定に与える影響は小さくなっており、これまでで最も政策の裁量が大きい時代を迎えたのである。また、この裁量の大きさは、かえって現地に対する介入国の責任を大きくしたと考えられる。いわば、行動の自由を得たがゆえに、撤退後に現地の情勢が悪化した場合の「言い訳」が許されない立場に置かれたわけである。

この点につき、選挙後に紛争に逆戻りせず早期撤退が可能になったという意味で、今日「成功」と評価されている典型的事例においてさえ、撤退決定

を不安視する声があった点を想起する必要がある。例えば、1993 年の選挙実施を見届けて国連カンボジア暫定統治機構（UNTAC）が撤退したカンボジアにおいても[33]、現地社会の自由民主主義化が不十分であるとの指摘は強く、活動継続を望んでいた人々の間には不満が残っていたという[34]。UNTAC において国連事務総長特別代表を務めた明石康の当時の日記からも、「UNTAC がゼロになってしまうことへのカンボジア側の心配を考慮に入れる必要がある」（1993 年 7 月 14 日[35]）、「Solomon 前次官補……はポル・ポト派の軍事的脅威が将来高まることを恐れており、UNTAC の撤退が早すぎるのではないかと心配していた」（同年 7 月 21 日[36]）といった記述を拾うことができる。撤退決定に際しての裁量が大きくなったがゆえに、悩みの余地も増え、現地への責任を考慮する機会も増えているのである。

　また、カンボジアと同様に国連が領域管理まで担った重要な事例として東ティモールがある[37]。東ティモールにおいては、2005 年 8 月の東ティモール国連支援団（UNMISET）の撤退から 1 年も経たぬうちに騒擾が再発し豪州軍が再び介入する事態となった。しかし、UNMISET が活動していた当時、東ティモールもまた、活動目的を順調に達成しつつある「成功」事例と認識されることが多かった点は想起されなければならない[38]。その東ティモールについても、国連事務局や東ティモール政府からは、2005 年の早い段階で既に、撤退が時期尚早ではないかとの懸念が表明されていた[39]。

　所期の活動目的を（少なくとも当時の認識としては）比較的達成したとされていたカンボジアや東ティモールにおいてさえ、こうである以上[40]、目的達成状況が必ずしも芳しくない活動において、出口戦略の難しさと重要性が繰り返し強調されるのは何ら不思議なことではない。実際、国連コンゴ民主共和国安定化ミッション（MONUSCO）においては[41]、2014 年以降、安保理決議において出口戦略が毎年繰り返し模索されながらも[42]、現地の情勢が安定しているとは言い難いことから、2017 年末現在もなお撤退には至っていない。また、米国主導の事例であるアフガニスタンにおいては、2016 年末の完全撤退が 2014 年 5 月に決定・発表されながらも、やはり現地の情勢

が安定しているとは言い難いことから、完全撤退が延期され駐留が継続している。2014年以降のイスラーム国の台頭は米軍のイラク撤退（2011年）が時期尚早であったためだとする見解も示されるようになってきたなか[43]、テロリスト集団が掃討されて初めて現地の安定化といえるという意識が強まっているように思われる。このテロ対策と平和活動との交錯は、2013年4月に開始された国連マリ多元統合安定化ミッション（MINUSMA）等の国連主導の活動でもみられるようになってきており、先述の「ホルタ・レポート」（2015年6月）においては、PKOはテロ対策に従事するべきではないとの提言がなされているところでもあるが[44]、アフガニスタンと同様の問題を抱えているといえる。

　本節における以上の記述を大まかにまとめると、表2のようになるだろう。近年になって出口戦略が重視されるようになった背景には、このような国際構造の変化がもたらした武力行使の性質の変化、ひいては撤退の性質の変化があったのである。

表2　武力行使の変貌と撤退の変容

	武力行使の特徴	撤退の特徴	典型的事例
総力戦	存亡がかかった「力比べ」（対称な力関係）	戦場での勝敗の帰結として撤退を強いられる	二つの世界大戦
冷戦期の限定戦争・平和活動	戦略的利益がかかった「根比べ」と「超大国間のさや当て」（非対称な力関係）	介入国は基本的に撤退時期を選択できるが、超大国間関係の影響を強く受ける	米国のベトナム介入国連のコンゴ介入
冷戦終結後の平和活動	現地の安定がかかった「根比べ」（非対称な力関係）	介入国は撤退時期を選択できる	国連PKOの領域管理国連PKOの平和強制米国のアフガン介入

（筆者作成）

おわりに

　本稿では、出口戦略が近年になって重要であるとされるようになったのはなぜかという問いに取り組んだ。長期的・理論的な関心から武力行使の性質の変化に迫ってきた国際関係論と、時事的・実践的な関心から有効な出口戦略の策定に取り組んできた平和構築論との間隙に落ちてきた根本的な問いに対し、武力行使の変貌と撤退の変容とを結びつける議論を提出したわけであるが、結びにあたって以下の三点を確認しておきたい。

　第一に、総力戦、冷戦期になされた限定戦争や平和活動、そして、冷戦終結後になされている平和活動と並べて比較してみると、時代が下るごとに、出口戦略の重要性が増していることがわかる。総力戦の時代においては、戦闘を継続するか終了するかは、戦場での勝敗の影響を強く受ける。戦争にかけているものが大きいため、継戦意思が挫かれるというよりも、継戦能力の低下によって撤退を余儀なくされるのである。これが、冷戦期の限定戦争や平和活動となると、非対称な力関係にある交戦主体間の非正規戦の形をとるため、継戦能力よりも、むしろ継戦意思が問題になる。それゆえ、総力戦の際に比べて、介入国が撤退時期を選択する政策の裁量が大きいといえる。ただし、東西両陣営が対立した冷戦期には、現地からの撤退後に当該国が相手陣営に加わるのを防ぐため、現地への一定の影響力を残しながらの撤退を模索しなければならないという制約が大きく働いた。そのような冷戦構造が崩壊した今日の平和活動では、介入国の撤退に関する政策の裁量は更に大きくなったといえる。もちろん、今日でも現地への影響力保持といった大国の思惑はある。しかし、冷戦期に比べて、それが撤退の意思決定に与える影響は小さくなっており、これまでで最も政策の裁量が大きい時代を迎えたと考えられる。この裁量の大きさ、ひいては現地への責任の大きさゆえ、近年になって出口戦略が重視されるようになったといえる。

　第二に、この変化は構造的なものであることを認識する必要がある。先述

の通り、なぜ重要になってきたのかを十分に理解せぬままでは、実施の難しさが明らかになるにつれ議論が下火になっていき、単なる一過性の流行に終わりかねない。国際構造（力の分布）の変化が武力行使の性質の変化をもたらし、それが撤退決定に際しての政策の裁量や責任の大きさにつながってきたという意味で、好むと好まざるとにかかわらず、出口戦略は重要なものとなったのである。これが、本稿で示した議論の重大な含意である。ただし、ロシアのクリミア半島編入や中国の台頭を契機とした、ここ数年の「地政学の復権」により冷戦的思考枠組みが一部で再び生じつつあることにも留意する必要があるだろう。地政学的な思考様式が復活しているかについては論争があり[45]、現時点では実態の説明というよりは可能性を指摘したものだと考えられる。そのため、撤退に際しての政策の裁量に関する本稿の議論に即座に影響を与えるものではないが、国際構造自体に変化が訪れた際には、出口戦略の重要性をめぐる議論にも一定の修正が必要となろう。

　第三に、出口戦略の構造的な重要性を示した本稿の今後の課題として、平和構築論や国連における実務で既に取り組まれている有効な出口戦略の策定に資するような議論を展開することが挙げられる。ここでまず参照されるべきは、ユス・ポスト・ベルム（Jus Post Bellum: JPB）をめぐる一群の研究であろう。ひとたび介入すれば平和構築をせぬまま安易に撤退できない点を国連関係者や主要国政策決定者も自覚している現在[46]、ユス・アド・ベルム（Jus Ad Bellum: JAB）やユス・イン・ベロ（Jus In Bello: JIB）のみならず、「いつ撤退するべきか」という規範的な問い立てが含まれるJPBにも注目が集まるようになったのは、ごく自然なことであった[47]。その行為主体や構成要素について論者間に大まかな合意さえなく未だ理論化途上の概念ではあるが[48]、遅くともビトリア（Francisco de Vitoria）の時代から検討されてきたとされる同概念の復権というべき現象である[49]。JPBの概念の外延をめぐっては、平和活動に関するところでは「保護する責任」や「移行期正義」などの関連概念との関係が議論されてきたが[50]、出口戦略と関連付ける試みも徐々に出てきている[51]。これらの成果を踏まえつつ、引き続き、有効な出

口戦略を模索していく必要があるだろう。出口戦略の重要性が構造的なものである以上、構造が変わらぬ限り、この課題から逃れることはできまい。

〈注〉

1 領域国の受入れ同意・安保理決議による許可・停戦合意の有無は問わないが、平和強制（peace enforcement）や平和維持（peace keeping）に続いて、派兵を伴う紛争後平和構築（post-conflict peace building）まで行なわれるものに限る。外交のみによる平和創造（peace-making）や政治ミッション派遣は含まない。なお、本稿で用いる「武力を用いた平和活動」は、『国連平和活動に関するパネル報告書』（いわゆる「ブラヒミ・レポート」、2000年8月）で示される平和活動の定義とは異なるが、平和強制や平和維持、平和構築を相互に独立したものではなく同時並行的に行なわれ得るものだとする点は同様である。

活動の主体については、国連、地域機構、個別国家のいずれの場合も含む。各活動には武力行使・武器使用の性質に少なからぬ差があるが、歴史的な変遷を大づかみに捉えることを目的とする本稿では、領域国内の平和定着のための派兵という点の一致に着目して総称する。

2 「撤退」と言われる際には、現状の失敗の拡大を防ぐという消極的な意味で用いられる場合と、新たな局面に引き継ぐという積極的な意味で用いられる場合の双方がある。本稿においては、平和活動の終了に伴う介入国部隊の本国への帰還という現象自体を指すため、両方の意味を含み得る。「出口戦略」についても、活動目的を達成した場合と未達成の場合の双方を含む。出口戦略の概念化については、Richard Caplan, "Devising Exit Strategies," *Survival* vol.54 no.3 (2012), p.113 を参照。

なお、現地での活動が続くなか、それまで活動に参加していた国が撤退するような場合も、当該国にとっては出口戦略の一つだと考える。例えば、ナイジェリア部隊の撤退により西アフリカ諸国経済共同体監視団（ECOMOG）から国連PKOに任務が引き継がれたシエラレオネのような場合には、現地での活動自体は続いているが、ナイジェリアにとっては出口戦略であるといえる。実際、米軍の撤退によりNATOからEUに任務が引き継がれたボスニアに関して、米国は出口戦略、それも出口戦略の成功例として数えているという。米国の認識については、吉崎知典「危機管理」広瀬佳一、吉崎知典編著『冷戦後のNATO―"ハイブリッド同盟"への挑戦―』ミネルヴァ書房、2012年、200頁を参照。

3　冷戦終結後の武力行使を「新しい戦争」として概念化する代表的な文献として、Mary Kaldor, *New and Old Wars: Organized Violence in a Global Era* (Stanford: Stanford University Press, 1998)；石田淳「戦争の変貌と国際秩序の変動」阪口正二郎編『岩波講座憲法5 グローバル化と憲法』岩波書店、2007年を参照。前者が非国家主体による戦闘員と非戦闘員とを区別することなく行われる武力紛争の新しさを論じるのに対し、後者は人道的干渉型の武力行使や対テロ先制自衛型の武力行使の新しさを論じている。本稿では、後者と同様に、外部からの介入に着目して立論する。

4　冷戦終結後に平和活動が盛んになってからしばらくの間は、選挙を成功裡に実施することが出口となると考えられてきたが、この認識は、2000年に出された国連の報告書（「ブラヒミ・レポート」）では変更を迫られている。UN Document, A/55/305-S/2000/809 paras.20, 21 August 2000を参照。その後、出口を選挙ではなく経済復興にするべきだと主張するPaul Collier, *Wars, Guns, and Votes: Democracy in Dangerous Places* (New York: Harper, 2009), pp.88-89や、民主的国内平和（democratic civil peace）達成のためには、停戦が継続し民主的な価値が具体的な制度が実現する状態までの関与が望ましいと指摘する水田慎一『紛争後平和構築と民主主義』国際書院、2012年、52-54、268-272頁といった議論が提出され、有効な出口戦略の模索が続いている。

5　納家政嗣『国際紛争と予防外交』有斐閣、2003年、204頁；篠田英朗『平和構築入門―その思想と方法を問いなおす―』ちくま新書、2013年、11頁および256頁を参照。

6　出口戦略を立てる難しさについては、David A. Lake, "Building Legitimate States after Civil Wars," in *Strengthening Peace in Post-Civil War States: Transforming Spoilers into Stakeholders*, eds. Caroline Hartzell and Mathew Hoddie (Chicago: Chicago University Press, 2010)；Gideon Rose, *How Wars End: Why We always Fight the Last Battle* (New York: Simon&Schuster, 2010)；中村長史「出口戦略のディレンマ―構築すべき平和の多義性がもたらす難題―」『平和研究』48号（2018年）を参照。

　平和活動自体が抱える難しさもまた出口戦略を難しくする遠因となるが、この点については、Jack Goldsmith and Stephen D. Krasner, "The Limits of Idealism," *Daedalus*, vol.132 no.1 (2003), pp.47-63; 石田淳「弱者の保護と強者の処罰―《保護する責任》と《移行期の正義》が語られる時代―」『年報政治学』2011-1号（2011年）、118-122頁；中村長史「人道主義のパラドックス―冷戦終

結後の人道危機対策再考—」『平和研究』43 号（2014 年）、117-120 頁を参照。
7 「三つの国連」については、Thomas Weiss, Tatiana Carayannis and Richard Jolly, "The 'Third' United Nations," *Global Governance*, vol.15 no.1 (2009), pp.129-142 を参照。「三つの国連」論を自覚的に用いて「保護する責任」に関する議論を整理したものとして、高澤洋志「保護する責任（R2P）論の『第3の潮流』——2009 年以降の国連における言説／実践を中心に」『国連研究』15 号（2014 年）、145-172 頁がある。もっとも、先行研究と同様、本稿における分類もあくまでも便宜的なものである。政府代表や事務局の経験者が有識者として活動をする例も多く、「三つの国連」間には往来がある。
8 UN Document, S/2000/1072, paras.3-4, 7 November 2000.
9 UN Document, S/PV.4223, 15 November 2000.
10 US Government, "Remarks by the President and First Lady on the End of the War in Iraq," 14 December, 2011.
11 コフィ・アナン（Kofi Annan）国連事務総長は、イラクにおける米軍駐留継続はむしろ治安悪化につながると懸念すると同時に、米軍撤退もまた治安悪化につながると懸念し、苦悩をにじませていた。UN Secretary General`s Off-the-cuff Archives 21 November, 2006 を参照。実際、イラクからの撤退を公約として当選したオバマの大統領就任後も、米国側は駐留米軍の規模を縮小しての活動継続をイラクのマーリキー（Nūrī Kāmil al-Mālikī）政権に打診したとされるが、新たな米軍地位協定（SOFA）の交渉がまとまらず完全撤退に至ったという。Michael Gordon and General Bernard E. Trainor, *The Endgame: The Inside Story of the Struggle for Iraq, From George W. Bush to Barack Obama* (Vintage, 2012) を参照。
12 UN Document, S/2001/394, *No Exit without Strategy: Security Council Decision-making and the Closure or Transition of United Nations Peacekeeping Operations*, paras.7-43, 20 April 2001.
13 *Ibid*., paras. 6, 44.
14 UN DPKO/DFS, *United Nations Peacekeeping Operations: Principles and Guidelines* [*Capstone Doctrine*] , 2008, 10-1, 10-2.
15 UN Document, A/55/305-S/2000/809, paras.17-20, 21.
16 ICISS (International Commission of Intervention and State Sovereignty), *The Responsibility to Protect* (Ottawa: International Development Research Centre, 2001), chapter 5.

17　*Ibid.*, chapter 7.
18　回復すべき平和の状態が比較的明確な国際平和(例えば、湾岸戦争時のイラクからのクウェート解放)と異なり、平和活動が目指す国内平和の場合は、何が目指すべき平和なのかに既に議論がある。
19　UN Document, A/70/95-S/2015/446 (Report of the Independent High-level Panel on Peace Operations), paras.22, 24, 102, 169-170, 17 June 2015.
20　例えば、Council of European Union 12566/05, REV 4 (*EU Concept for ESDP support to Security Sector Reform*), 13 October 2005 ; UN DPKO/DFS, *op, cit.*, pp.38-40 を参照。
21　Roland Paris and Timothy D. Sisk, "Conclusion: Confronting the Contradictions," *The Dilemmas of Statebuilding: Confronting the Contradictions of Postwar Peace Operations*, eds. Roland Paris and Timothy D. Sisk (New York: Routledge, 2009), p.305.
22　Rupert Smith, *The Utility of Force: The Art of War in the Modern World* (London: Penguin, 2005), pp. 29, 60-61.
23　J.R.Hale, *War and Society in Renaissance, 1450-1620* (Montreal and Kingston: McGill-Queen's University Press, 1998), pp.62-65.
24　Smith, *op.cit.*, p.105.
25　*Ibid.*, pp.124-125.
26　藤原帰一「冷戦の終わりかた―合意による平和から力の平和へ―」東京大学社会科学研究所編『20世紀システム6 機能と変容』東京大学出版会、1998年、273頁。
27　Andrew Mack, "Why Big Nations Lose Small Wars: The Politics of Asymmetric Conflict," *World Politics*, vol.27 no.2 (1975), pp.175-200; Jonathan D. Caverley, "The Myth of Military Myopia: Democracy, Small Wars, and Vietnam," *International Security*, vol.34 no.3 (2009), pp.119-157.
28　John Dumbrell, *Rethinking the Vietnam War* (New York: Palgrave, 2012).
29　三須拓也『コンゴ動乱と国際連合の危機―米国と国連の協働介入史、1960-1963年』ミネルヴァ書房、2017年、14-15、239-240, 383頁。
30　同上書、240-242頁。
31　藤原帰一「内戦と戦争の間―国内政治と国際政治の境界について―」『年報政治学』(2001年)、112-113頁。二つの要因のうち、特に規範面に着目して歴史をたどり、冷戦終結後の介入がそれ以前の介入に比べて多国間主義的で人道目

的の強いものへと変化していると指摘する文献として、Martha Finnemore, *The Purpose of Intervention: Changing Beliefs about the Use of Force* (Ithaca and London: Cornell University Press, 2003), pp. 78-83, 97-98 を参照。

32 近年、多極化や無極化という議論が多くなされる点につき、それは「われわれが単極構造の秩序メカニズムに関してほとんど理論的な枠組みをもっていないからかもしれない」とする納家政嗣「新興国の台頭と国際システムの変容」『国際問題』618号（2013年）、6頁の指摘は示唆に富む。続けて納家が指摘するように、「力の分布の変化」と「単極国の多国間主義への回帰過程」とは慎重に区別して論じられるべきだろう。

33 カンボジア政府の第一首相ノロドム・ラナリット（Norodom Ranariddh）と第二首相フン・セン（Hun Sen）は、治安維持のために20名から30名の軍事要員の駐留継続を国連に要請した。この要請された数字をみても、選挙実施後の治安については、当時からさほど不安視されていなかったことがうかがえる。なお、実際には、非武装の軍事連絡員のみが駐留を継続することになった。Kim Cheryl M. Lee and Mark Metrikas, "Holding a Fragile Peace: The Military and Civilian Components of UNTAC," *Keeping the Peace: Multidimensional UN Operations in Cambodia and El Salvador*, eds. Michael W. Doyle, Ian Johnstone and Robert C. Orr (Cambridge: Cambridge University Press, 1997), pp.122-123 を参照。

34 Evan Gottesman, *Cambodia After the Khmer Rouge: Inside the Politics of Nation Building* (New Haven and London: Yale University Press, 2002), p.350.

35 明石康『カンボジアPKO日記—1991年12月～1993年9月—』岩波書店、2017年、320頁。

36 同上書、323頁。

37 領域管理については、山田哲也『国連が創る秩序—領域管理と国際組織法—』東京大学出版会、2010年を参照。冷戦終結後の事例としては、他にボスニアや東スラヴォニア、コソボがあるが、ここでは「成功」と評価されることの多い事例においてさえ出口戦略が問題になることを示すため、カンボジアと東ティモールを採りあげる。

38 多数の事例を検討したうえで当時の東ティモールを成功事例として高く評価していた文献として、例えば、Michael Doyle and Nicholas Sambanis, *Making War and Building Peace: United Nations Peace Operations* (Princeton and Oxford: Princeton University Press, 2006), pp.243-256 を参照。

39　UN Document, S/2005/310, paras.31-32, 12 May 2005.

40　ここで採りあげたカンボジアや東ティモールの事例にみられるように、撤退が時期尚早か否かをめぐり、しばしば意見が分かれる。これには、得られる情報量の違い（国連事務局や安保理の常任理事国は現地情勢等の情報にアクセスしやすい）の他に、各主体の利害計算や、現地のオーナーシップと事態のコントロールのいずれを優先するかといった価値判断も関わっているように思われる。この点の詳細な検討には、なお別稿を要するため、今後の課題としたい。

41　領域管理と並ぶ冷戦終結後のPKOの特徴として平和強制があるが、武装集団の無力化自体を任務とする介入旅団（Force Intervention Brigade）を含むMONUSCOは、その典型例といえる。

42　UN Document, S/RES/2147 para.39, 28 March 2014; S/RES/2211 paras. 39-42, 26 March 2015; S/RES/2277 paras. 44-49, 30 March 2016; S/RES/2348 paras. 50-51, 26 March 2017.

43　Lawrence Korb; Rick Brennan, "Exit Music: Did Obama Bungle the Iraq Withdrawal?," *Foreign Affairs*, vol.94 no.1 （2015）, pp.162-164.

44　UN Document, A/70/95-S/2015/446（Report of the Independent High-level Panel on Peace Operations）paras.119-120, 17 June, 2015.

45　地政学の復権を主張する代表的文献として、Walter Russell Mead, "The Return of Geopolitics: The Revenge of the Revisionist Powers," *Foreign Affairs*, vol.93 no.3, 2014, pp.69-79を参照。アイケンベリー（G. John Ikenberry）は、地政学の復権によりグローバルな自由主義秩序の将来が危うくなるというミード（Walter Russell Mead）の議論には反発するが、地政学的な競争関係の存在自体は認めている。G. John Ikenberry, "The Illusion of Geopolitics: The Enduring Power of the Liberal Order," *Foreign Affairs*, vol.93 no.3, 2014, pp.80-90.

46　UN Document, A/55/305-S/2000/809 para.28, 21 August, 2000; Tony Blair, *A Journey: My Political Life*（NewYork: Random House, 2010）, p.248.

47　Gary Bass, "Jus Post Bellum," *Philosophy and Public Affairs*, vol.32 no.4, 2004, p.384; Alex Bellamy, "The Responsibilities of Victory: Jus Post Bellum and the Just War," *Review of International Studies*, vol.34 no.4, 2008, pp.601-625.

48　眞嶋俊造「戦争後の正義（jus post bellum）」構築への試論―アメリカの対日軍事占領を例として―」『社会と倫理』25号（2011年）、258頁。

49　ビトリアは、戦争に関する規則として、開戦がやむにやまれるものであるという正しい原因に基づくこと（第一規則）、対戦相手の殲滅ではなく自己の権利保

全や自国の防衛を目指すこと（第二規則）という JAB・JIB に加え、戦勝国が持つべき節度と謙抑を持つこと（第三規則）を挙げた。その内容には、当時のキリスト教の影響が強くみられるが、占領や懲罰、賠償に関して許される範囲について「比例性の原則」を重視して論じており、今日の議論に受け継がれている部分も多いといえる。ビトリア（佐々木孝訳）『人類共通の法を求めて』岩波書店、1993 年、222-223 頁。

50　Carstem Stahn and Jann K. Kleffer eds., *Jus Post Bellum, Towards a Law of Transition from Conflict to Peace* (Hague: TMC Asser Press, 2008) ; Larry May, *After War Ends: A Philosophical Perspective* (Cambridge: Cambridge University Press, 2012).

51　Dominik Zaum, "Jus Post Bellum and the Politics of Exit," *Jus Post Bellum: Mapping the Normative Foundations*, Carsten Stahn, eds. Jennifer S. Easterday and Jens Iverson (Oxford: Oxford University Press, 2014).

〔謝辞〕

本研究は JSPS 科研員 17K13684（若手研究 B）および公益財団法人松下幸之助記念財団研究助成 17-028 の助成を受けたものです。

7　国連警察の武装化の要因分析

キハラハント愛

はじめに

　2017年11月6日、国連安全保障理事会が国連警察についての決議を採択し、国連警察[1]が国連平和活動[2]において果たす役割の大きさと重要性を確認した。この決議はまた、国連史上初めて作成された国連警察のガイドラインと指針について、その妥当性と正当性を認めるものであった[3]。国連平和活動の歴史において、もともとわずか30人の、軍隊に追随する小さな部隊として誕生した警察部門[4]がその後の発展を経て達成した国連警察としての独立した地位を、さらに確立させたことを表すと言える。

　国連警察がその地位を確立させる過程で鍵となったのは、文民警察としての強みであった。武力を行使せず、受入国の警察、そしてコミュニティと対話をしながら業務を行うことがその特長だったのである[5]。

　ところが、11,530人の規模に膨れ上がった国連警察は、現在約7割弱が武装し、派遣国の指揮体系を保持した形で配備される、武装警察部隊（Formed Police Units：FPUs）である[6]。これは国連警察が配備される受入国の状況がより不安定であることが主な要因なのだろうか。国連警察に託されるマンデートが警察の武装を求めるのであろうか。それとも、他に要因があるのだろうか。本稿では、国連警察が武装されていく過程を検証し、その武装化の要因を考察する。

1 国連警察の台頭

　国連警察の武装化について考察するためには、その誕生と発展の過程を検証する必要がある。

　国連警察は国連設立時にはその構想もなかった。国連が設立された際、平和維持活動を含む平和活動は計画になく、国連憲章に記述はない[7]。平和維持活動は、必要性から作り出されたものである。限定的な平和維持活動が開始した1948年当時は、軍事要員が停戦を監視することをマンデートの中心とし、警察の業務は考えられていなかった[8]。

　初めて警察が国連の平和維持活動に参加したのは、1960年の国連コンゴ活動（UN Operation in the Congo: ONUC）である。30人のガーナの警察部隊が軍事部隊に追随する存在として導入された。この導入は、国連がマンデート上警察官が必要であるという認識を持って能動的に行ったというよりは、国連と派遣国とのやり取りの中で、派遣国が提案したことに端を発する[9]。

　ONUCの次に警察が配備されたのは、西イリアン国連保安隊（UN Security Force in West New Guinea: UNSF）である。この二つの警察ミッションでは、警察は社会の秩序を維持するために導入されたという漠然とした認識以上に軍事部隊と警察の区別はなく、両者の業務の境界線も曖昧であった[10]。

　次の国連キプロス平和維持軍（UN Peacekeeping Force in Cyprus: UNFICYP）において、警察部門が初めて軍事部門から独立した。UNFICYPは1960年のキプロス共和国独立後のギリシャ系キプロス人対トルコ系キプロス人の対立から1964年に設立された。このミッションで警察部門が独立したのは、二つの対立するコミュニティに対処するには、軍事部門を支援する存在としての警察ではなく、現地の警察を指導・モニターし、捜査を支援し、コミュニティの対立により生じる問題について自身が対処する、独立し

た警察としての機関が必要だと国連が認識したからである。この時点で、国連の中に軍事部門と区別し、武装していないことを強調する意味で「文民警察」という用語が生まれた[11]。これが、1993年に国連平和維持活動局（Department of Peacekeeping Operations: DPKO）に設立された[12]、文民警察ユニット（Civilian Police Unit）の用語の源である。

以上の三つが冷戦前に警察が配備されたミッションであるが、この頃は要員が直面する危険性も比較的少なく、警察の業務も当事者として業務を遂行するのではなく、現地の法執行機関[13]を支援するものであり、現地の警察からの抵抗は少なかった[14]。

冷戦の終結により、国連平和活動における国連警察のマンデート・業務や、受入国の環境は大きく変わった。まず、国連平和活動の数も規模自体も大きく拡大し、マンデートや業務も拡大した。国連憲章第七章に基づく国連平和活動も設立され[15]、国連は停戦を維持するだけでなく、ガバナンスの分野にも携わることでより持続的な平和を構築しようと試みるようになり、より複雑で包括的なマンデートを請け負うようになった[16]。

国連警察の台頭は、国連平和活動の拡大とマンデートの包括性・複雑化に呼応する以上に、国連警察が国連平和活動に占める位置づけがより中核をなしてきたことによる部分がある。冷戦終結前後に設立された、警察を含むミッションは、監視業務が中心であるが[17]、1990年代半ばより、国連警察は、受入国の法統治機関の改革や、暫定的に警察業務そのものを請け負うようになった。これは、1992年に設立された国連カンボジア暫定統治機構（UN Transitional Authority in Cambodia: UNTAC）が分岐点となった。UNTACの警察部門は現地の警察機関を監督・管理することを目的とし、現地警察の研修が初めて業務として明記された[18]。ここにおいて、現地警察とは一線を画し、第三者として指導する立場としての国連警察の限界が顕著になり、間もなくUNTACの警察は被疑者の逮捕・拘留などを自身で行う権限を自らに付した[19]。UNTACはまた、現地の警察の改革も手掛けたが、現地警察の受け入れはスムーズではなかった[20]。この警察改革を業務の中核に据えたの

が、国連エルサルバドル監視団（United Nations Observer Mission in El Salvador: ONUSAL）である[21]。1993年から展開した国連ハイチミッション（UN Mission in Haiti: UNMIH）でも、警察改革が任務に含まれていた[22]。

その後数年の内に、国連警察はより包括的な業務を負うようになり、警察業務の中核となる、捜査・逮捕・拘留・捜索・群衆整理・暴動鎮圧などを自ら執行するようになった[23]。現地の法執行機関の能力開発もより積極的に行うようになり、国連平和活動の中で警察部門がより重要性を増していった[24]。1990年代半ばには、更にこの傾向が顕著となった。旧ユーゴスラビアでは、国際警察タスクフォース（International Police Task Force: IPTF）が国連ボスニア・ヘルツェゴヴィナミッション（UN Mission in Bosnia and Herzegovina: UNMIBH）の主要な構成部門となり、警察業務を直接遂行すると同時に、現地の警察機関の研修を担ったが、この二つの業務を並行するという形が、続く国連平和活動のミッションのひな形となった[25]。IPTFはまた、現地警察の選抜・審査・研修を行い、警察機関の構築を行った点が新しい[26]。この頃までに、国連平和活動自体も複合的な機能を果たすモデルが中心となっていたため、この警察部門の台頭はその動きに呼応するが[27]、国連警察の規模とマンデートの拡大は、国連平和活動の中でも最も迅速なものであった[28]。

21世紀に入ってからの国連平和活動の特徴は、そのマンデートにおいて法の支配に明確な重きを置いていることである[29]。2000年のブラヒミ報告書でも、国連平和活動は法の支配をマンデートの中心として認識すること、国連警察は現地警察の改革に焦点をあてること、そして法の支配が持続的な平和の鍵となること、が指摘されている[30]。以後、法の支配と警察業務はすべての国連平和活動のマンデートに明記され[31]、現地警察の改革、再建、再構築に焦点をあてている[32]。国連警察の業務は、国連平和活動の目的とより直接的な関係を持つようになり[33]、持続的な法と秩序の要となるのは国連警察であると、事務総長も強調している[34]。

国連警察の重要性が認識されるに従い、国連の機構上も警察の位置づけが

確保された。2000 年には文民警察ユニット（Civilian Police Unit）が警察部門（Police Division）に格上げされた。更に 2005 年には国連警察の名称を「文民警察（Civilian Police: CIVPOL）」から「国連警察（UN Police: UNPOL）」に変更した。法の支配が警察部門だけでなく、司法や矯正と深いつながりがあるとの確認から、2007 年には UNPOL は法の支配と保安機構室（Office of the Rule of Law and Security Institutions: OROLSI）の中に配置され、同じ年には警察予備隊（Standing Police Capacity: SPC）が設立され、常に新しいミッションや不足する専門家の要請に対応できるよう、30人強の国連警察が待機するようになった[35]。更に、2016 年には国連警察の各ミッションの警察本部長（Police Chiefs）が一同に会するサミットが行われた[36]。2017 年 11 月までに国連安全保障理事会では国連警察に関して二回の決議が採択され、国連警察を国連平和活動に不可欠な存在とし、効率的な業務を可能にするリソースを募った[37]。これら一連の動きは、国連警察が国連平和活動においてより重要な位置づけを獲得して行ったことを示している。

2　国連警察の武装部隊化

　国連警察が国連平和活動において、よりマンデートの中心的な地位を占めるようになってきた経緯と並行して、前世期の末から国連警察の急激な武装の動きがある。1990 年代半ばのアンゴラ[38]、ルワンダ[39]、スレブレニッツァ[40]は、どれも国連が大規模な人権侵害や殺戮を止められなかった失敗例として挙げられ、これを反省した国連の以後の平和活動に大きな影響を及ぼした[41]。
　その影響の一つが、公共の治安と秩序を維持することが大変困難であるという認識と、そのために国連の警察を武装した方が良いのではないかという議論の出現である[42]。これは、1990 年代前半まではその非武装性を強みとしてきた国連の文民警察にとっては大きな転換点となった。これを受けて、国連ハイチ文民警察ミッション（UN Civilian Police Mission in Haiti:

MINUPOH）では、武装した国連警察が特別警察ユニット（Special Police Units: SPU）がミッション要員や設備保護のために配備された[43]。

これに端を発した国連警察の武装化は、1999 年に設立された二つの国連平和活動、国連コソボミッション（UN Mission in Kosovo: UNMIK）と国連東ティモール暫定行政機構（UN Transitional Administration in East Timor: UNTAET）において、新しい武装警察ユニット（Formed Police Unit: FPU）という形態の形成に辿り着いた[44]。この二つのミッションは、どちらも国連史上他に例を見ない、国連自身が暫定的に受け入れ地域の統治を行うミッションで、国連警察も全執行権を持つ警察機関として活動し（executive policing）[45]、2000 年の時点で、既に九つの FPU が展開された[46]。

FPU は 120 人から 140 人のユニットとして、派遣国の指揮体系を残したまま派遣される、武装した警察部隊である[47]。文民警察と軍事部隊との間に生じた治安維持のギャップを埋めるために生まれたとされ[48]、より危険を伴う業務やユニットとしての一貫した対応が必要な業務を与えられた[49]。この治安維持のギャップは、多面的なミッションで治安が不安定な現地の環境において明らかになり、そのように治安が不安定な状況で、一定の武力を背景にした、より強い対応をできる FPU が必要とされたのである[50]。着目すべきは、FPU は他の個人の警察官（Individual Police Officers: IPOs）とは異なる特定の任務を与えられており、原則として IPO が遂行するような一般の警察業務に携われないということだ[51]。

FPU についての国連の政策が 2006 年、2010 年と 2017 年の 3 回出されており、これらを比較すると、2006 年の政策は国連の要員や施設の保護、治安維持に関する現地警察への補佐と能力開発となっているが[52]、2010 年の政策は治安・公序維持、国連の要員や施設の保護と、部隊としての一貫した対応が必要であるかより危険を伴う業務を FPU の業務としている[53]。また、最新の政策においては治安・公序維持の代わりに文民の保護（Protection of Civilians: POC）が追加されている[54]。共通することは、FPU の業務は FPU の武装している、また、部隊として一貫した対応をできるという特長を活か

したものととらえている点である。つまり、FPUとIPOはそれぞれ独立した業務を与えられている。

　FPUの台頭はその後目覚ましい。今世紀に入ってから設立されたミッションにおいては、2000年に設立された停戦監視中心の国連エチオピア・エリトリアミッション（UN Mission in Ethiopia and Eritrea: UNMEE）や、2011年に南北スーダンにまたがるアビエ地域の非軍事化のマンデートを中心として設立された国連アビエ暫定治安部隊（UN Interim Security Force for Abyei: UNISFA）などを除き、FPUが配備されているミッションが多い[55]。2017年10月31日の時点では、国連中央アフリカ多面的統合安定化ミッション（UN Multidimensional Integrated Stabilization Mission in the Central African Republic: MINUSCA）の12ユニット1,669人を筆頭に、国連アフリカ連合ダルフール派遣団（AU/UN Hybrid operation in Darfur: UNAMID）、国連マリ統合安定化ミッション（UN Multidimensional Integrated Stabilization Mission in Mali: MINUSMA）、国連ハイチ司法支援ミッション（UN Mission for Justice Support in Haiti: MINUJUSTH）、国連南スーダン共和国ミッション（UN Mission in the Republic of South Sudan: UNMISS）、国連コンゴ民主共和国ミッション（the United Nations Organization Stabilization Mission in the Democratic Republic of the Congo: MONUSCO）と国連リベリアミッション（UN Missoin in Liberia: UNMIL）に合計7,927人のFPUが配備されている[56]。10,000人を超えるFPUが配備された2016年からはやや減少しているが[57]、国連警察自体が減少しているため、実に国連警察の71％を武装した警察部隊が占めているということになる[58]。

　これは、国連平和活動が与えられたマンデートの要求に答える形でFPUを戦略的に配備してきた結果なのだろうか。

3　マンデートの変化による武装部隊化

　国連警察の武装がマンデートの要求に答えるものであるかどうか、各マン

デートと FPU の配備度合とを比較して検証する。

　現在国連警察は、その業務の遂行の柱として、POC、コミュニティに根差した警察活動、受入国警察の能力開発、の三つを掲げている[59]。このうち、受入国の警察の能力開発と POC に関しては、FPU の関連業務が政策に明記されている。前者については FPU 要員が受入国の警察の能力開発に関わる場合の注意という視点から記述されており、そもそも FPU 要員が能力開発に関わるのは警察業務一般ではなく、あくまで群衆統制など専門の部門に限られ、FPU の業務に占める割合は低い[60]。一方後者の POC マンデートにおいては、長く警察が POC マンデートにおいて行うべき業務が曖昧であることや、その中でも特に FPU の役割がはっきりしないということが批判されてきたが[61]、2017 年に出された新しい政策で、FPU の役割が明記された。それによると、FPU は主に前線で実際に暴力の危機にある文民を保護する業務を負い、この業務は IPO にはできない。また、軍事部隊による、武力を背景にした対応が必要な状況には FPU は配備されない[62]。この政策に基づいて考えると、マンデートと FPU の台頭との関係を考えるのには、POC マンデートと FPU の急増の関係を検証するのが効果的なのではないか。

　POC マンデートは FPU の誕生と同じ 1999 年に、国連シエラレオネ支援ミッション（UN Assistance Mission in Sierra Leone: UNAMSIL）において初めて取り入れられた[63]。以来、POC マンデートはその後設立されたほとんどのミッションに取り入れられ、MINUSCA においては POC が最優先のマンデートであることが明記された。POC マンデートが取り入れられる前は国連の人員のみであった保護の対象が拡大し、暴力の危険にさらされる現地の文民一般が対象となっている[64]。更に UNMISS においては、複数の POC サイトを国連が初めて能動的に設置し、2017 年 11 月時点で 21 万人近い文民が避難している[65]。

　そこで、POC マンデートと FPU の配備具合は政策決定の過程でどれだけ連動しているのか。まず、導入に際しては明確な連関が認められない。1999 年に、POC マンデートは UNAMSIL において、FPU の導入は UNMIK に

おいて開始されているが、UNAMSIL には FPU はなく、UNMIK では国連が暫定政府としての機能を請け負ったので、POC マンデートは特記されなかった[66]。POC は軍事部隊が行うもので、警察は重視されておらず、この頃の国連の認識は、文民を保護するのに警察にも役割があるのではないか、程度のものだった。関連の文書において警察のことを文民警察と言及していることから、この際の警察は、武装していない文民警察を想定していることが分かる[67]。

それからの警察の POC マンデートへの関与は戦略的に配備されてきたかというと、政策は混乱していて一貫性がなく、2000 年代半ばの政策見直しの段階でも、特に POC と FPU の配備が戦略的に連動して考えられることがなかった。2005 年の警察のハンドブックにおいても[68]、2006 年の FPU 政策においても[69]、特に FPU と POC マンデートをどう遂行するかについての記述はない。このことは 2008 年の DPKO と国連人道問題調整事務所（United Nations Office for the Coordination of Humanitarian Affairs: OCHA）による POC マンデートの合同評価において厳しく批判された[70]。この批判を受けてなお、国連は国連警察の POC への関わり方、業務内容と執行の仕方について、明確にしなかった。政策・指針が欠如していることはミッションで任務にあたる要員には悪影響があり、混乱を招いた[71]。この状況は 2014 年の国連警察の政策においても改善されず、POC について国連警察に与えられた業務は不明確であった[72]。同年の POC についての内部監査部（Office of the Internal Oversight Services: OIOS）の評価は、マンデートを付与する安全保障理事会と、軍隊や警察の派遣国と、実際にマンデートを施行するフィールドとの間に組織的な亀裂があると指摘している[73]。これは、POC についての政策、特に誰がどの業務を担うかという認識が曖昧だったことに起因するのではないかと思われる。例えば 2013 年の POC のコンセプトについての内部文書には、軍事部隊や警察が遂行するべき業務が、その二つの機関の区別なく記載されている[74]。

では、政策はともかく現実にはマンデートが POC を含有するミッション

ではFPUが多く投入されたのかというと、相関関係を示すのが難しい。例えば、2011年3月の時点で見ると、確かにPOCマンデートのあった国連コートジボアール活動（UN Operation in Côte d'Ivoire: UNOCI）やMONUSCOではFPUの警察に占める割合が高く[75]、国連ハイチ安定化ミッション（UN Stabilization Mission in Haiti: MINUSTAH）やUNAMIDなどPOCが重要なマンデートであったミッションはFPUの数が多いが[76]、POCマンデートのないUNMITにもFPUが4ユニット派遣されており[77]、必ずしも文民の保護マンデートがなければFPUが配置されないわけではない。一方、MINUSCAではPOCが最優先のマンデートであると明記されており、そうではないMINUSMAとUNAMIDとFPU配備数を比較してみると、2014年12月と2017年10月の統計で、どちらの時点でもMINUSCAのFPUが、その国連警察に占める割合は一番大きい[78]。そうなると、POCマンデートの優先度とFPUの配備数には、実態としては関係があるかもしれない。この現状と政策の整備とが不一致であるということか。

前述の通りPOCマンデートにおけるFPUの役割が明確にされたのは2017年のFPU政策であるが[79]、これは、それ以前のFPUの急増は、少なくともPOCマンデートのために戦略的に配備されたのではないということを意味する。POCマンデートの台頭では、国連のFPUへの依存は説明できないということだ。では、これには他に要因があるのだろうか。

4　軍隊化を促進する他の要因の可能性

（1）　現地の情勢

国連警察が配備されるミッションの現地の治安の悪さや政情の不安定性により、より多くの武装した警察が必要とされる場合も考えられる。これは、上記のようにマンデートが先に決定され、それに応えるために必要なリソースとしてFPUという選択肢が選ばれるのとは過程が異なる。また、国連平和活動が入る受入国や地域の情勢によってFPUが配備される場合、情勢が

変わった場合には FPU の規模が変わる可能性がある。

　では現地の情勢が国連平和活動に FPU が展開されるきっかけになったか、現在各ミッションに FPU が配備するかどうかの決定要素となっているか、を検討する。冷戦以前は維持する平和が存在し、現地の法執行機関や住民の受け入れも友好的であった。FPU が誕生する背景となったのは、1990 年代半ばにミッションが入る国の公共の安全の基盤が脆弱であったことがある[80]。また、国連警察はそれまでより警察業務の中核に立ち入った業務を遂行したこともあり、現地の法執行機関が非協力的・非友好的な環境で業務を展開することが多くなった。これは、和平合意の脆弱性にも起因する[81]。FPU が導入されたのには、このような環境において、武装した警察部隊が望まれたという背景がある[82]。

　二つの暫定統治機構型の国連平和活動と、限られた平和維持活動型のミッションを除き、今世紀の国連平和活動の受入国の環境は総じて不安定である。UNAMID においては、マンデートの含有する危険性に加え、スーダン政府の妨害行為に対処するためもあり、武装した部隊が必要だった[83]。現在も UNMISS、MINUSCA、MINUSMA の展開している受入国の政治的環境は不安定であり、要員の業務遂行中の殉死の数値も高い[84]。また、総じて国連ではそのような状況に配備される警察は武装している方が良いと考えられているようである[85]。そうなると、FPU を配備する際、受入国の政治的情勢・公共の安全は大きな要素となっていると言えそうである。

　FPU が POC マンデートを遂行するための戦略的なリソースとして配備されているのではなく、大きな要素として受入国情勢によって決定されているとすれば、また、特にマンデートの開始後に現地の情勢のために FPU の配備数が急増するとするならば、国連は、意思決定の時点で現地のニーズと、POC に必要なリソースを整える意思と能力が国連と加盟国にあるかどうかを十分に考察できていないのではないか。では、FPU の急増には他にはどのような背景があるのだろうか。

（2） 配備の迅速さ

a 選抜の簡易さ

　国連から見てFPUの一つの大きな魅力は、その選抜の簡易さと、それによる配備の迅速さである。国連平和活動には本部を除き常勤の要員がないため[86]、要員を選抜し、受入国まで配備するまでに多くの時間を費やすことは、常々問題視されてきた[87]。国連警察についても、要員の配備に要する時間の長さはマンデートの遂行に大きな悪影響を与えてきたが、これは主に選抜の過程と、それに要する時間によるものである。

　IPOの場合、個人の警察官が派遣国によって選抜され、候補者が派遣国から国連に推薦される。この際、各要員の履歴書が国連に渡され、国連で電話面接を含む審査を行うことになっている[88]。問題がなければ要員は事前研修を得て国連平和活動の現場に派遣されるが、この間、1990年代には、国連本部の要員不足も相まって平均およそ1年を要していた。緊急性が高く状況の変化する国連平和活動の現場では、この時間が大きな障害となった[89]。

　これに比べてFPUの人選は、派遣国が120人から140人の部隊を選抜・準備し、国連に派遣したいという意思を伝える。この部隊は国内の指揮体系を維持したまま現場に派遣されるため、FPUの各要員の履歴書や技術は国連には伝達されない。2010年2月までは、国連はFPU要員が警察に属しているかどうかも確認していなかった[90]。2012年以来、国連本部は、人選に支援を求める受入国や地域には人選支援チームを派遣して人選を支援するが[91]、それも確認するのは各FPU要員の名前と警察に所属しているという身分証である[92]。支援を要請しない国や地域には国連は出向かない。国連は受入国で実際にFPU部隊を受け入れるまで、要員の名前のリストも受け取っていないことも多く、選抜・配備の過程が大幅に簡素化されている[93]。

　この人選の過程の違いが、迅速に警察要員を確保したい国連にとっては大きな魅力となっている。IPOとFPUとは異なる技術を持っているため、原則的にはIPOが求められるポストにFPUを配備することは不可能なはずであるが、現実には要員の迅速な配備を各方面から求められる国連のミッショ

7　国連警察の武装化の要因分析　177

ンにとっては見過ごしがたい魅力と言えよう。

　b　人員の資格

　もう一つの要因として考えられるのは、求められる人員の資格の違いである。IPO と FPU に求められる資格には、共通の部分と異なる部分があるが、大きな違いは言語資格と警察業務経験年数である。

　国連平和活動において、国連警察要員の資格が明記されたのは、UNTAC であり、それまでは国連文書において求められる資格の記載がなかった[94]。以後、国連警察一般に求められるようになったのは、警察官としての経験[95]、ミッションの使用言語（主に英語かフランス語）の使用能力と、自動車免許証である[96]。警察業務上必要な技術を保持していることも条件として記されているが、これは主に捜査や報告の技術であり[97]、FPU との関連性は低い。2007 年には更に年齢制限が設定され[98]、基本的なコンピュータ技術も最低要件として付記された[99]。これに加えて、ミッションが次第に専門的な警察の知識・経験を要するようになったことを受けて、請け負う業務ごとに要する資格が明記されるようになった[100]。

　FPU の場合、2012 年以来、このミッションの使用言語を使用できる能力という要件は、FPU の上官の半分にのみ課せられる要件となっており、他の上官は英語の使用能力のみ必要である。また、他の要員には言語要件が課せられない[101]。これは、もともと FPU 要員全員に言語要件を課していたところ、人員の確保が困難であったということから、FPU は国の指揮体系を維持して部隊として配備されるので、部隊内の指揮はミッションの言語でなくても良いと理由づけ、要件が下げられたものである[102]。これにより、言語要件を満たさなかった人員が FPU に参加できるようになったが、これは同時に、FPU 要員は国連の他の要員や現地のコミュニティとは直接意思の疎通ができないということを意味する。

　2012 年に更に引き下げられた要件が、FPU 要員の警察業務経験年数である。もともと 5 年であったのが、2 年に引き下げとなった[103]。

　一方、FPU に課せられているが IPO には必ずしも課せられていない要件

が、武器の使用能力である[104]。これはFPUの業務を考慮すれば理解に難くない。

言語要件の排除は、迅速な警察要員の配備と配備される要員の質とのバランスを考慮した結果であるが、実際には国連の警察要員の質は大きな問題となっている[105]。

（3） 経費削減

最後に無視できない要因が、国連にとっての経費削減という面である。IPOとFPUは選抜・配備のメカニズムが異なり、各要員毎にかかる人件費も異なる。

IPOの場合は、個人の警察要員として雇用されるため、国連から給与が出される他、生活費の名目のもとに更に人件費がかかる[106]。また、困難な地域に派遣される要員には一定の周期でミッション展開地域の外で休暇を取ることが義務付けられているため、コストがかかる[107]。

FPUは国連のミッションに派遣される軍隊と同じ枠組みで配備される。これは、要員数で計算した額を国連が派遣国に支払うものである[108]。これを計算すると、IPOとFPUの頭数と費用は、ほぼ2:1である。その他、国連から派遣国に対してFPU部隊が派遣国から持参する装備に対して保障の制度があるが、国連警察の頭数で計算すると、国連はFPUを派遣することによって大幅に費用を削減していることになる。

それに加えて、前述の通り人選にかかる時間がFPUはIPOの場合と比べて大きく削減されているので、人選に関わる国連本部の国連職員の人件費などを考慮すると、国連は更に経費を削減していると言える。

視点を変えて、派遣国の側から見ると、FPUの場合、IPOの場合と異なり、国連からの支払いは国連から派遣国に支払われるため、派遣国も経済的にはFPUの方が潤う[109]。これは、特に発展途上国にとっては大きな財源となっており、国連平和活動に人員を派遣するモチベーションの一つとなっている[110]。

このため、経済的な側面から見ると、国連にとっても、派遣国にとっても、同じ人数のIPOとFPU要員を比較すると、FPU要員の場合の方が好まれるのである。これは、迅速な人員の配備をするよう常にプレッシャーを受ける国連平和活動においては[111]、見逃せない要因となっている。この傾向は、国連にかける経費を縮小しようとする国連加盟国の動きを受けて[112]、更に加速することが予想される。

5 結論

本稿では、国連平和活動のマンデートの中で文民としての警察の役割が次第に重要視された冷戦後の動きに反し、1999年から派遣されるようになった武装警察部隊であるFPUに急激に依拠するようになってきた要因を模索した。

まず、国連平和活動のマンデートが変遷し、POCがその主要なマンデートとなってきた今、FPUの台頭はPOCマンデートの比重の増加によるのかという検証をした。POCマンデートがあるミッション、そしてそれが最優先マンデートとして明記されているミッションにおいてはFPUが多く配備されているが、国連の政策や指針から判断する限り、POCマンデートがFPUの主な業務であるということは、2017年に入ってからしか認められない。

関連するが別の要因として、国連平和活動が展開する受入国の政治的情勢や公共の安全とFPUの配備の関係がある。これは、1999年にFPUが誕生した当時から、公共の安全が脅かされる場合には警察も武装した方が良いのではないかという議論が見られ、前述の通り国連事務総長もそのような見方を報告している。FPUが文民の警察では業務ができない国や地域に派遣されているということは、大きな要因となっているようだ。

しかし、FPUの台頭には、より現実的な要因が大きい。一つは、FPUを配備する迅速さである。一人一人審査して派遣手続きをするIPOと比べ、

120人から140人の部隊として派遣国が選抜し、ほぼ審査を経ずに直接受入国に派遣されるFPUに依拠することによって、国連が国連警察を派遣する時間が大幅に短縮されている。更に、IPOに求められる資格の要件とFPUに求められるそれとは異なり、特に2012年よりFPU要員の要件が引き下げとなった。もともとミッションの使用言語を使えることが条件であった際には、この言語要件が迅速な要因確保の大きな障害となっていたが、これを上官以外に求めないことにより、人員の確保がさらに容易になった。もともと人員を迅速に派遣することに苦心してきた国連は、国連警察に求める資格を引き下げることによって、要員の派遣の迅速化をはかっており、これがFPUの台頭の大きな要因となっているのではないか。

　もう一つの現実的な要因として見逃せないのが、経費である。FPUの派遣はIPOの派遣とは異なるメカニズムによっており、FPUは軍隊と同じメカニズムで派遣されている。IPOを派遣する場合とFPUを派遣する場合では、人数で計算した場合、FPUはIPOの約半分の経費がかかることになっており、それにFPUの使用する装備への保障を足しても、FPUに依存することによって、国連は大幅な経費削減をしている。この動きは、近年の国連加盟国の国連への支出削減の動きを受けて、更に重要な点となってくるだろう。

　こうして検証してみると、国連がFPUに依拠するのは、危険度を増す国連平和活動の受入国の情勢と共に、国連が迅速な人員確保、経費削減というプレッシャーに応えるために取っている選択ではないかと考えられる。これは、同時に、国連がより挑戦の多い平和活動の現場で効果的にマンデートを執行していくための、国連のシステム上の課題を浮き彫りにさせる。

おわりに

　本稿では国連平和活動の警察部門が急激に武装してきた背景を検証してきたが、その検証の中で、国連警察の武装化はマンデートの要求によるところ

が薄いということが判明した。国連が平和活動の要員の質を確保しなければならないのと、迅速に、かつ可能なリソースに最大限に依拠して、更に経費を削減しなければならないという二つの対立する要求に国連がどうバランスを取るか、その難しい選択が浮き彫りになった。国連警察要員の質については、長く指摘されながら改善されないが[113]、その対策として考えられ得るのは、その問題を可視化することである。特に、意思決定機関である安全保障理事会で新しいマンデートを考慮する際、または、マンデートを更新する際に、質の良い要員は確保できるのかということを公に議論するべきである。国連の意思決定機関とフィールドと、警察要員を派遣する派遣国との間に分断がある[114]。これを接続し、平和活動の現場のニーズと、派遣国が派遣できるリソースについて、同じ理解をした上で、マンデートを作成することによってのみ、効果的な警察の平和活動が実現するものと考える。

〈注〉

1 「国連警察」はその文民としての性格を強調するために「文民警察」とされていた時期もあるが、現在では武装していない警察を含めて「国連警察」という呼称を使用することが多いため、本稿では、国連平和活動において警察業務を遂行する機関を一貫して「国連警察」とする。国連警察の歴史については以下を参照。UN, "United Nations Police: Our History," 2017, accessed 9 February 2018, https://police.un.org/en/our-history. 国連「平和活動」については注2参照。

2 本稿では、「平和活動」と「平和維持活動」という用語を用いる。国連の「平和活動」は国連が国連憲章第6章・第7章に基づいて設立・承認する活動のうち、強制措置や集団的自衛権に基づくものを除く。軍事部門を伴う活動と伴わない活動があり、「平和維持活動」や「平和執行活動」、「平和支援活動」を含む。「平和維持活動」は停戦合意や和平合意の執行を監視するマンデートに限られる従来の活動を指すこともあるが、国連平和維持活動局（Department of Peacekeeping Operations: DPKO）では平和活動一般を意味することもある。本稿では前者の定義を用いるが、国連文書などの原文の記載が必要な部分については、定義に関係なく原文のまま記載する。これらの用語の定義については、Alex J Bellamy, Paul Williams and Stuart Griffin, *Understanding Peacekeeping* (1st

edn, Cambridge: Polity Press 2004), pp.165-185 に詳しい。また、UN ECOSOC, *Working Paper on the Accountability of International Personnel Taking Part in Peace Support Operations Submitted by Françoise Hampson*, UN Document, E/CN.4/Sub.2/2005/42, July 7, 2005 も参照。

3　UN Document, SC/RES/2382, 6 November 2017.

4　1960年に国連コンゴ活動（ONUC）において30人のガーナ人の警察官が軍の指揮下に配備されたことが、国連平和活動における警察部門の始まりだった。本稿1節参照。

5　これは1993年にDPKO内に出来た文民警察ユニット（Civilian Police Unit）が設立された過程にも顕著である。本稿1節参照。

6　UN, "The Mission of UN Police," accessed 23 November 2017, http://police.un.org.

7　UN, Charter of the United Nations, 24 October 1945.

8　当時のリー（Trygve Lee）国連事務総長は、警察分野が必要であると考えていて、1948年に国連総会が800人の国連警察機能を設立すべきだと提案したが、却下された。*UN DPKO, "Brief History," UN Police Magazine*, vol. 6 (2011), p.6, (hereinafter 'Brief History')；詳細は Ai Kihara-Hunt, *Holding UNPOL to Account: Individual Criminal Accountability of UN Police Personnel* (Leiden: Brill, 2017), pp.17-22.

9　UNSC, *First Report by the Secretary-General on the Implementation of Security Council Resolution S/4387 of 14 July 1960*, UN Document, S/4389, July 18, 1960, p.10; Erwin A Schmidl, "Police in Peace Operations," Informationen zur Sicherheitspolitik, Issue 10, Bonn: Militärwiss Büro d Bundesministeriums für Landesverteidigung, 1998, p.8; 詳細は Kihara-Hunt, *op. cit.*, pp.17-22.

10　Annika S Hansen, From Congo to Kosovo: Civilian Police in Peace Operations (Oxford: Oxford University Press for the International Institute for Strategic Studies, 2002), p.17 (hereinafter 'From Congo')；William J Durch, "United Nations Police Evolution, Present Capacity and Future Tasks," Discussion Paper 10-03, New York: The Henry L Stimson Center, 2010, p.2.; Robert B Oakley, Michael J Dziedzic and Eliot M Goldberg, eds., Policing the New World Disorder: Peace Operations and Public Security (Washington: NDU Press, 1998), p.17.

11　Oakley, Dziedzic and Goldberg, op. cit., p.18; Schmidl, op. cit., p.10, Alex

J Bellamy and Paul D Williams, Understanding Peacekeeping (2nd edn, Cambridge: Polity Press, 2010), p.379.
12　UN DPKO, "UNPOL," accessed 12 December 2014, http://www.un.org/en/peacekeeping/sites/police/division.shtml.
13　法執行機関には警察機関を含む他、司法と矯正機関も含む。
14　Gerald Hesztera, *30 Jahre Polizei - Kontingente im UN - Einsatz* (Vienna: BMI, 1994), pp.10-18, cited in Oakley, Dziedzic and Goldberg, *op. cit.*, p.34; Oakley, Dziedzic and Goldberg, op. cit., p.17; UN DPKO, "Brief History", *op. cit.*, pp.7-8; UN, *Annual Report of the Secretary General on the Work of the Organization 16 June 1962 - 15 June 1963*, UN Document, 1963, p.36.
15　1988年の国連イラン・イラク軍事監視団（UN Iran-Iraq Miltiary Observer Group: UNIIMOG）が国連憲章第七章の39条、40条に基づくと明記された初めてのミッションである。
16　Bellamy and Williams, *op. cit.*, pp.93-94.
17　1988年から1992年に設立された、国連暫定支援機構（UN Transitional Assistance Group: UNTAG）、国連西サハラ国民投票ミッション（UN Mission for the Referendum in Western Sahara: MINURSO）、第二次国連アンゴラ検証団（UN Angola Verification Mission II: UNAVEM II）を指す。
18　Hansen, *From Congo, op. cit.*, p.18; Lee Kim, M Cheryl and Mark Metrikas, "Holding a Fragile Peace: The Military and Civilian Components of UNTAC" in *Keeping the Peace: Multidimensional UN Operations in Cambodia and El Salvador*, eds., M Doyle, I Johnstone and Robert C Orr, (Cambridge: Cambridge University Press, 1997), p.108.
19　Bellamy and Williams, *op. cit.*, p.379; M. Berdal and M. Leifer, "Cambodia," *The New Interventionism*, vol.25 (1991), p.45.
20　Hansen, *From Congo, op. cit.*, pp.18-19.
21　*Ibid.*, pp.20-21.
22　Bethan K Greener, "The Rise of Policing in Peace Operations," *International Peacekeeping*, vol.18 (2011), pp.185-6; Hansen, *From Congo, op. cit.*, p.20.
23　Bellamy and Williams, *op. cit.*, p.379.
24　Joshua G Smith, Victoria K Holt and William J Durch, *Enhancing United Nations Capacity to Support Post-Conflict Policing and Rule of Law* (New York: Henry L Stimson Center, 2010), p.17.

25　Bellamy and Williams, *op. cit.*, pp.379-380, 392.
26　UN DPKO, *UN Police Magazine*, vol.6, (2011), p.13.
27　*Ibid.*, p.19.
28　UNPOL, *Professionalising United Nations Police in Peacekeeping, Vision for the Police Division and United Nations Police in Peacekeeping, Vision in brief*, UN Document, September 2010, (hereinafter 'Professionalising UN Police').
29　Bellamy and Williams, *op. cit.*, p.380.
30　UNGA and UNSC, *Report of the Panel on United Nations Peace Operations* UN Document, A/55/305-S/2000/809, August 21, 2000, (hereinafter 'Brahimi Report').
31　William G O'Neil, "UN Peacekeeping Operations and Rule of Law Programs" in *Civil War and the Rule of Law*, ed., Agnès Hurwitz, (Boulder: Lynne Rienner, 2008), p.95. 2008年以降の平和活動については、UN, "UN Peacekeeping Operations," accessed 23 November 2017, https://www.unmissions.org/ を参照。
32　Durch, *op.cit.*, pp.39-40; UN Document, S/RES/1925, May 28, 2010; B. K. Greener, "The Rise of Policing in Peace Operations," *International Peacekeeping*, vol.18 (2011), p.186; Hansen, From Congo, *op. cit.*, p.9.
33　UNPOL, 'Professionalising UN Police,' *op. cit.*
34　UN DPKO, "Message from Ban Ki-Moon," *UN Police Magazine*, vol.2 (2007), p.1.
35　UN DPKO, *UN Police Magazine*, vol.6, (2011), p.15. UN OIOS, *Evaluation Report - Programme evaluation of the Standing Police Capacity of the Police Division, DPKO*, UN Document, IED-14-002, June 12, 2015, paras.6-7.
36　UNPOL, "Chiefs of Police Summit," accessed 23 November 2017, www.un.org/en/peacekeeping/sites/police/initiatives/UNCOPS.shtml.
37　UN Document, SC/Res/2382, 6 November 2017; UN Document, SC/Res/2185, 20 November 2014.
38　UNAVEM IIはリソースが不足していたために元戦闘員の武装解除に失敗し、30万人近い死者を出した。
39　1994年、ルワンダの虐殺では約100万人が殺戮された。国連の現場の事情は Roméo Dallaire, *Shake Hands with the Devil : the Failure of Humanity in Rwanda* (Toronto : Random House Canada, 2003) に詳しい。
40　およそ7,600人のボスニア系の男性住民が国連の「安全地帯」から連れ出され、殺戮された。

41 Bellamy and Williams, *op. cit.*, p.104.

42 UNSC, *Report of the Secretary-General Pursuant to Paragraph 10 of Security Council Resolution 1244 (1999)*, UN Document, S/1999/672, June 12, 1999, para.9; Hansen, *From Congo, op. cit.*, p.59; Renata Dwan, *Executive Policing: Enforcing the Law in Peace Operations* (Oxford: Oxford University Press, 2002), p.71.

43 UN, *Report of the Secretary-General on the United Nations Transition Mission in Haiti*, UN Document, S/1997/832/Add.1, November 20, 1997, paras.7, 8.

44 UN DPKO, "Formed Police Units," 31 June 2011, accessed 23 November 2017, http://www.un.org/en/peacekeeping/sites/police/units.shtml, (hereinafter 'Formed Police Units').

45 Hansen, From Congo, *op. cit.*, p.25; Dwan, *op. cit.*, p.1.

46 UNPOL, "Formed Police Units (FPUs)," accessed 23 November 2017, https://police.un.org/en/formed-police-units-fpus.

47 Annika S Hansen, "Policing the Peace: The Rise of United Nations Formed Police Units," Policy Briefing vol. 2, Berlin: ZIF Center for International Peace Operations, 2011, p.2, (hereinafter 'Policing the Peace').

48 Hansen, *Policing the Peace, op. cit.*, p.2; Dwan, *op. cit.*, p.71; Dziedzic, *op. cit.*, pp.144-145.

49 UN DPKO, "Formed Police Units," *op. cit.*

50 UN DPKO/DFS, *Formed Police Units in United Nations Peacekeeping Operations*, UN Document, 2009.32, March 1, 2010, para.12; Michael Dziedzic and Christine Stark, "Bridging the Public Security Gap," United States Institute of Peace Briefing, 2006.

51 Hansen, *Policing the Peace, op. cit.*, p.2.

52 UN DPKO, *Policy on the Functions and Organization of Formed Police Units in United Nations Peacekeeping Operations*, UN Document, Ref DPKO/PD/2006/00060, November 9, 2006, para.4.9, (hereinafter '2006 FPU Policy').

53 UN DPKO/DPA, *Policy (Revised) on Formed Police Units in United Nations Peacekeeping Operations* UN Document, Ref 2016.10, January 1, 2017, paras.12-16, (hereinafter '2017 FPU Policy').

54 UN DPKO/DFS, *Policy (Revised) on Formed Police Units in United Nations Peacekeeping Operations*, UN Document, Ref 2009. 32, March 1, 2010, paras.15,

18, (hereinafter '2010 FPU Policy').
55 既に終了したミッションについては、UN DPKO, "Past Peacekeeping Operations," 2017, accessed 23 November 2017, https://peacekeeping.un.org/en/past-peacekeeping-operations を参照。参照する時点で存在するミッションについては、UN DPKO, "Where We Operate," 2017, accessed 23 November 2017, https://peacekeeping.un.org/en/where-we-operate. FPU の配備の有無については、UN DPKO, "Troop and Police Contributor," accessed 23 November 2017, https://peacekeeping.un.org/en/troop-and-police-contributors を参照。
56 UN DPKO, "Troop and Police Contributor," 2017, accessed 23 November 2017, https://peacekeeping.un.org/en/troop-and-police-contributors より計算した数字である。
57 UNPOL, "Formed Police Units (FPUs)," 2017, accessed 23 November 2017, https://police.un.org/en/formed-police-units-fpus.
58 国連警察全体の要員は11,116人で、うちIPOが3,189人である。UN DPKO, "Troop and Police Contributor," 2017, accessed 23 November 2017, https://peacekeeping.un.org/en/troop-and-police-contributors.
59 UNPOL, "How We do UN Policing," accessed 23 November 2017, https://police.un.org/en/how-we-do-un-policing-0.
60 UN DPKO, *2006 FPU Policy, op. cit.*; UN DPKO/DPA, *2010 FPU Policy, op. cit.*; UN DPKO/DPA, *2017 FPU Policy, op. cit.*
61 Victoria Holt and Glyn Taylor, *Protecting Civilians in the Context of UN Peacekeeping Operations: Successes, Setbacks and Remaining Challenges* (New York: UN DPKO/OCHA, 2009), Executive Summary, pp. 5-9.
62 UN DPKO/DFS, *Guidelines on the Role of United Nations Police in Protection of Civilians*, UN Document, Ref. 2017.12, August 1, 2017 (hereinafter '2017 PoC Guidelines').
63 UN Document, UNSC/RES/1270, 22 October 1999.
64 UN DPKO/DFS, "DPKO/DFS Operational Concept on the Protection of Civilians in United Nations Peacekeeping Operations," 2013, accessed 23 November 2017, http://www.peacekeeping.org.uk/wp-content/uploads/2013/02/100129-DPKO-DFS-POC-Operational-Concept.pdf, (hereinafter 'PoC Operational Concept'.). Sofía Sebastián, '"The Role of Police in UN Peace Operations: Filling the Gap in the Protection of Civilians from Physical Violence," New

York: Stimson Center Civilians in Conflict Policy Brief No.3, 2015.
65 UN, "UNMISS PoC Update," 2017, accessed 23 November 2017, https://unmiss.unmissions.org/sites/default/files/171120_poc_update_-_181.pdf.
66 UN Document, UNSC/RES/1270, 22 October 1999; UN Document, UNSC/RES/1244, 10 June 1999.
67 UNSC, *Report of the Secretary-General to the Security Council on the Protection of Civilians in Armed Conflict*, UN Document, S/1999/1302…S/1999/957, September 8, 1999; UN Document, UNSC/RES/1265, 17 September 1999.
68 UN DPKO, *United Nations Police Handbook: Building Institutional Police Capacity in Post-conflict Environments*（New York: UN, 2005）.
69 UN DPKO/DFS, *2006 FPU Policy, op. cit.*
70 Victoria Holt and Glyn Taylor, *op. cit.*; Sebastián, *op. cit.*
71 *Ibid.*, pp.15-17; H. Willmot and S. Sheeran, "The Protection of Civilians Mandate in UN Peacekeeping Operations: Reconciling Protection Concepts and Practices,", *ICRC International Review of the Red Cross*, vol. 891/892（2013）, p.517.
72 UN DPKO, *United Nations Police in Peacekeeping Operations and Special Political Missions*, UN Document, Ref. 2014.01, February 1, 2014.
73 UN OIOS, *Report of the Office of Internal Oversight Services on the Evaluation of the Implementation and Results of Protection of Civilians Mandates in United Nations Peacekeeping Operations*, UN Document, A/68/787, paras.79-80, March 7, 2014.
74 UN DPKO/DFS, "PoC Operational Concept," *op. cit.*
75 UNOCIでは6ユニット952人のFPU要員が派遣されており、これは派遣されていた国連警察の73％を占める。また、MONUSCOには7ユニット889人のFPU要員が派遣されており、これは同様に71％を占める。統計はUN DPKO, "Troop and Police Contributor," *op. cit.*
76 MINUSTAHとUNAMIDは共に16ユニットのFPUが配備されていた。統計は*ibid*.
77 *Ibid.*
78 2014年12月の時点でMINUSCA、MINUSMA、UNAMIDに配備されたFPUの絶対数は、それぞれ1,125、1,033、3,035人である。同じように2017年

10 月の時点では、1,988、1,745、2,662 人である。FPU が国連警察に占める割合は、2014 年 12 月はそれぞれ 87.6％、81.1％、60.2％であり、2017 年 10 月では84.0％、82.2％、58.3％となっている。統計は *ibid.*

79　UN DPKO/DFS, *2017 PoC Guidelines, op. cit.*

80　Hansen, *Policing the Peace, op. cit.*, p.2.

81　例として、UNTAG や UNTAC に配備された国連警察は、受入国の警察機関からの非協力的な姿勢に業務の効果的な遂行を妨げられた。 Hansen, *From Congo, op. cit.*, pp.18-19.

82　Durch, *op. cit.*, p.11.

83　*Ibid.*, p.11.

84　UNMISS は 2011 年 7 月に設置されたが、2017 年 11 月 23 日までに 51 人、MINUSCA は 2014 年 4 月設立で、同様に 54 人、MINUSMA は 2013 年 4 月に設置され、146 人が殉死している。データは UN DPKO, "United Nations Peacekeeping," accessed 23 November 2017, https://peacekeeping.un.org/en より。

85　Durch, *op. cit.*, p.11. UN DPKO, "Current and Emerging Uniformed Capability Requirements for United Nations Peacekeeping UN Department of Peacekeeping Operations (December 2016)," accessed 23 November 2017, https://cc.unlb.org/Lists/Announcements/Attachments/35/Uniformed％20Capability％20Requirements％20for％20UN％20Peacekeeping_Dec％202016.pdf; Dwan, *Executive Policing, op. cit.*, p.71.

86　2007 年より警察は警察予備隊（Standing Police Capacity）がイタリアのブリンディシに常駐している。その他に司法矯正の分野でも Justice and Corrections Standing Capacity（JCSC）が設立されている。

87　Dziedzic, p.137; Hansen, p.60; UNITAR and IPS, *The United Nations Transitional Authority in Cambodia*（*UNTAC: Debriefing and Lessons: Report and Recommendations of the international Conference, Singapore, August 1994*）,（Leiden: Martinus Nijhoff Publishers, 1995）, p.17.

88　この電話面接は、原則的に全員に対して行われることとなっているが、現実には省かれて配備されてからの面接となることもある。Kihara-Hunt, *op. cit.*, pp.42-62. UN DPKO, "Getting Involved," accessed 10 January 2015, http://www.un.org/en/peacekeeping/sites/police/recruitment.shtml; UN, 2007 Guidelines, *op. cit.*, para.42.

89　詳細は Kihara-Hunt, *op. cit.*, pp.42-62.

90　Durch, *op. cit.*, p.13.
91　このチームは Formed Police Assessment Teams（FPATs）と呼ばれ、国連本部職員と他の警察官により構成される。UN DPKO, *2012 FPU SOP, op. cit.*, paras.7, 38-45.
92　*Ibid.*, para.63.
93　詳細は Kihara-Hunt, *op. cit.*, pp.42-62.
94　Hansen, *From Congo, op. cit.*, p.50.
95　UN DPKO, *Selection Standard and Training Guidelines for UNCIVPOL*（New York: UN, 1997), p.2,（hereinafter '1997 Selection Standard'.）これは警察官であるという身分とは異なり、実際に警察官としての業務を執行したことがある経験である。5年の経験が必要だとされている。Hansen, From *Congo, op. cit.*, p.50.
96　*Ibid.*; UNITAR and IPS, *op. cit.*, p.17.
97　UN, United Nations *Civilian Police Handbook*（New York: UN 1995), p.24. 更に1997年の選抜指針においては他の持っていることが望ましい技術が記されているが、絶対条件ではない。UN DPKO, *1997 Selection Standard, op. cit.*, p.9.
98　年齢制限は25歳から62歳とされ、55歳以下が好ましいと明記された。UN DPKO, *Guidelines for United Nations Police Officers on Assignment with Peacekeeping Operations*, UN Document, DPKO/PD/2006/00135, 2006, paras.44, 52.
99　一方、1997年の望ましい要件については縮小された。*Ibid.*
100　詳細は Kihara-Hunt, *op.cit.*, pp.48-50. また、UN DPKO, *1997 Selection Standard, op. cit.*, p.11; Dziedzic, *op. cit.*, p.140; Hansen, *From Congo, op. cit.*, pp.54-55.
101　UN DPKO, *Standing Operating Procedures: Assessment of Operational Capability of Formed Police Units for Service in United Nations Peacekeeping Operations*, UN Document, Ref.2012.11, 2012, 2012, para.21,（hereinafter '2012 FPU SOP'.).
102　Author's interview with a senior UN staff, 28 October 2016.
103　UN DPKO, *2012 FPU SOP, op. cit.*, para.14.
104　選考基準については UN DPKO, "UN Police Division Minimum Recruitment Requirements," accessed 12 August 2014, http://www.un.org/en/peacekeeping/sites/police/requirements.shtml（hereinafter 'Minimum Requirement'）.
105　人員の質の問題と合わせて FPU が業務を執行するのに必要な装備を持たずに配備されることも問題視されている。William J Durch and Michelle Ket, *Police in UN Peacekeeping: Improving Selection, Recruitment, and Deployment*（New

York: International Peace Institute, 2013), p.80; Halvor A Hartz, "Experiences from UNPROFOR – UNCIVPOL," in *UN Peacekeeping in Trouble: Lessons Learned from the Former Yugoslavia*, eds. Wolfgang Biermann and Martin Vadset (Aldershot: Ashgate, 1998), p.311; Joshua G Smith, Victoria K Holt and William J Durch, "From Timor-Leste to Darfur: New Initiatives for Enhancing UN Civilian Policing Capacity," Issue Brief August 2007, New York: Future of Peace Operations Program, The Henry L Stimson Center, 2007, p.6; Nina M Serafino, "Policing in Peacekeeping and Related Stability Operations: Problems and Proposed Solutions," CRS Report for Congress 30 March 2004, Washington: Library of Congress, 2004, p.14.

106　国連はIPO個人に対して月額2,500から4,200米ドルの生活費 (mission subsistence allowance: MSA を支払う。Smith, Holt and Durch, *op. cit.*, p.4

107　ただし、国連の文民の職員に出される危険地手当は国連警察には支払われていない。UNSC, *Report of the Secretary-General on United Nations Policing*, UN Document S/2016/952, November 10, 2016, para.42.

108　国連はFPUの派遣国に対して、要員一人につき1,400米ドルを支払う。これは、Contingent-Owned Equipment (COE) システムと呼ばれている。このシステムについては、Bruce Oswald, *Documents on the Law of UN Peace Operations* (Oxford: Oxford University Press 2010), p.51. また、Smith, Holt and Durch, op. cit., p.4; Durch, *op. cit.*, p.13 も参照。

109　Durch, *op. cit.*, p.36.

110　*Ibid.*

111　Hansen, *From Congo*, *op. cit.*, p.51.

112　例えば、2017年6月には、アメリカは国連平和活動への6億米ドルの拠出金削減で国連と合意した。"U.S. pressures U.N. into agreeing to deep budget cuts in peacekeeping missions," *Japan Times*, June 29, 2017.

113　詳細は上述、4節 (2) b を参照。

114　UNSC, *Secretary-General's Report on UN Policing*; UN, 'External Evaluation of the Functions, Structure and Capacity of the UN Police Division,' UN Document, May 31, 2016, para.49. POCマンデートについては、UN OIOS, *Report of the Office of Internal Oversight Services on the Evaluation of the Implementation and Results of Protection of Civilians Mandates in United Nations Peacekeeping Operations*, UN Document, A/68/787, March 7, 2014, paras.79-80.

8 UNHCRによる無国籍の予防と削減に向けた取り組み:
その効果と課題

秋 山 肇

はじめに

  私は［無国籍だった時、］自分が奴隷であるように感じていました。
   ［国籍を取得した］今、私は再び生まれたような気分です。
    アミナ・カシム（Amina Kassim）（元無国籍者）[1]

   私たちの子どもを誰一人無国籍にしてはいけません。
   すべての子どもは所属（belong）しなければならないのです。
  アントニオ・グテーレス（António Guterres）（前国連難民高等弁務官）[2]

　国籍は「諸権利を持つための権利」と言われ[3]、人権保障の根幹であると考えられている。そのため、市民的及び政治的権利に関する国際規約（以下、自由権規約）や子どもの権利に関する条約（以下、子どもの権利条約）などの人権条約は子どもの国籍取得権を規定し、無国籍の予防を図っている[4]。しかし、国籍に関する法規定の衝突、婚姻に関する法令、差別などの要因により無国籍は今日でも発生しており[5]、2016年末時点で 1,000 万人の無国籍者が存在すると言われている[6]。無国籍者の人権は保障されないことが

多く、医療保険へのアクセス、土地や財産の所有、子の出生登録、婚姻などが困難になると言われている[7]。その一方で無国籍者の存在は国際秩序維持の視点からも脅威であると認識されてきた。今日の国際秩序においては、あらゆる人間がいずれかの国籍を有する状態が望まれ[8]、無国籍は「異常 (anomaly)」であると表現された[9]。このように、無国籍は人権保障、国際秩序維持双方の観点から問題であると認識されてきたのである。

そこで無国籍に関するマンデートを負っている国連難民高等弁務官事務所（以下、UNHCR）は2014年に、2024年までに無国籍をなくす #IBelong キャンペーンを開始した。このキャンペーンは二つの点で重要である。第一に、無国籍者が国籍を取得することで、日常的な困難を克服できる可能性がある点である。第二に、国民の範囲の決定に関して国連機関が積極的に関与する点である。国民の決定は、国民国家原則のもと国家管轄事項であると考えられており[10]、この原則が今日の国際秩序及び国連体制の根幹を成していると言っても過言ではない[11]。無国籍をなくすことは、あらゆる人にいずれかの国籍が付与されることによって実現する。そのため国連機関による無国籍をなくすという宣言は各国に、無国籍者や、将来無国籍になる可能性のある人々への国籍付与を促すことを意味する。そのため #IBelong キャンペーンによって国連機関が各国による国民の範囲の決定に介入し、国連体制の基盤である国民国家体制に挑戦していると見ることもできる。この分析は今後国家体制がどのように変容していくかを明らかにするためにも重要である。また、#IBelong キャンペーンはUNHCR以外の国連組織においても重要な取り組みとなりつつある。2016年9月19日に国連総会で採択された難民及び移民のためのニューヨーク宣言は、強制移動と無国籍の関連性を指摘し、「留意する（take note）」という表現に留めているものの、「UNHCRによる10年で無国籍をなくすキャンペーン」、すなわち #IBelong キャンペーンに言及している[12]。このように #IBelong キャンペーンによる無国籍をなくす取り組みは学術・実務双方の視点から重要である。しかしながら、UNHCRによる無国籍への対応に関する論考は存在するものの[13]、2014年に開始し

た #IBelong キャンペーンに関連する UNHCR の取り組みを紹介し、その効果や課題を議論した論考は見当たらない[14]。2014 年から 10 年で無国籍をなくすという目標を掲げるキャンペーンの中期に差し掛かる 2017 年の時点でキャンペーンのこれまでの展開を明らかにすることは、今後のキャンペーンの展開を検討する助けになるであろう。

そこで本稿は、#IBelong キャンペーンをもとに UNHCR がどのような活動をしており、その活動が無国籍をなくすためにどの程度有効であるかを分析する。UNHCR と無国籍の関係史を描写した後、#IBelong キャンペーンの内容を紹介する。もっとも、本稿は #IBelong キャンペーンのすべての活動を網羅するわけではない。#IBelong キャンペーンの概要を理解する枠組みとして技術協力と啓発活動を提示し、それぞれにおける UNHCR の活動の例を示す。その上で #IBelong キャンペーンが無国籍をなくすためにどの程度有効かを、各国の 2014 年以降の無国籍をなくす政策の分析によって検討する。本稿は、UNHCR や各国政府が発行している一次資料、実務家や研究者による論文及び筆者が 2016 年 10 月から 2017 年 11 月にかけて UNHCR 本部及び各国国連代表部の無国籍担当者に行ったインタビューなどをもとにしている。

1 UNHCR と無国籍

無国籍者は、1954 年無国籍者の地位に関する条約（以下、無国籍者地位条約）第 1 条により「いずれの国家によってもその法の運用において、国民とみなされない者」と定義され、この定義は国際慣習法化していると言われている[15]。この定義で重要なのは、「法の運用において」という表現である。すなわち無国籍者とは、法の文言ではなく、法の運用において国民と見なされない者を指す。法の文言においてある国籍を取得しているように見えても、当該国家が当人を法の「運用」において国民と認めていなければ、当人は無国籍者となる。

現在無国籍は UNHCR のマンデートの一つになっているが、UNHCR 設立当初から無国籍がマンデートに含まれていたわけではない。もっとも、戦間期から第二次世界大戦終了直後までは無国籍者と難民が区別されてこなかった[16]。1950 年の設立時から UNHCR には、難民である無国籍者に関する任務が与えられていたが、無国籍者一般に関する任務は課されていなかった[17]。また、1951 年に難民の地位に関する条約（以下、難民条約）が採択され、それから遅れて 1954 年に、難民条約と類似した無国籍者地位条約が採択されたが、難民条約とは異なり無国籍者地位条約は UNHCR に言及していない[18]。よって、無国籍は当初 UNHCR のマンデートに含まれていなかったのである。

　この状態に変化が訪れたのが 1974 年である。1961 年に採択された無国籍の削減に関する条約（以下、無国籍削減条約）第 11 条は[19]、この条約の利益を主張する者の請求を審査し、その者を援助する組織を国連内に設けることを規定しており、1974 年の国連総会決議によって、UNHCR がこの組織として認定された[20]。無国籍削減条約を管轄する国連機関が指定されたことには重要な意味があったものの、同条約第 11 条を根拠とするこのマンデートは、同条約の規定の範囲内かつ同条約締約国にしか適用されないため、UNHCR が無国籍に関与できる範囲は限られたものであった[21]。

　しかし、1996 年の国連総会決議が UNHCR の無国籍に関するマンデートを拡大した。1995 年に、UNHCR の活動の執行機関及び諮問機関である UNHCR 執行委員会が以下の二点を UNHCR に要請した。すなわち、無国籍者地位条約及び無国籍削減条約（合わせて以下、無国籍条約）への加入の促進を行うことと、関心を持つ国に無国籍の予防と削減のための情報提供を行うことである[22]。そして翌年、UNHCR の政策決定を行う国連総会は UNHCR 執行委員会の要請を受け、無国籍条約への加入の促進を行うことと、関心を持つ国に国籍法制整備のための技術協力を行うことを UNHCR に要請した[23]。この決議は、「国籍を立証（establish）することができないことを含む無国籍は、強制移動（displacement）を引き起こす可能性があ

る」と指摘した上で、無国籍の予防と削減及び無国籍者の保護は、難民が発生しうる状況の予防に繋がると表明している[24]。これによりUNHCRの無国籍への対応は拡大し、UNHCRは「無国籍に関する真の国際的なマンデート」を有するようになった[25]。

　現在のUNHCRの無国籍に関するマンデートは、無国籍者の把握・保護及び無国籍の予防・削減の四つに整理される[26]。無国籍者の把握とは、各国の統計等に現れにくい「見えない（invisible）」無国籍者の可視化を意味する[27]。可視化によって無国籍の原因を明らかにし、無国籍者の直面する課題を明らかにすることができる[28]。UNHCRは各国の既存のデータを収集するだけでなく、現地事務所やそのパートナーの現地調査によって無国籍者の把握を試みている[29]。無国籍者の保護は、無国籍者地位条約及び他の人権条約を根拠として無国籍者の権利保障に寄与することを意味する[30]。UNHCRは各国政府の実務家、非政府組織（以下、NGO）関係者、研究者等が参加する会議を開催し、その結果をもとにして2014年に『無国籍者保護のためのハンドブック』を作成した[31]。これは無国籍者地位条約における無国籍者の地位についてまとめたものであり、無国籍者の権利保障の根幹である無国籍認定制度や、同条約で保障される権利について解説したものである。またこれは各国による無国籍者保護に指針を与えることを目的としている[32]。無国籍の予防は新たな無国籍が発生しないように採られる方策であり、UNHCRは無国籍削減条約への加入、国籍法の改正や、国家承継時の無国籍予防に関する取り組みを行っている[33]。無国籍の削減は、すでに存在する無国籍者が国籍を取得することを意味する。UNHCRは、国籍を自動的あるいは手続きによって取得すること、もしくは帰化を促進することで無国籍者が国籍を取得できるよう各国に促している[34]。またUNHCRは、国籍を証明する際に重要な役割を果たす出生登録についての取り組みも行っており、これは国籍が実効的な意味を持つことを目的としたものである[35]。

2　無国籍の予防と削減

　UNHCR が有する無国籍のマンデートの中で、今日特に重点が置かれているのは、無国籍の予防及び削減である。本節は、UNHCR が行っている #IBelong キャンペーンを概観し、その一環として行われている技術協力と啓発活動の例を示すことでキャンペーンの取り組みを明らかにする。

（１）　#IBelong キャンペーン

　UNHCR は 2014 年から、2024 年までに無国籍をなくす #IBelong キャンペーンを開始した[36]。これは無国籍削減条約締約国内だけでなく世界から無国籍をなくすことを目標としたもので、極めて野心的な取り組みである[37]。UNHCR は 1996 年から無国籍に関する一般的なマンデートを有しているが、無国籍へのコミットメントを特に高めたのは、無国籍削減条約採択 50 周年にあたる 2011 年からである。難民条約採択 60 周年でもある 2011 年の 12 月、UNHCR は初めての閣僚会合を開催し[38]、その直前である 2011 年 8 月に無国籍を削減するキャンペーンを行うことを発表した[39]。このキャンペーンでは無国籍への国際的な関心を高めるために、無国籍者を把握するための取り組みが行われ、各国に無国籍条約への加入や国籍法の改正が提案された[40]。UNHCR 閣僚会議では、60 を超える国が無国籍に関する宣誓を行った[41]。この宣誓には、無国籍条約への加入、無国籍をなくす法整備、無国籍をなくすための出生登録制度の整備、無国籍認定制度の整備、実態調査を通した啓発活動、外交政策として無国籍を扱うことが含まれた[42]。UNHCR 本部の無国籍担当者は、無国籍に関して 60 を超える国が宣誓を行ったことに驚いたと話している[43]。UNHCR の予想をも超える各国の関心が無国籍に集まり、無国籍削減条約の締約国数は、2010 年末の 37 から 2013 年末には 55 となり、3 年間で 18 増加した[44]。

　このような背景のもと、UNHCR は 2014 年に #IBelong キャンペーンを開

始した。ここで興味深いのは、#IBelong キャンペーンが、UNHCR 本部の主導によって開始されたことである[45]。UNHCR の政策決定を行う国連総会は 2013 年から 2014 年にかけて #IBelong キャンペーンに直接つながるような提案を行っておらず、執行機関及び諮問機関である執行委員会も同時期にこのような提案を行っていない。たしかに国連総会は UNHCR に、「関心を持つ国」の国籍法制の整備に協力するよう要請している。しかしこの対象は「関心を持つ国」に限られている。#IBelong キャンペーンの範囲が必ずしも「関心を持つ国」に限られずすべての国であることは、UNHCR 本部が国連総会や執行委員会が示した当初の目的を超えて積極的に無国籍の予防に取り組んでいることを示唆していると解釈できよう[46]。

　UNHCR は #IBelong キャンペーンを実施するために、各国や市民社会、国際機関などと協議した上でグローバル行動計画（Global Action Plan）を作成した[47]。この行動計画は無国籍をなくすための 10 の具体的な行動を提示しており、以下の二つの要素を含んでいる。すなわち、国家が無国籍をなくす政治的な意思を強め、法や行政制度の整備を行うよう促すことと、無国籍をなくすための技術的な問題の解決である。国籍は国家の管轄事項であると認識されており、国籍の付与主体は国家である。そのため無国籍をなくすためには、国家が無国籍をなくす必要性を認識することが不可欠である。前者の要素が強い行動としては、他国の国籍を取得できない子どもに出生地主義と血統主義が適用されることで、子どもが無国籍で出生することを予防する行動 2、国籍の取得、変更、保持や、子どもへの国籍の付与に関連し、国籍法におけるジェンダーによる差別の撤廃を掲げる行動 3、差別的な国籍の否定、喪失、剥奪がないことを目標とする行動 4、国家承継の際に無国籍が発生しないことを挙げる行動 5、無国籍移民の保護と帰化の促進を目指す行動 6 が挙げられる[48]。後者の要素を強く反映している例としては、出生登録の徹底によって無国籍を予防し、2024 年までに未登録による無国籍の事例をなくす行動 7、国籍を証明する書類がすべての国民に発給されることを目指す行動 8 が挙げられる[49]。上記の二つの要素を同程度含んでいると考えら

れるのが、現在の無国籍をなくすという行動1である[50]。加えて、行動9は無国籍条約に各国が加入すること、具体的には2024年までに130の国が無国籍削減条約に加入することを目標としており、行動10は、無国籍者の量的かつ質的な情報を改善し、2024年までに150の国で量的な情報が、120の国で質的な情報が公開されることを目標として掲げている[51]。2015年からは、それぞれの行動に関する各国の慣行をまとめた「グッド・プラクティス・ペーパー（Good Practices Paper）」が作成されており、2017年11月時点で行動1、2、3、6、7、9に関する書類が公開されている[52]。

#IBelongキャンペーンは各国の無国籍への関心の向上に大きな影響を与えている。2014年12月にラテンアメリカとカリブの各国はブラジル宣言及び行動計画を採択し、#IBelongキャンペーンに協力することを宣言した[53]。また、2015年2月には西アフリカ諸国経済共同体（以下、ECOWAS）各国が無国籍根絶のためのアビジャン宣言を採択し、#IBelongキャンペーンに倣い2024年までに無国籍をなくす行動計画を各国で実施することを決議した[54]。2017年までにECOWASの複数の国が無国籍条約への加入や国籍法の改正などを行っている[55]。さらに、無国籍削減条約の締約国数は増加しており、2014年から2017年11月までに15カ国が同条約に加入し、締約国は70カ国となっている。これは2010年末時点での締約国数（37カ国）の2倍近くである。

（2） 技術協力

国内の無国籍を問題視している国家においては、UNHCRが技術協力を行う事例がある。UNHCRと国家が共に無国籍者への国籍付与に取り組んでいる例としてタイ王国（以下、タイ）が挙げられる。タイ政府は国内に43万人の無国籍者がいると推定しており[56]、タイは無国籍者が多く存在する国の一つである[57]。この状況でタイ政府は、無国籍をなくすための取り組みを開始した。具体的には「山地民」への国籍付与が促進された。タイにおける無国籍者の多くは、山岳地帯に住む少数民族の山地民であると考えられている

[58]。従来タイは出生地主義を採用して国籍を付与していたが、1972年に公布された布告によって、不法にタイ国内に居住する者から出生した子はタイ国籍を取得できないこととなった[59]。さらに山地民の多くはタイに合法的に居住していないとみなされ、タイ国籍を遡及的に剥奪された[60]。山地民の多くは国籍を剥奪された後も合法的な地位を与えられなかったため、山地民の子もタイ国籍を取得することができず無国籍となったのである。

　この状況に変化が訪れたのが2008年である。1972年の布告で国籍を剥奪された者とその子たちについては、住民登録に基づきタイに居住する場合に国籍が付与できるよう国籍法が改正された[61]。そのため山地民も住民登録によってタイ国籍を取得する可能性があるが、山岳部が役所から離れた国境地域であり山地民が登録に行くことは困難であるため、無国籍のままとなる山地民が多かった[62]。この状況下でタイ政府は#IBelongキャンペーンに倣い無国籍を2024年までになくすことを宣言し[63]、無国籍者の国籍取得への活動が活発化した。タイ政府とUNHCR、そしてNGOが協力し、地域の役所や学校、コミュニティーレベルを通して無国籍者の国籍取得への取り組みが行われ、登録のために必要な手続きや言語について山地民へのサポートを行った[64]。これにより、2016年までに23,000人の無国籍者にタイ国籍が付与されたと報告されている[65]。タイの事例は、無国籍をなくす決意を有している国家が、UNHCRの協力を受けて出生登録を促進することで無国籍を削減したものである[66]。

（3）　啓発活動

　UNHCRが無国籍をなくすための技術協力を行っている国は、無国籍をなくす必要性を認識しているが、各国がその必要性を認識していなければ無国籍をなくすことは困難である。UNHCRが無国籍をなくす活動を行うために重要なのが、国際社会において無国籍が問題になっていることを各国に認識させることである。UNHCRは各国への啓発活動にも力を入れている。そこで大きな役割を果たしうるのが、「#IBelongフレンズ（Friends of the

#IBelong campaign to end statelessness)」と呼ばれる、有志国による組織である。#IBelong フレンズは、無国籍をなくすことに関心を持つ有志国をメンバーとして 2015 年 10 月に結成されたインフォーマルなグループで[67]、2017 年 11 月までに 7 回の会合を行っている[68]。#IBelong フレンズは各国の啓発のために UNHCR が提案してできた組織であり[69]、アメリカ合衆国（以下、米国）、メキシコ合衆国（以下、メキシコ）、オーストラリア、タイ、フィンランド共和国がコアメンバーとなっている[70]。20 から 30 程度の国が #IBelong フレンズの会合に参加しており、各国の無国籍をなくす実践について意見交換を行っている[71]。この会合はインフォーマルなものであり、現時点では会合の結果をもとにして各国に義務を課すことは想定しておらず、啓発を目的としている[72]。

#IBelong フレンズの活動の特徴として、無国籍をなくす必要性を難民や移民などの「人道」に特化した問題でなく、すべての国が直面している人権一般の文脈で訴えていることが挙げられる。UNHCR を含め多くの国際機関の本部があり、人権理事会が開かれるジュネーブに勤務する政府の無国籍担当者によると、ジュネーブにおいて UNHCR や国際移住機関などが扱う人の移動に関連する「人道」の問題と、その他の人権一般の問題は別個の問題として認識されているようである[73]。そして無国籍は人道の問題として認識され、人権一般の問題として認識されていないことが無国籍への関心を高めるための障壁になっているとの理解があった[74]。そこで、無国籍を「人道」の問題としてでなく「人権」の分野で議論することで、無国籍の国際的な問題意識を高めることが #IBelong フレンズの目的であるとの見解がある[75]。人権問題として無国籍を認識することを促進するために有志国は人権理事会で無国籍を取り上げている。人権理事会では近年、無国籍や国籍への権利に関する決議が全会一致で投票を経ずに採択されており[76]、フレンズのコアメンバーである各国がこれらの共同提案国になっている[77]。

なぜ有志国、特に #IBelong フレンズのコアメンバーは無国籍をなくすことに関心を示しているのだろうか。例えば米国は、特にジェンダーの文脈で

無国籍をなくすことに関心を寄せている。2011 年に開催された UNHCR 閣僚会議の際に、当時のヒラリー・クリントン（Hillary Clinton）国務長官は女性差別による無国籍の発生に言及し[78]、女性に差別的な各国の国籍法の改正を促すために「女性の国籍イニシアチブ（Women's Nationality Initiative）」を開始した[79]。これは外交によって女性に差別的な国籍法を改正するよう各国に求めるものである[80]。また、UNHCR を通した多国間外交だけでなく、二国間外交においても女性に差別的な国籍法の改正を求めている[81]。ここから米国は男女の平等という文脈で、無国籍をなくすことに関心を持っていることが分かる。同様にコアメンバーであり、2017 年に #IBelong フレンズの会合を主催するなど積極的に無国籍をなくすことの啓発活動に取り組んでいるメキシコは[82]、特に出生登録の観点から無国籍をなくすことに関心を持っている。メキシコは出生登録を外交政策の重要な柱としており、出生登録に関する決議が 2017 年 4 月の人権理事会で採択されるために尽力した[83]。メキシコにおいては登録制度が確立しているが、登録制度が脆弱である国には国籍を証明する書類が存在せずに無国籍となる可能性のある人が存在する[84]。そのため、メキシコは他国の登録制度の能力構築に協力している[85]。これはメキシコが登録制度構築の観点から、無国籍をなくすことに着目していることを明らかにしている。

　米国やメキシコの例から興味深いのは、コアメンバーの 2 カ国が、無国籍をなくす規範を各国と共有することには積極的だが、必ずしもこの規範が国内において無国籍をなくすことに繋がっていない点である。米国やメキシコは人権理事会や外交において無国籍をなくすための働きかけを各国に行っているが、両国の担当者へのインタビューでは #IBelong キャンペーンを受けて自国における無国籍をなくすために行っている特別な取り組みは紹介されなかった[86]。米国及びメキシコは出生地主義を採用しており、法的な無国籍者が両国で出生することはない[87]。しかし、これは両国に無国籍者が存在しないことを意味しない。例えば、他国で無国籍となった者が米国に入国し、無国籍のまま米国に滞在していることが指摘されている[88]。グローバル行動

計画の行動 6 は、無国籍移民の保護と帰化の促進を規定しているが、米国政府は 2014 年以降、無国籍者の帰化を促進する政策を採っているわけではない[89]。またメキシコの法令は、帰化者の国籍喪失を認める規定を行っており[90]、メキシコ国籍を喪失することにより無国籍が発生しうる。この規定はグローバル行動計画の行動 4 である差別的な国籍の喪失をなくすことと両立しない可能性があるにも関わらず、この規定は改正されていない[91]。よって、無国籍をなくす取り組みが十分であるとは言えない。他国には無国籍をなくす必要性を訴えながら、自国内に無国籍者が存在する、もしくは存在する可能性があるにも関わらず、無国籍をなくす政策を必ずしも十分に採っていない可能性がある。また、両国とも無国籍削減条約の締約国ではない[92]。このように、コアメンバーの少なくとも一部は無国籍の予防と削減を外交政策としているが、それが国内で無国籍をなくす活動には直結していないことが分かる。

(4) 技術協力と啓発活動の連結

UNHCR による啓発活動は、#IBelong フレンズにおいてのみ行われているわけではない。UNHCR と国連児童基金（以下、UNICEF）は、2016 年 12 月に「すべての子どもの国籍への権利コアリッション（Coalition on Every Child's Right to a Nationality）」を結成した[93]。これは無国籍児が抱える問題が特に深刻であることから、UNHCR と UNICEF が協力して発足させたイニシアチブである。UNICEF は従来から出生登録に関心を寄せてきたが[94]、無国籍に特別着目してきたわけではなかった。しかし UNHCR と共同で無国籍に取り組むコアリッションを結成したことにより、UNICEF の無国籍に対応する姿勢が明らかになった。このコアリッションの特徴は、NGO が主要メンバーとして参加している点にある。プラン・インターナショナル、ノルウェー難民評議会（Norwegian Refugee Council）、平等な国籍権のためのグローバルキャンペーン（Global Campaign for Equal Nationality Rights）、チリのディエゴ・ポルタレス大学人権センターなどが

コアリッションの諮問委員会のメンバーとなっており、その他にも多くのNGOがメンバーとしてこの組織に参加している[95]。

　コアリッションの目的は、子どもが無国籍で出生しないようにすること、国籍法におけるジェンダーの差別をなくすこと、すべての子どもの出生登録徹底により無国籍をなくすこと、そして無国籍条約への加入を促進することである[96]。そして、子どもの権利条約における国籍取得の権利がこの組織の活動原則として挙げられている[97]。具体的な活動としては、子どもの国籍取得の必要性を訴えること、国家への啓発活動や現場で活動している国連カントリーチームへの啓発、登録等の技術的な協力などが挙げられている[98]。また、2017年11月現在15カ国で、各国の無国籍に関する問題点を指摘し、その解決を図るプロジェクトが行われている[99]。例えばフィリピン共和国（以下、フィリピン）においては、農村部における出生登録率が40％台に留まっている問題や、フィリピンで出生し、親の分からない「棄児（foundling）」がフィリピン国籍を取得できないという問題がある[100]。またフィリピンは無国籍削減条約に加入していない。そこでコアリッションの活動として、2023年までに出生登録の問題に取り組み、フィリピンで出生した棄児がフィリピン国籍を取得するための国内法改正及び無国籍削減条約への加入を求めている[101]。フィリピンは無国籍をなくすための行動計画を策定しており[102]、無国籍に関心を寄せている。フィリピンは登録という技術面での協力は歓迎していると思われるが、コアリッションは、技術支援だけでなく国内法改正や無国籍削減条約への加入など、特に政治的に繊細で啓発活動が必要になる問題についても活動を行っている。ここから、コアリッションは技術協力と啓発活動の双方の要素を有した活動を行っていると理解することができる。

3　考察

　上記の状況をもとに、#IBelongキャンペーンが無国籍の予防・削減にど

の程度有効であるかを述べる。#IBelong キャンペーンの有効性を分析する基準は、2014 年以降に無国籍をなくす政策を採用した国の数と、その成果である。#IBelong キャンペーン開始以前よりも無国籍をなくす政策を採っている国が増えていれば、#IBelong キャンペーンは無国籍をなくすために有効であると言える。具体的には、無国籍の予防を規定する無国籍削減条約の締約国数を参照した上で、実際にどのような成果があるのかを検討し、#IBelong キャンペーンの有効性を評価する。

　積極的な考察として、UNHCR による取り組みもあり、無国籍をなくすことへの国際的なコミットメントが向上していることが挙げられる。2011 年以降 UNHCR は、無国籍への国際的な関心を高めるための取り組みを行っており、実際に無国籍削減条約の締約国は増加している。2014 年から 2017 年 11 月までに無国籍削減条約の締約国は 15 カ国増加しており[103]、2014 年以前、特に 2011 年以前と比較すると締約国が急増していることが明らかである。さらに、タイやフィリピンをはじめとする各国が無国籍をなくす活動を行う際には、UNHCR が技術協力を行っている。また #IBelong キャンペーンに賛同する有志国がネットワークを作り、啓発活動の一貫として人権理事会などの場で無国籍をなくすことへの関心を国際的に高める動きがある。さらに技術協力と啓発活動を組み合わせた活動も行われ、様々な側面から 2024 年までに無国籍をなくす取り組みが行われている。

　しかしながら消極的な考察も指摘しなければならない。それは無国籍をなくすことへのコミットメントの相違である。例えばタイは、国内政策として無国籍をなくすことに注力し、実際に無国籍を減らす政策を実現しつつある。またフィリピンも UNHCR の啓発活動の影響を受けつつ、無国籍をなくすことに関心を寄せている。その一方で、無国籍をなくすことへの国際的なコミットメントを高めようとしている有志国である米国やメキシコは、必ずしも国内政策として無国籍をなくすことに優先的に取り組んでいない。外交政策として無国籍をなくすことの重要性を訴えているが、国内において無国籍をなくす政策を特に推進しておらず、無国籍者が無国籍のまま米国やメ

キシコに滞在する可能性が残されているのである。無国籍の予防・削減を実現するためには、有志国が外交政策として他国における無国籍をなくすことだけでなく、自国において無国籍をなくす取り組みを行うことができるかが重要な課題であろう。

おわりに

本稿は、UNHCR が行っている #IBelong キャンペーンが無国籍をなくすためにどの程度有効であるかを、近年の取り組みをもとに分析した。国際的に無国籍をなくすことへの関心は高まっており、無国籍をなくすための各国のコミットメントは高まっていると言える。しかし #IBelong キャンペーンの有効性をさらに高めるためには、今後有志国を含めた各国が自国の問題として無国籍を捉え、自国における無国籍をなくすための政策を採る必要がある。

最後に、UNHCR の無国籍をなくす取り組みについて、今後の研究課題を述べる。第一に、無国籍をなくすことが難民発生の予防につながるか、という点である。無国籍が UNHCR において問題化されたのは、無国籍が難民発生の契機となるという理解があったからである。UNHCR は、「難民に対［する］国際的保護」と「難民問題の恒久的解決」の任務を負っており[104]、無国籍への対応もこの文脈で理解されるべきである。しかし、無国籍者の直面する現実は多様であり、すべての無国籍者が迫害に遭う危険を有しているとは言えない[105]。むしろ、国籍を有していても迫害に遭う可能性はあり、国籍以外の要因が迫害を引き起こしている可能性もある。そうであれば、難民発生を予防するために無国籍をなくすことがどの程度妥当であるのか、という問題がある[106]。

第二に UNHCR が無国籍をなくすことに取り組むことの国民国家原則に照らした評価である。まず認識しなければならないことは、国民の決定は国民国家の原則に基づき、各国の最も重要な管轄事項の一つであることであ

る。同質性を有し、アイデンティティを共有する個人により国家が構成されるという国民国家体制は、現状の説明概念としては批判を受けながらも、理念型としては今日においても重要な意味を有していると考えられる。この原則に基づけば、誰が同質性を有しアイデンティティを共有しているかを決定するのは、各国の構成員、すなわち国民である。そのために国民の決定は各国の管轄事項であると認識されているのである。それにも関わらず、UNHCR は無国籍をなくす取り組みを各国に働きかけている。これは、国民国家体制への挑戦であると評価することもできる。ここで興味深いのは、UNHCR の動きに呼応する、もしくは並走する形で実際に無国籍をなくす取り組みを行っている国が存在することである。すなわち、国民国家体制に挑戦しうる UNHCR の取り組みを各国が受け入れつつあるのである。無国籍をなくすことと国民国家体制の関連性、主権国家体制と国民国家体制の関連性など、丁寧に分析する必要のある課題が多く、本稿でそれらを分析することはできない。しかし各国が、国民国家体制の原則に挑戦する可能性のある UNHCR の取り組みを受け入れつつあることは、国民国家体制の原則よりも UNHCR による取り組みを優先させる国家が出てきている事を意味する。これは国連（United Nations）の体制において重視されてきた国民国家原則の重要性が相対的に低下している事を示す。国民国家体制の根幹に関わる、無国籍をなくす国連及び各国による取り組みから、国民国家原則の現在を検討する必要がある。

　第三に、無国籍をなくすことが無国籍者のためになるのか、という問題である。無国籍をなくす方法論としては、どの国籍を取得すべきか、という問題がある。現時点での無国籍者が国籍を取得する方法としては、出生国や親の国籍国の国籍取得がしばしば挙げられている[107]。しかし、これらが望ましいかは明らかでない。例えば、ロヒンギャが出生国であるミャンマーの国籍を取得すること、もしくは親の国籍国が親を迫害している際に、子が親の国籍を取得することが望ましいかは疑問である。また国籍取得自体も批判的に検討する必要がある。国際的には無国籍者と認識されていても、様々な権

利が保障されている事例や[108]、無国籍であることも含めて法的な地位が曖昧であることによって生活がしやすくなるという事例も紹介されている[109]。さらに、国籍はアイデンティティにも関連しており、無国籍というアイデンティティを有している人もいる[110]。こういった無国籍者がいることを踏まえて国連が無国籍の予防と削減に取り組むことについては批判的に検討すべきであろう。近年、開発や平和構築の場面において、国連の活動にローカルな主体が参加する事を提唱する「ローカル・オーナーシップ」概念が提唱されている[111]。無国籍であることで不自由を感じる人は存在し[112]、その人々らの国籍取得は「ローカル・オーナーシップ」に合致する国籍取得であるといえよう。しかし、すべての無国籍者が国籍の取得を望んでいるのだろうか。#IBelongキャンペーンに倣い無国籍をなくすことは、各国が法的、行政的な対応を行う事で可能かもしれない。しかし、国籍は国家が付与するものであるため、無国籍をなくすというプロセスには、当事者の意見が入る余地がないように見える。すなわち、当事者の意思に関わらず、無国籍をなくすために国籍を付与することが可能なのである。画一的に無国籍者に何らかの国籍を与えることは、無国籍者のオーナーシップを妨げる可能性がある。無国籍の予防・削減と開発及び平和構築の関係性や無国籍者と「ローカル」の関係性は慎重に検討する必要があるが、「ローカル・オーナーシップ」の視点から、無国籍者の意思を考慮して無国籍の予防・削減を検討する必要があろう。無国籍の予防と削減の取り組みは実務的に重要であるだけでなく、今日の国連体制が依拠する国際秩序や、個人と国連及び国家の関係性を再検討するために重要な論点を提供しているのである。

【謝辞】本稿は、JSPS科研費JP16J07839及び日本－スイス若手研究者交流事業（特別研究員）の助成を受けたものである。2016年10月から2017年3月及び同年10-11月に国連機関、各国の在ジュネーブ国連代表部の無国籍担当者にインタビューを行った。ご多忙の中インタビューに応じてくださったUNHCR本部のMs. Anja Dietrich、Ms. Radha Govil、国連米国政府

代表部の Ms. Michelle Prodromou、国連メキシコ政府代表部の Mr. Guillermo Reyes に感謝申し上げる。また本稿は、2017年7月開催の日本国際連合学会第19回研究大会、同年9月開催の無国籍研究会での報告原稿を元に、大幅に加筆修正を行ったものである。質問をいただき重要な論点を提供して下さった参加者、特に有益なコメントをいただいた新垣修教授（国際基督教大学教養学部）に心から御礼申し上げる。2名の匿名査読者からは、方法論や分析、含意について重要で建設的なご意見をいただいた。深謝申し上げる。

〈注〉

1　UNHCR, *"This is Our Home" Stateless Minorities and Their Search for Citizenship* (Geneva: Division of International Protection, UNHCR, 2017), pp.38-39, accessed 8 November 2017, http://www.unhcr.org/59f747404.pdf.

2　UNHCR, *I am Here, I Belong: The Current Need to End Childhood Statelessness* (Geneva: Division of International Protection, UNHCR, 2015), p.1, accessed 18 November 2017, http://www.unhcr.org/ibelong/wp-content/uploads/2015-10-StatelessReport_ENG16.pdf.

3　Hannah Arendt, *The Origins of Totalitarianism* (New York: Harcourt, Brace and Company, 1951), p.294.

4　自由権規約第24条第3項及び子どもの権利条約第7条参照。また、女性に対するあらゆる形態の差別の撤廃に関する条約（女性差別撤廃条約）第9条、障がい者の権利に関する条約第18条も国籍に関連した規定をしている。

5　この他に領土の変更、行政実務なども無国籍の発生要因として挙げられている。UNHCR, "Information and Accession Package: The 1954 Convention Relating to the Status of Stateless Persons and the 1961 Convention on the Reduction of Statelessness," rev. 1999, para.10, accessed 4 November 2017, http://www.unhcr.org/protection/statelessness/3dc69f1d4/information-accession-package-1954-convention-relating-status-stateless.html.

6　UNHCR, *Global Trends: Forced Displacement in 2016* (Geneva: UNHCR, 2017), p.2, accessed 2 November 2017, http://www.unhcr.org/5943e8a34.pdf.

7　UNHCR, "What Would Life Be Like If You Had No Nationality?" 1999, p.3, accessed 1 November 2017, http://www.unhcr.org/3b8f92124.pdf. ただ無国籍者の状況は多様であり、同一の問題を抱えているわけではない。以下を参照。陳天璽編『忘れられた人々　日本の「無国籍」者』明石書店、2010 年。

8　国際法における「国籍唯一の原則」はその例として挙げられる。

9　UN, Department of Social Affairs, A Study of Statelessness, UN Document, E/1112; E/1112/Add.1, 1 February 1949 (18 May 1949), p.10. 新垣修「無国籍者地位条約と無国籍削減条約－成立までの経緯と概要」『法律時報』第 86 巻 11 号（2014 年 9 月）、35 頁。

10　この見解は、1923 年の常設国際司法裁判所（PCIJ）の勧告的意見において確認されている。Nationality Decrees in Tunis and Morocco, Advisory Opinion, 1923 PCIJ, File F. c. V. Docket II. 1. 24 (7 February 1923). また、1930 年に採択された国籍法の抵触についてのある種の問題に関する条約第 1 条においてもこの原則は確認されている。

11　国連は英語で United Nations と呼称されるが、加盟主体が国家（States）であるにもかかわらず Nations という文言が用いられていることは、国民国家（Nation-state）体制を前提としていることの証左ということもできよう。

12　UN General Assembly, "Resolution adopted by the General Assembly on 19 September 2016 71/1. New York Declaration for Refugees and Migrants," UN Document, A/RES/71/1, 3 October 2016, para.72.

13　近年の UNHCR による無国籍への対応を扱った文献は以下。Mark Manly, "UNHCR's Mandate and Activities to Address Statelessness," in *Nationality and Statelessness under International Law*, eds. Alice Edwards and Laura van Waas (Cambridge: Cambridge University Press, 2014), pp.88-115（抄訳は、マーク・マンリー、国連難民高等弁務官駐日事務所訳「無国籍に取り組むための UNHCR のマンデート及び活動」『法律時報』第 86 巻 11 号（2014 年 9 月）、41-46 頁。）. Matthew Seet, "The Origins of UNHCR's Global Mandate on Statelessness," *International Journal of Refugee Law*, vol.28 no.1 (2016), pp.7-24.

14　以下の文献は #IBelong キャンペーンと各国の取り組みを紹介しているが、その課題について十分な検討はなされていない。Malanie Khanna, "State of the World's Stateless," in *The World's Stateless - Children*, Institute on Statelessness and Inclusion (Oisterwijk: Wolf Legal Publishers, 2017), pp.11-17.

15　UN, *Report of the International Law Commission: Fifty-eighth Session（1 May-9 June and 3 July-11 August 2006）*, UN Document, A/61/10, 2006, p.49.

無国籍者地位条約の内容については以下を参照。新垣修『無国籍条約と日本の国内法－その接点と隔たり』国連難民高等弁務官駐日事務所、2015 年、16-17、39-50 頁。

16　戦間期に無国籍者と難民が区別されなかった歴史については以下を参照。新垣修「無国籍者の難民性：ニュージーランドの実践の検討を中心に」『世界法年報』第 31 号（2012 年 3 月）66-70 頁。

17　マンリー、前掲論文（注 13）、41 頁。

18　難民条約第 35 条は UNHCR が「［難民］条約の適用を監督する責務」を有していると規定しているが、類似した条文は無国籍者地位条約には存在しない。無国籍者地位条約で条約の監督機関が規定されなかった理由として、各国が審議のテーマとして取り上げなかったことなどが挙げられている。阿部浩己『無国籍の情景－国際法の視座、日本の課題』国連難民高等弁務官駐日事務所、2010 年、21 頁。

19　無国籍削減条約については以下を参照。新垣、前掲書（注 15）、17-19、51-61 頁。

20　UN General Assembly, "Question of the Establishment, in Accordance with the Convention on the Reduction of Statelessness, of a Body to which Persons Claiming the Benefit of the Convention may Apply," UN Document, A/RES/3274 (XXIX), 10 December 1974. この決議は、オーストラリアが 1973 年に 6 カ国目の批准国となり、条約発効の目処がたった後に採択された。そして 2 年後の 1976 年には UNHCR の無国籍に関するマンデートが継続することが決議された。UN General Assembly, "Question of the Establishment, in Accordance with the Convention on the Reduction of Statelessness, of a Body to which Persons Claiming the Benefit of the Convention may Apply," UN Document, A/RES/31/36, 30 November 1976.

21　無国籍削減条約締約国は、1973 年時点で 6 カ国であり、1990 年の段階でも 15 カ国であった。各国の無国籍削減条約締約年は以下を参照。UN Treaty Collection, "Convention on the Reduction of Statelessness," n.d., accessed 1 November 2017, https://treaties.un.org/Pages/ViewDetails.aspx?src=IND&mtdsg_no=V-4&chapter=5&lang=en.

22　UNHCR, "Prevention and Reduction of Statelessness and the Protection of Stateless Persons," Executive Committee of the High Commissioner's

Programme, No. 78 (XLVI), 20 October 1995, accessed 1 November 2017, http://www.refworld.org/docid/3ae68c443f.html.

23 UN General Assembly, "Resolution Adopted by the General Assembly [on the Report of the Third Committee (A/50/632)] 50/152 Office of the United Nations High Commissioner for Refugees," UN Document, A/RES/50/152, 9 February 1996, accessed 1 November 2017, http://www.un.org/documents/ga/res/50/ares50-152.htm.

24 *Ibid.*, preambular para. 9.

25 マンリー、前掲論文（注13）、41頁。

26 1995年の執行委員会決議は、無国籍者の保護と無国籍の予防・削減を挙げていたが、2006年の執行委員会決議で無国籍者の把握が追加された。UNHCR, "Conclusion on Identification, Prevention and Reduction of Statelessness and Protection of Stateless Persons," Executive Committee of the High Commissioner's Programme, No. 106 (LVII), 6 October 2006, accessed 1 November 2017,

http://www.unhcr.org/excom/exconc/453497302/conclusion-identification-prevention-reduction-statelessness-protection.html.

27 Manly, *op.cit. supra* note 13, p.101.

28 UNHCR, "How UNHCR Helps Stateless People," n.d., accessed 1 November 2017, http://www.unhcr.org/how-unhcr-helps-stateless-people.html.

29 マンリー、前掲論文（注13）、42頁。

30 Manly, *op.cit. supra* note 13, p.111.

31 UNHCR, *Handbook on Protection of Stateless Persons under the 1954 Convention relating to the Status of Stateless Persons* (Geneva: UNHCR, 2014). 金児真依「無国籍に関するUNHCR新ハンドブック・ガイドライン等の解説」『難民研究ジャーナル』第4号（2014年12月）、46頁。

32 金児、前掲論文（注31）、46頁。

33 南スーダンの独立時には、国籍を担当する南スーダン政府職員に対してUNHCR職員が、無国籍予防についての研修を行った。マンリー、前掲論文（注13）、43-44頁。

34 同上、44-45頁。

35 同上、44頁。なお、出生登録と無国籍の関連性については以下を参照。秋山肇「無国籍者とは誰か－国際法における無国籍者の定義と未登録者の関連性から

―」『環境創造』第 22 号（2016 年 9 月）、67-78 頁。

36　#IBelong キャンペーンについては以下を参照。UNHCR, "IBELONG – Join the Campaign to End Statelessness – UNHCR," n.d., accessed 2 November 2017, http://www.unhcr.org/ibelong/.

37　もっとも、無国籍削減条約が出生による無国籍の予防と無国籍者の国籍取得を完全に保障しているわけではなく、無国籍削減条約の規定を遵守することによって無国籍が完全に予防かつ削減できるわけではない（出生による無国籍の予防の制限については、同条約第 1 条第 1 項（b）、同条第 2 項、第 4 条第 1 項（b）及び同条第 2 項参照。無国籍者の国籍取得については無国籍者地位条約第 32 条が帰化の促進を規定しているが、無国籍削減条約は類似した規定を置いていない）。また無国籍削減条約は条件によって国家が自国民の国籍を剥奪することを容認している。無国籍削減条約と国籍の剥奪については以下を参照。新垣修「英国における国籍の剥奪：無国籍削減条約と国籍の安全保障化」『大東ロージャーナル』第 12 号（2016 年 3 月）116-118 頁。

38　Author's interview with Ms. Radha Govil, Senior Legal Officer (Statelessness), headquarters of UNHCR, by telephone, 17 October 2017.

39　UNHCR, "UNHCR Launches Campaign to Combat Statelessness," 25 August 2011, accessed 2 November 2017, http://www.unhcr.org/news/press/2011/8/4e54e8e06/unhcr-launches-campaign-combat-statelessness.html.

40　*Ibid*.

41　61 カ国が無国籍に関する宣誓を行った。UNHCR, *Pledges 2011: Ministerial Intergovernmental Event on Refugees and Stateless Persons* (Geneva: Division of International Protection, UNHCR, 2012), p.34. その後、この宣誓の約 3 分の 1 が実現したと言われている。Author's interview with Ms. Anja Dietrich, Associate Protection Officer (Statelessness), headquarters of UNHCR, Geneva, 12 October 2016.

42　UNHCR, *op.cit. supra* note 41, pp.36-38.

43　Author's interview, *op.cit. supra* note 38.

44　なお 2011 年の宣誓では、32 カ国が無国籍削減条約への加入または、加入への行動をとるとの宣誓を行い（UNHCR, *op.cit. supra* note 41, p.36.）、2017 年までにそのうちの 18 カ国が無国籍削減条約に加入した。

45　Author's interview, *op.cit. supra* note 38. Author's interview with Ms.

Michelle Prodromou, Program Specialist, Humanitarian Affairs, US Permanent Mission to the UN, Geneva, 1 December 2016.

46 UNHCR 規程第 3 段落は、高等弁務官が「総会又は経済社会理事会により与えられた政策上の指示に従う」としている。

47 UNHCR, *Global Action Plan to End Statelessness: 2014-2024* (Geneva: Division of International Protection, UNHCR, 2014), November 2014, accessed 2 November 2017,
http://www.unhcr.org/protection/statelessness/54621bf49/global-action-plan-end-statelessness-2014-2024.html.

48 *Ibid*.

49 *Ibid*. ただし、これはあくまで便宜的な区分であり、排他的な区分ではない。出生登録や国籍を証明する書類の発行は技術的な問題もあるが、差別に起因することも多く、技術的な問題以外にも検討すべき要素がある。

50 *Ibid*.

51 *Ibid*.

52 UNHCR, "Good Practices Paper – Action 1: Resolving Existing Major Situations of Statelessness," 23 February 2015, accessed 2 November 2017, http://www.refworld.org/docid/54e75a244.html. UNHCR, "Good Practices Paper – Action 2: Ensuring the No Child Is Born Stateless," 20 March 2017, accessed 2 November 2017, http://www.refworld.org/docid/58cfab014.html. UNHCR, "Good Practices Paper – Action 3: Removing Gender Discrimination from Nationality Laws," 6 March 2015, accessed 2 November 2017, http://www.refworld.org/docid/54f8377d4.html. UNHCR, "Good Practices Paper – Action 6: Establishing Statelessness Determination Procedures to Protect Stateless Persons," 11 July 2016, accessed 2 November 2017, http://www.refworld.org/docid/57836cff4.html. UNHCR, "Good Practices Paper – Action 7: Ensuring Birth Registration for the Prevention of Statelessness," November 2017, accessed 18 November 2017, http://www.refworld.org/docid/5a0ac8f94.html. UNHCR, "Good Practices Paper – Action 9: Acceding to the UN Statelessness Conventions," 28 April 2015, accessed 2 November 2017, http://www.refworld.org/docid/553f617f4.html.

53 UNHCR, "Brazil Declaration: A Framework for Cooperation and Regional Solidarity to Strengthen the International Protection of Refugees, Displaced

and Stateless Persons in Latin America and the Caribbean," 3 December 2014, accessed 4 November 2017,

http://www.refworld.org/docid/5487065b4.html.

54　UNHCR and ECOWAS, "Abidjan Declaration of Ministers of ECOWAS Member States on Eradication of Statelessness," 25 February 2015, accessed 4 November 2017,

http://www.refworld.org/docid/54f588df4.html.

55　詳細は以下を参照。ReliefWeb, "Abidjan Declaration on the Eradication of Statelessness: Adopted on February 2015 by the Member States of ECOWAS, the Declaration supports UNHCR's Global Campaign to End Statelessness by 2024, Achievements of the Abidjan Declaration 2 Years After," 2 March 2017, accessed 4 November 2017,

https://reliefweb.int/sites/reliefweb.int/files/resources/54536.pdf.

56　UNHCR, "Overcoming Statelessness in Thailand One Case at a Time," 24 November 2016, accessed 2 November 2017,

http://www.unhcr.org/news/latest/2016/11/5836af624/overcoming-statelessness-thailand-case-time.html.

57　2016年末の統計によると、タイはミャンマー（93万人）とコートジボワール（69万人）に次いで世界で3番目に無国籍者が存在する国家である。UNHCR, *op.cit. supra* note 6, pp.60−63.

58　Institute on Statelessness and Inclusion, "Submission to the Human Rights Council at the 25th Session of the Universal Periodic Review: Thailand," 21 September 2015, para.6, accessed 2 November 2017, http://www.institutesi.org/ThailandUPR2015.pdf.

59　*Ibid*, para.9.

60　*Ibid*.

61　ただし、タイ国籍を取得できるのは「素行が善良な者又は社会及び国家に貢献するものに限」るとされたことには留意が必要である。なお、タイ政府が無国籍問題に取り組んでいる要因としては、無国籍者が増加することによって国家の安全保障への脅威となることや、人権保護の規範が高まったことが指摘されている。大友有「タイ国籍法の一部改正－タイ国籍法の変遷と無国籍者問題－」『外国の立法』第249号（2011年9月）、118、120頁。

62　UNHCR, *op.cit. supra* note 56. ただ、山地民への差別が依然としてあるとの指

摘もあり（大友、前掲論文（注61）、119頁）、差別によって登録が行われていない可能性にも留意すべきである。

63 ReliefWeb, "UNHCR Encouraged by Thailand's Latest Efforts to Reduce Statelessness," 29 December 2016, accessed 3 November 2017, https://reliefweb.int/report/thailand/unhcr-encouraged-thailand-s-latest-efforts-reduce-statelessness.

64 UNHCR, *op.cit. supra* note 56.

65 *Ibid.*

66 タイにおける UNHCR の活動は以下も参照。UNHCR, "My Life Has Changed. Now I've Become a Bird that Can Fly Everywhere I Want in the Sky," accessed 3 November 2017, http://www.unhcr.org/ibelong/ibelong-i-am-a-normal-human-being/. UNHCR, "Resolving Statelessness in Thailand," accessed 3 November 2017, http://www.unhcr.org/ibelong/resolving-statelessness-in-thailand/.

67 Author's interview with Ms. Michelle Prodromou, *op.cit. supra* note 45.

68 Author's interview with Ms. Radha Govil, Senior Legal Officer (Statelessness), headquarters of UNHCR, by email, 16 November 2017.

69 Author's interview, *op.cit. supra* note 38.

70 Author's interview with Ms. Michelle Prodromou, *op.cit. supra* note 45.

71 コアメンバーの他には、デンマーク、トルコ、ザンビア、コートジボワール、オランダ、ウルグアイ、アルゼンチン、インドネシア、カナダなどが複数回会議に出席している。*Ibid.*

72 *Ibid.* Author's interview, *op.cit. supra* note 38.

73 Author's interview with Ms. Michelle Prodromou, *op.cit. supra* note 45. Author's interview with Ms. Michelle Prodromou, Program Specialist, Humanitarian Affairs, US Permanent Mission to the UN, Geneva, 8 March 2017. 国際法学では従来、「人道法」は武力紛争時に適用され、「人権法」は平時に適用されるものと整理してきており、ジュネーブの実務における認識とは異なる。国際法学における「人道法」と「人権法」の従来の理解とその批判については以下を参照。Hans-Joachim Heintze, "On the Relationship between Human Rights Law Protection and *International Humanitarian Law*," *International Review of the Red Cross*, vol.86 no.856 (2004), pp.789-793.

74 Author's interview with Ms. Michelle Prodromou, *op.cit. supra* note 45.

75 第 1 回 #IBelong フレンズ会合を主催した米国担当者は、「人道」問題を担当する米国国連大使と人権問題を担当する米国国連大使の双方がこの会合に出席することで、無国籍を人権の問題として認識する必要性を象徴的に示したと述べている。*Ibid.* 第 1 回 #Ibelong フレンズ会合については以下も参照。Mission of the United States, Geneva, Switzerland, "Group of Governments Supports UNHCR's Campaign to End Statelessness," accessed 3 November 2017, https://geneva.usmission.gov/2015/10/30/campaign-to-end-statelessness/.

76 以下を参照。UN General Assembly, "Resolution adopted by the Human Rights Council on 30 June 2016 32/7. The Right to a Nationality: Women's Equal Nationality Rights in Law and in Practice" UN Document, A/HRC/RES/32/7, 18 July 2016. Office of the United Nations High Commission for Human Rights, "32nd session of the Human Rights Council (13 June to 1 July and 8 July 2016)," n.d., accessed 16 November 2017, http://www.ohchr.org/EN/HRBodies/HRC/RegularSessions/Session32/Pages/ResDecStat.aspx. UN General Assembly, "Resolution adopted by the Human Rights Council on 24 March 2017 34/15. Birth Registration and the Right of Everyone to Recognition Everywhere as a Person before the Law" UN Document, A/HRC/RES/34/15, 11 April 2017. Office of the United Nations High Commission for Human Rights, "34th session of the Human Rights Council (27 February to 24 March 2017)," n.d., accessed 16 November 2017, http://www.ohchr.org/EN/HRBodies/HRC/RegularSessions/Session34/Pages/ResDecStat.aspx.

77 上記決議の提案国は、以下を参照。UN General Assembly, "32/... The Right to a Nationality: Women's Equal Nationality Rights in Law and in Practice," UN Document, A/HRC/32/L.12, 28 June 2016. UN General Assembly, "34/... Birth Registration and the Right of Everyone to Recognition Everywhere as a Person before the Law," UN Document, A/HRC/34/L.24, 20 March 2017.

78 U.S. Department of State, "Remarks at the United Nations High Commissioner for Refugees Ministerial on the 60th Anniversary of the Refugee Convention," 7 December 2011, accessed 3 November 2017, https://2009-2017.state.gov/secretary/20092013clinton/rm/2011/12/178406.htm.

79 U.S. Department of State, "Women's Nationality Initiative," 8 March 2012, accessed 3 November 2017, https://2009-2017.state.gov/j/prm/releases/

releases/2012/185416.htm.
80　*Ibid.*
81　Author's interview with Ms. Michelle Prodromou, *op.cit. supra* note 45.
82　Author's interview with Mr. Guillermo Reyes, First Secretary, in charge of humanitarian, migration and refugee issues, Mexican Permanent Mission to the UN, Geneva, 23 February 2017.
83　*Ibid.*
84　*Ibid.*
85　*Ibid.*
86　*Ibid.* Author's interview with Ms. Michelle Prodromou, *op.cit. supra* note 45.
87　米国については以下を参照。UNHCR and Open Society Justice Initiative, *Citizens of Nowhere: Solutions for the Stateless in the U.S.* (New York and Washington: Open Society Justice Initiative and UNHCR, 2012), p.17.
88　2005年から2010年までに463人の無国籍者に米国における在留資格が付与され、461人の無国籍者が有効な在留資格を持たずに米国に滞在しているとの統計がある。しかし米国における無国籍者の公式な統計は存在せず、米国における無国籍者の全容は明らかでない。*Ibid*, pp. 22-23.
89　米国国務省のウェブサイトには米国における無国籍への対応について記載されているが、他国における無国籍の予防に向けた取り組みのみが紹介されており、米国における帰化の促進等は記載されておらず、米国における無国籍への対応の重点が他国における無国籍の予防に置かれている事を示唆している。U.S. Department of State, "Statelessness," n.d., accessed 1 January 2018, https://www.state.gov/j/prm/policyissues/issues/c50242.htm.
90　UNHCR, "Submission by the United Nations High Commissioner for Refugees: For the Office of the High Commissioner for Human Rights' Compilation Report – Universal Periodic Review: MEXICO," March 2013, p. 7.
91　2016年現在の状況については、以下データベースにおける、2016年時点でのメキシコに関する外国での居住（L02 => Residence abroad）を参照。GLOBALCIT, "Global Databese on Modes of Loss of Citizenship, version 1.0," San Domenico di Fiesole: Global Citizenship Observatory, Robert Schuman Centre for Advanced Studies, European University Institute. n.d., accessed 2 January 2018, http://globalcit.eu/loss-of-citizenship.
92　なお米国は、国籍の放棄についての国内法が無国籍削減条約と合致しないが、

米国の国籍に関する国内法は無国籍削減条約の精神を継いでいると説明している。Author's interview with Ms. Michelle Prodromou, *op.cit. supra* note 45.

93　UNHCR, "2 years of #IBelong Campaign: Global Initiatives Highlight the Importance of Eradicating Statelessness," 22 November 2016, accessed 3 November 2017, http://www.refworld.org/docid/580f649c4.html.

94　例えば、UNICEF 発行の報告書の、子どもの保護に関する統計には、出生登録率が含まれている。UNICEF, *The State of the World's Children: A Fair Chance for Every Child*（New York: UNICEF, 2016), pp.150-153, accessed 4 November 2017,

https://www.unicef.org/publications/files/UNICEF_SOWC_2016.pdf.

95　UNHCR, "Coalition Members," n.d., accessed 4 November 2017, http://www.unhcr.org/ibelong/coalition-members/.

96　UNHCR, "Coalition on Every Child's Right to a Nationality," n.d., accessed 4 November 2017,

http://www.unhcr.org/ibelong/wp-content/uploads/Coalition-Presentation.pdf.

97　*Ibid.* 子どもの権利条約第 7 条第 1 項は「子どもは、[中略] 国籍を取得する権利を有する」と規定している。

98　*Ibid.*

99　UNHCR, "Pilot Countries," n.d., accessed 4 November 2017,

http://www.unhcr.org/ibelong/coalition-pilot-countries/.

100　UNHCR, "The Philippines," n.d., accessed 4 November 2017, http://www.unhcr.org/ibelong/the-philippines-joint-strategy/.

101　*Ibid.*

102　*Ibid.*

103　2013 年末の時点では、1961 年採択以降の締約国が 55 カ国であった。

104　UNHCR 規程第 1 章第 1 段落。

105　注 7 参照。

106　難民性が無国籍の原因となる事例も指摘されており（無国籍研究会『日本における無国籍者 －類型論的調査－』国連難民高等弁務官駐日事務所、2017 年、40-45 頁。）、難民の苦境を取り除く方法として無国籍をなくすことを挙げる事は可能である。しかし無国籍をなくす軸は、無国籍削減条約に規定されるような無国籍発生前の予防であり、無国籍の予防は難民の発生を予防する機能を果たすと考えられる。よって UNHCR が無国籍をなくすことの関心の中心は、難民の状

況を改善することよりも、無国籍を予防する事で難民の発生を予防することにあると考えられる。

107　無国籍削減条約第1条、第4条及びグローバル行動計画の行動2参照。グローバル行動計画は以下を参照。UNHCR, *op.cit. supra* note 47.

108　ラトヴィア共和国におけるノン・シティズン（Non-citizens）の例を参照。European Network on Statelessness, "Is Latvia condemning older generations to non-citizenship?" 24 March 2016, accessed 4 November 2017, https://www.statelessness.eu/blog/latvia-condemning-older-generations-non-citizenship.

109　チベット人の例は以下を参照。三谷純子「事実上の長期化無国籍難民にとっての、もう一つの解決法としての留学－インドの亡命チベット人社会から来日した留学生の事例」『難民研究ジャーナル』第5号（2015年12月）、121-122頁。

110　以下を参照。丁章「無国籍者として生きてきて」陳天璽編『世界における無国籍者の人権と支援―日本の課題―　国際研究集会記録（国立民族学博物館調査報告118）』国立民族学博物館、2014年、41-42頁。

111　Sarah B. K. von Billerbeck, "Local Ownership and UN Peacebuilding: Discourse Versus Operationalization," *Global Governance*, vol.21（2015）, pp.300-301.

112　UNHCRは、国籍取得を求める多くの無国籍者の声を紹介している。以下を参照。UNHCR, "News and Stories," n.d., accessed 2 January 2018, http://www.unhcr.org/ibelong/news-and-stories/.

IV

書　評

9 三須拓也著『コンゴ動乱と国際連合の危機
― 米国と国連の協働介入史、1960 ～ 1963 年』
（ミネルヴァ書房、2017 年、xxxv + 393 頁）

石　塚　勝　美

　国連の平和（維持）活動を研究する者にとって、コンゴ（民主共和国）の事例を扱うことは困難を要する。この困難のひとつは、歴史的に見ても1960 年から現在まで、断続的ではあるが長期にわたって国連がこのコンゴにおいて平和活動を投入せざるを得ないという事実である。このコンゴでの国連平和活動とは、東西冷戦時代には本書で紹介された国連コンゴ活動（ONUC:1960-1964）、ポスト冷戦期には、国連コンゴ民主共和国ミッション（MONUC: 1999-2010）、そして国連コンゴ民主共和国安定化ミッション（MONUSCO: 2010- 現在）である。また国連がコンゴへの平和活動すべてにおいて発した国連憲章の第 7 章に基づく安全保障理事会の決議の数は、類を見ないほど多く、それらは「平和執行（peace enforcement）」や「強化された活動（robust operations）」といわれている。しかしコンゴでは 1998年以降 500 万人以上の人々が紛争の犠牲になり、第二次大戦後において最も多くの死者を出している紛争でもある。言い換えれば、国連は、コンゴに「最も長く、最も深く関与しているにもかかわらず、もっとも成功していない」という困難性を有している。「この困難性の根本原因は何か」を解明するにあたり、本書はその答えの 1 つを提供しているといえよう。

　本書は、国際関係学の中でも国際関係史に属すると考えられる。対象時期をコンゴ動乱の 1960 年から 1963 年に限定し、アメリカと国連の「協働介入」

の歴史を扱っている。アメリカと国連が「協働」するというと、一見アメリカと国連が同じような「並列」の立場でお互いが協力し合っているかのように思われる。しかし本書を読んでいくと、そうではなく実際にはアメリカが自国の国益のために国連を利用し、その結果国連事務局の自律性に限界が見られたという主旨である。本書はコンゴ動乱を時系列に分かりやすく説明している。国連でのコンゴにおける政策が「アメリカ寄り」にならざるを得ない主要因は、国連の財源がアメリカに大きく依存していたことである。このようにアメリカ主導の国連のコンゴでの政策に対して、ソ連はそれを受け入れるはずもなく、よってONUCの活動経費は、「コンゴ問題の張本人」である分離独立を願うカタンガ州に駐留するベルギー軍（政府）に賄われるべきと主張する。（フランスと共に）ソ連のONUC経費の滞納により、国連はアメリカへの財政依存がさらに強まる。一方、東西冷戦の一例と言われたコンゴ動乱ではあるが、ソ連のルムンバや反アメリカ勢力への援助は、予想に反して後に徐々に消極的になる。アメリカから多大な財政援助を受けたONUCは、国連平和維持活動から平和執行へと性格を変え、国連憲章七章に基づく度重なる軍事行動によって、チョンベ率いるカタンガ独立派勢力をついに抑え、最終的にベルギー軍は撤退しコンゴ動乱は終結する。しかしその結果誕生した親米独裁モブツ政権は、その後「世界で最も腐敗した政権」と言われたのは国際関係学者の多くが知るところである。モブツ政権の自由化政策の失敗が、その後のコンゴの内乱の再発を招き、それぞれの武装勢力が近隣国の援助を受けて、武装勢力間の戦闘状態は悪化し、さらなる国連活動（MONUC、MONUSCO）の設立へと導いた。しかし上述したようにそのような国連活動は成功していない。つまり現在のコンゴの多大な困難な状況の根本原因の1つに国連とアメリカのコンゴへの「協働介入の歴史」があるということが本書を読むにつれて確信していったのである。

　本書は、その序章において、分析の点から1．国連の「防止外交」という野心的希望、2．国連平和維持活動における「介入資源の確保」の問題、3．アメリカという「構造的権力」の問題、という3つの視点を取り上げ

た。そしてこの3つの視点を留意していることによってその後本書の理解が一層深まっていったといえる。すなわちハマーショルドは、コンゴの国連平和活動においても防止外交を追求してゆくことを望んでいたが、その活動には経済的にも物理的にも介入資源を確保することへの困難に直面し、その解決のためにアメリカに依存するもその構造的権力に屈服し、その結果コンゴの和平は遠のいたということである。

　評者のような国連研究を専門としている者にとって、本書から衝撃を受けたことはダグ・ハマーショルド第2代国連事務総長に関する記述である。ハマーショルドと言えば、カナダのレスター・ピアソンと共に国連平和維持活動の「産みの親」である。国連平和維持活動は、大国主導の戦後の国際安全保障体制を見直すために、ミドルパワーを中心として結成された「合意」「中立」「最小限の武装」を原則として平和的な解決を目指す。これはまさに国連らしい活動であり、それを創設したのがミドルパワー・スウェーデン出身のハマーショルドである。以上のようなことが国連について学ぶ者にとっての教科書的な内容である。彼は国連史の中では英雄である。ノーベル賞も受賞している。しかし他方で、本書によると最近の論考では、彼は「計算高く、親西側で、そして時にマキャベリ的性格の人物」（13頁）であるという。さらに本書におけるハマーショルド事務総長は、中立性は全くと言っていいほど保持していない。それどころか、彼はアメリカCIAと結託してルムンバ迫害まで計画していたとある。1960年の反ルムンバ・クーデターにおいてハマーショルドは、アメリカとベルギーと共にクーデターの中心であったという。それでありながら「ハマーショルドは、レオポルドヴィル（コンゴ中央政府）の権力闘争の結果に影響を与えようとしていることへの公的な証拠を残さないよう、きわめて慎重であった」と述べている。またベルギーのカタンガ州における侵略行為についても、国連安保理はアメリカを含む西側諸国の主張を反映して、ベルギーの侵略性の認定を回避していた。そのために、ハマーショルドも同調して、カタンガ問題を内政問題として非干渉の原則を唱えたのであった。筆者は「ハマーショルドは、大国の支持と

協力の確保というニューヨークの論理をコンゴの論理に優先させた」と論じている。実際に本書では、ハマーショルドは「マキャベリアン的」な性格として記述されることも随所で見られた。

　このように本書はハマーショルドに対する一般的な評価に対して大きな一石を投じており、国連研究分野に多い「親ハマーショルド派」とでもいえよう者達に対して大きな挑戦状を送った。しかし本書の記述に対して「親ハマーショルド派」達も屈服せざるを得ない要因として、本書の多大な第一次史料の存在が挙げられる。文末脚注の量が膨大なのである。本文が全259頁であるのに対して、その後の文末脚注が125頁にも及ぶ。つまり本文2頁に対して脚注が1頁という割合である。そして脚注には膨大な量の資料が紹介されている。本書の「あとがき」によると本書は著者の博士論文を加筆修正したとある。筆者は日本の大学の博士課程に所属しながら、三つのアメリカの大学で研究生活を送った。つまりアメリカでの研究生活で得られた多くの第一次史料が本書の内容の正当性を裏付けているのである。

　以上のように国連事務局は、東西冷戦構造を有する1960年代前半のコンゴにおいて「西側諸国寄り」であり、国連の主原則である中立性に欠いていたことが本書によって認識された。しかし国連平和維持活動を研究する評者にとって、コンゴのONUCまでが極端な中立性を欠如していたことは認識していない。勿論ONUCは、国連憲章七章のもとでカタンガでの独立派勢力に軍事攻勢をかけたことは広く認識されている。しかし本書が終章で「・・・実際のコンゴ政策は、国連平和維持軍とCIAの秘密工作の協働となることを運命づけられた」（244頁）とあるように、コンゴの国連平和活動であるONUCが、アメリカの情報機密組織であるCIAの手先になっていたとは考えにくい。国連平和活動である「平和（peace）」という世界が、CIAのもつ「情報機密」という世界と結びつくことがありうるのであろうか。

　またハマーショルドに対する批判的な記述が多い割には、彼の航空機による事故死の部分は驚くほど簡潔に書かれている。これはハマーショルドの航空事故に関する究明があまりなされておらず、それに史料の量も少ないので

あろうと考えられる。しかしここでハマーショルドの死が、彼の採った「アメリカ寄りの国連政策」、より具体的に言えば本書が記述してあるように「過去3年間のほとんどを通じて、国連はアメリカのエージェントとして活動した」事実と大きな相関関係があることを、筆者が得意とする豊富な第一次史料で立証することができれば、本書はさらに説得力のある一冊になったであろう。

またアメリカに関する本書の論点として、コンゴ動乱の後期には国連内にアジア・アフリカ新興国の影響力が増し、国連憲章19条（加盟国の分担金負担義務）のソ連へ適用への賛同が得られず、アメリカの国連での地位が低下し、もはやアメリカが国連を外交の道具として利用できなくなったことが挙げられる。そのアメリカ自身が1980年代のレーガン政権の時代には、国連の分担金を延滞したことを鑑みると、今度は国連のほうがその現実主義的な政策から「しっぺ返し」を受けたともいえよう。

さらに本書の結論として「国連の活動は、各加盟国をめぐる複雑な政治過程、そして政治的妥協の産物として捉えるべきである。・・・国連の活動の多くは、国連の枠外で国際政治によって決まりかねない・・・」（258頁）と述べられている。これも本書の膨大な史料からすれば「真実」ではあるが、コンゴの教訓から「そのような超現実主義的な傾向が顕著なケースほど、国連主導の和平は成功しにくい」とも考えられる。

本書は国際関係史が専門でない評者にとっても読みごたえのある書であり、国際関係学専門家に広く勧めたい書である。

10 エミリー・パドン・ローズ著『平和維持においていずれかの側に立つということ——公正性と国際連合の将来』

(Emily Paddon Rhoads, *Taking Sides in Peacekeeping: Impartiality and the Future of the United Nations*, New York: Oxford University Press, 2016, xiii+250pp.)

大　泉　敬　子

　2005年3月1日、コンゴ民主共和国北部において国連コンゴ民主共和国ミッション（MONUC）の部隊が暴動鎮圧のためヘリコプターからロケット弾を打ち、推定50名の人命が失われた。当時のMONUC司令官は、後に著者ローズのインタビューに答えて、まるで戦争のようであったがあくまでも平和維持活動であり、「われわれはimpartialであった」と語った。序章の最初をこの話から書き始めた著者は、多様な観点から検討すると国連によるこの行動は少しもimpartialとは言えなかったと結論づける。ローズが究明しようとした問いと答え、本書のテーマがこの挿話に見事に集約されて現れている。

　エミリー・パドン・ローズ（2017年末時点で米国ペンシルヴァニア州にあるスウォースモア大学（Swarthmore College）の准教授）は、英国オックスフォード大学大学院において、国連を含む安全保障の研究者として多くの知的貢献を残してきた国際関係・国際政治学者であるアダム・ロバーツ（Adam Roberts）の指導のもとで研究に着手し、約10年の歳月をかけて本

書を書きあげた（Acknowledgements より）。国連の平和維持活動（以下、PKO）に関する研究は、国連研究の中でも質量ともに豊かな研究の歩みが蓄積されてきた分野であるが、PKO の基本的 3 原則そのものに正面から向き合って議論した研究は少ない。そうした研究史の中で、本書は、impartiality という概念を解明して国連による平和維持が直面している規範と実践活動の関係と課題を検討する初めての本格的な研究として位置づけられる。「平和維持においていずれかの側に立つということ（taking sides in peacekeeping）」について、impartiality を「複合規範（composite norm）」とみなし（第一章）、国連本部というマクロなレベルと PKO が展開する現地のミクロのレベルの双方に光をあてて（第三・四章）、批判的に議論しようとする本書のもつ意味は大きい。著者と共に、読み手は、国連という国際機構が外部者としていかなる規範をもって頻発する内戦に対処し永続的な平和の定着に向けて機能できるかという根源的問題に挑むことになる。

　本評では、impartiality の訳語に「公正性」をあてて筆を進める。著者が問おうとしたことが、当事者の間でいずれにもかたよらないことだけではなく、「平和維持においていずれかの側に立つ」ことが求められる場合に何を基礎としていかに「公平でかたよらず、しかも明白で正しく判断し行動できるか」であると理解し、それに該当する適切な日本語が「公正性」であると考えたからである（『精選版　日本国語大辞典』では、「公正」を「公平でかたよっていないこと。明白で正しいこと。また、そのさま。」と説明している）。ローズは一貫して impartiality という言葉を平和維持規範として使うが、日本では冷戦期については「中立性」と表記されることが一般的であり、これにあたる英語表記は neutrality である。ハマーショルド（Dag Hammarskjöld）によるいわゆる『研究摘要』（A/3943）の中の 167 項の内容が、国家間紛争において国連は当事国の内政に干渉せずどちらにもかたよらずに中間に立ち、与えられた同意の範囲内の介在任務を行う中立性の原則という言葉で表現された。冷戦後に、内戦に対処して急増した PKO に関するブラヒミ報告をはじめとする国連文書において neutrality と明確に区別し

て impartiality が用いられるようになると、日本においても、「中立性」ではなく「不偏性」「衡平性」「公平性」「公正性」といった訳語が散見されるようになる。本評で「公正性」を用いる背景がここにある。この表記については、今後の議論を待ちたいと思う。

　ローズの問題設定と主張は明快である。公正性は、国連本部でも現地でも、実務家も研究者も含めて、国連平和維持の中核的規範として重要であると認識され称賛さえされてきた。しかし、1990年代以降に PKO 多機能化現象が進み、とりわけ 2000 年代には内戦に対して国連憲章第7章のもとでの活動を容認された「強化された PKO（robust PKO）」が、現地政府を支援して和平協定の実施を担い文民を保護するために強制的な軍事行動を含むあらゆる必要な行動をとる権限を与えられることになると、PKO の規範は受け身的な（passive）公正性から果敢に判断し行動する（assertive）公正性へと変化してきたとローズは分析した（第二章）。本評では、消極的な公正性と積極的な公正性と表記する。

　著者は、その最初の流れをつくった事例としてコンゴ紛争を取りあげた（第四章）。紛争は 1996 年から始まり、2次にわたる紛争を経ていくつもの和平合意が結ばれても永続する平和の定着に至っていない。紛争自体が内戦であることに加えて、国境を接する複数の周辺国の政治情勢とコンゴの天然資源をめぐる国際的利害の錯綜などが影響する複雑な性質をもつからである。ローズが着目したのは、MONUC とその継承者である MONUSCO（国連コンゴ民主共和国安定化ミッション）が、現地の政治的な情況（context）の変化の中で安全保障理事会（以下、安保理）決議によって国連史上で最強の職務権限を与えられ、最も激しい戦闘を伴う軍事行動を行うものへと変貌してゆく過程とその結果である。

　たとえば、本評の最初に紹介した 2005 年の MONUC による軍事行動は、和平協定による同意のもとで協定遵守の監視のために派遣された MONUC が、現地で混乱が続く中で憲章第7章を付して更新されてゆく安保理決議によってその職務権限を拡大・強化され、暫定政府を支援すること、反政府の

武装勢力を排除すること、武力を行使してでもあらゆる紛争当事者の暴力から文民を保護することを任務とされた結果であった。その後、MONUC も MONUSCO も、人権と国際人道法を守るという条件を課された上で、政府軍を支援してスポイラーを排除し文民の保護も行う任務を付与されることになる。国連と政府との共同軍事作戦が始まった。政府は、やがて旧反政府勢力をも自陣営に編成し直してゆく。安保理はさらに、MONUSCO の中にアフリカ3か国からなる介入旅団（FIB）を編成することを決議し、7章下で特定の武装勢力を無力化し排除する強い権限を与えた。そうして情況が刻々と推移する中で、MONUC にも MONUSCO にも、付与された権限行使へのとまどいが生じ、時として文民への脅威を見過ごしたり、武装勢力への軍事行動をためらったりする事態が起きる。人権と人道の規範を守りつつ、誰が犠牲者で誰が犯人なのか、なにが公正なのかの判断を自らしなければならない局面に立たされることになったからである。現地の市民、それぞれの利害と思惑をもった各種の武装勢力、そして国連ミッション内にも亀裂が走り始めた（第五章）。地域をまたがる複雑な勢力関係の中で、はたしてコンゴ政府だけが正統な権威者だと言えたのか、国連は何をしたのか、現地の情況が現地主導で推移する中で国連は政治的に遠くに追いやられたのではないかと著者は問う。元国連平和維持担当事務次長ゲエノ（Jean-Marie Guéhenno）がインタビューに答えて語った言葉がローズの答えを言い当てている。「MONUSCO は行くべき道を失った。私的な軍事組織の雇われ用心棒と化した」。PKO ミッションは、政府の支援とあらゆる紛争当事者から市民を守るという任務のジレンマの中で、紛争の当事者となっていった。

　ローズは、こうした推移を分析して、コンゴ紛争に見られた非人道的な状況に対して、国際社会にも国連にも、国連憲章第7章下で武力を行使してでも文民を保護すべしという、人権の主流化と人道に根差す果敢なるリベラル国際主義への移行を見出す。冷戦期の国連 PKO は当事国による同意の範囲内で活動する公正な仲介者（impartial mediator）であったが、2000 年代以降は内戦の中で犯人と犠牲者を探して法を執行する公正な警察官

(impartial police officer) になることを求められ始めていると議論した。公正性という規範が紛争の全当事者による同意を基礎とせず、より意欲的な人権・人道という規範と共に据えられるようになったが、そこに問題はないのか。積極的な公正性を規範として無垢の人々の命を救うことを目的としたはずの任務は、現地で人々の命を奪うという、その規範からは予期できぬ結果をもたらしているではないか。積極的な公正性の規範は政治的なものとなり、幻想と化した。この規範は、マクロ・レベルで国連本部の安保理、事務総長、事務局、独立パネル、加盟国などのアクターが、ブラヒミ報告、キャップストーン報告、安保理決議などを通して再定義したと言われるが、必ずしも本質的議論がなされたとは言えずコンセンサスもできていたわけではないとローズは分析する。しかも、現地のミクロ・レベルのアクターたちは、規範を実施に移す立場にあるミッション派遣国の多くを占める途上国も、現地の人々も武装勢力も、安保理の意思決定と決議採択には参加できない周辺化された存在であった。積極的な公正性という規範は、国連本部でも現地でも実はあいまいなままで試練の中にあるとローズは見る。これまで研究対象とされてこなかった「公正性」という規範を多様な観点に立って真正面から分析した理由が、そこにはある。

　著者の視点と方法は、以下の点でユニークである。第一に、複合規範という見方を提示した（第一章）。コンストラクティヴィズムに着目して、規範を社会的文脈のなかで間主観的に形成され合意され制度化されて受け入れられてゆくものとし、加えて変化してゆく規範のダイナミズムに注目した。フランク（Thomas Franck）が論じた規範の広範な構造説にヒントを得て規範を分解し、法と政治の両面から、意思決定と手続きの側面（固定的であることが多い）と現場での規範の適用過程とそこにかかわる多様なアクターにとっての規範の意味合いという実態の側面（変化することが多い）の二面性をもつものと考えた。これが規範の複合性である。第二に、その結果、多元的レベルでの分析方法の必要性を説き、2つのレベルを提示した。国連本部のマクロ・レベル（第三章）とそれがPKOミッションによって現地でどの

ように実施に移されたのかというミクロ・レベル（第四章）である。それらの関係性と両レベルにおける政治的文脈の重要性も指摘された。そして第三に、具体的事例として1998年から2015年までのコンゴ民主共和国における紛争とそこに展開した国連PKOをとりあげ（第四章）、国連に現れた積極的な公正性という規範が、現地で、市民、武装勢力、国家、国連ミッションという4つのアクターにどのような影響を与えいかなる結果をもたらしたかを分析した（第五章）。これによって、規範の理論だけでなく、規範が実際にもつダイナミズムと政治性を浮き彫りにした。

　第四は、意味解釈論の採用である。国連決議やパネル報告書、議事録、発言や声明、主要人物の書簡と回顧録などを第一次資料としてテキスト分析し、二次資料としてPKO、国連、人道主義や軍事的介入論などに関する先行研究を用いている。膨大な参考資料を随所で参照・引用していることが、研究の精緻さと客観性を高めている。最後に第五として、国際関係の研究に民族学の手法を取り入れた点である。コンゴでの広範囲なフィールドワーク、PKO参加者の観察（国連内部での会合への参加や現地での派遣国基地訪問など）、グローバルとローカルの両面でコンゴでのPKOに関与した300人を超える個人に対するインタビューが駆使されている。公正性の規範に疑念を抱きながら国連での規範の意思決定と制度化の過程から除外されていた部隊と警察の派遣国の人々からも積極的に聞き取りを行っている点は注目される。

　ローズは最終章（第六章）で、国連は犯人と犠牲者を判断することを最大の役割としてはならぬが、公正性の規範を捨て去るべきではないと述べ、アーレント（Hannah Arendt）の「判断することは世界を他者と分かち合うことを可能にするひとつの重要な行為である」という言葉を引用した。積極的な公正規範のあいまいさと政治性を認めた上で、規範と現実の両者を見据えたPKO戦略をさらに検討する必要があるというのが著者の考えである。コンゴ紛争の事例研究を一般化するための今後の研究課題も提示されているので参考にされたい。2000年代に入ってから学術雑誌 *Global Governance*

には、impartial と partial の間に生ずるグレーゾーンに着目し安保理決議が付与する職務権限自体の公正性とそれを現地で実施する際の公正性を区別して議論する論考や、国連平和維持が抱えるドクトリンと実際活動とのジレンマを問う論文が見られるようになってきた。日本においても、本学会の学会員たちの間で、冷戦後の国連 PKO を分析する際に同意や武力不行使ならびに公正性の原則を意識して検討する研究が増えてきている。

　あいまいな点が多い assertive impartiality は PKO 規範と言えるのか、PKO 規範と認めてよいのか。neutrality と impartiality の意味内容の違いや同意と武力不行使の原則と公正原則との関係性を含めて、ローズにはもう少し分析を深め 21 世紀の国連 PKO の本質とありようを議論してほしかったが、現地と本部に現れるダイナミズムと規範との関係性を多様な方法を用いて実証的に論じた国連研究として、多くの日本の研究者に手にとってほしい一冊である。

11 コフィ・アナン／ネイダー・ムザヴィザドゥ著（白戸純訳）『介入のとき：コフィ・アナン回顧録』

（岩波書店、2016年、上巻・xvii + 248頁、下巻・viii + 220頁）

(Kofi Annan with Nader Mousavizadeh, *Interventions: A Life in War and Peace*, New York: The Penguin Press, 2012, xiv+pp.383)

山 田 哲 也

　本書は、2012年に刊行されたコフィ・アナンの回顧録 *Interventions: A Life in War and Peace*（彼の補佐官であったネイダー・ムザヴィザドゥとの共著）と、それに対してマイケル・イグナティエフが *New York Review of Books* に寄せた書評を合わせて翻訳した書物である。

　1990年代前半の国連を知る者には、アナンの名は「ルワンダとスレブレニツァの悲劇」の際の平和維持活動（PKO）局長、という、不名誉な形容詞と共に、事務総長就任以前から知られた存在であった。彼が事務総長になる経緯については、前任者とアメリカの確執も含めて、本書にも記載がある（上巻163頁以下）が、彼は国連職員として国連を、また、事務総長という職分をどのように捉えていたのだろう。上巻164頁以下には、次の記載がある。「PKO局長として、私は以下の分野で、国連が限界に達しているとの重要な教訓を得た。つまり、国連の能力、支援者層に訴えかける価値観、そして世界規模での課題に対応しなければならない機関の中でコンセンサスを形

成する、という点においてである」。しかし、彼は、決して加盟国（の政治家）の顔色だけを窺っていたわけではない。貧困撲滅の文脈で彼はいう。「事務総長就任に際し、私は国連がもっと創造的でなければならないと実感した」（下巻10頁）。つまり、問題解決のためには、加盟国政府のみならず、他のアクターとの協働、すなわち、NGOに代表される市民社会とビジネス界が必要であり、特に後者については、国連グローバル・コンパクトとして結実した（下巻13頁）。

また、アナンには、事務総長として、確固たる信念があった。それは、国連が「われら人民」のものであり、事務総長としての政治的権威や正統性の源泉が、とりわけ弱い立場におかれた「人民」にある、というものである。本書のタイトルは「介入」のときであるが、それは単に武力行使を伴う、狭い意味での「人道的介入」ではない。国家——大国であれ、小国であれ——が、その権力を正しく行使していないときには、国連は積極的に関与すべきである、という意味での「介入」である。本書では、控え目な表現でではあるが、ミレニアム開発目標（MDGs）と保護する責任（R2P）をアナン自身の最大の功績と位置づけているように思われる（下巻204頁）。それは、彼はこの両者が「国家の特権を超えた目的のためにグローバルガバナンス構造を革新することと、個々人がその潜在力を発揮するために舵を取れるよう力を与えること」（同）を目指すものと位置づけていることからも窺える。それ故にこそ、イグナティエフをして、「コフィ・アナンは永続的ともいえる道徳的な威光をたたえた人物」（下巻207頁）と言わしめる評価を勝ち得るのである。続けて、イグナティエフは言う。「彼〔評者注、アナン〕は極めて魅力に富んだ人物であるが、その権威は経験から来ているのだ。アナンほど、悪党や軍閥、独裁者たちとの交渉を経験した人はいない。彼は自ら、世界の闇の部分への特使となった」（同）、と。

この関連で興味深いことは、「安保理決議のない武力行使」への、彼の解釈と対応である。上巻第3章では、コソボ、東チモール、ダルフールの各紛争への彼と各国指導者のやり取りが詳述されている。周知の通り、アナンは

コソボ問題に対する軍事的対応について、早い段階から積極的であった（上巻105－108頁）。それは、後のR2Pにつながる、次の叙述に象徴される。すなわち、コソボ問題を機に、「国際政治に新しく一線を画すること、国家がその領域内の自国民の扱いと保護について責任を持つための新たな基準を設定することだ。われわれは、主権国家が持つ内政不干渉の権利は、個人のもつ、人権の重大かつ組織的な侵害を受けない権利に優先するものではないことを、明確にしなければならなかった」（上巻105頁）。そうであるが故に、ユーゴ政府が欧州安全保障協力機構（OSCE）の監視団をコソボから追放し、北大西洋条約機構（NATO）による軍事作戦が目前となる中、彼は、「ロシアの反対により、武力行使の権限を付与する安保理決議は採択されていなかったので、NATOは安保理の意思に反した行動をとることになる。しかし、何かがなされる必要があった」（上巻111－2頁。傍点評者）。そして、彼は武力行使開始直後の事務総長声明において、まず今回の事態の責任がユーゴ政府にあることを明確にした上で、「声明は、いかなる武力行使の決断にも、安保理が関与するべきである、という呼びかけで締めくくられた。事務総長として、私はこの原則を確認する任にあった」（上巻113－4頁）。後の、独立コソボ国際委員会の報告書で有名になった「違法だが正当（illegal but legitimate）」に連なる考え方をアナンは当初から持っていたのである。

　彼は、決して国連憲章を蔑ろにしているのではない。コソボ問題では交渉を繰り返す中で、ミロシェビッチには問題解決能力が無いことを見抜き、武力行使やむなしとの判断に傾いていった。さらに、武力行使権限をNATOに授権する決議を安保理に提出したとしても、ロシアの拒否権行使は明らかなため、NATOによる「人道的介入」を認めざるを得ないと腹を括ったのである。声明の最後で、憲章上の原則を繰り返さざるを得なかったのは、事務総長の任務としては当然であり、彼の忸怩たる思いが伝わる。とはいえ、彼の脳裏には、ルワンダやスレブレニツァを始めとする数々の「国連の失敗」があり、そこから得た教訓としての「弱い立場におかれた人民への共感

と関与」がよぎっていたことは想像に難くない。

「弱い立場におかれた人民への共感と関与」は、9・11の犠牲者にも、アフガニスタンの国民にも、また、フセインの圧政下におかれたイラク国民にも等しく注がれている。9・11のテロ攻撃について、安保理がアメリカの自衛権を認めたことについて、アナン自身はそれほど問題にしておらず、むしろタリバン政権除去後のアフガニスタン再建に頭を悩ませていたようである（下巻161頁）。それよりもむしろ、アナンはアメリカによる対イラク戦争に対して、「侵略」（下巻134頁）として極めて厳しい非難の言葉を綴っている（彼の非難は、2003年8月19日に、バグダッドの国連本部がテロ攻撃の対象となり、盟友セルジオ・ヴィエラ＝デ＝メロを失ったことによって増幅されている）。例えば、下巻・195～6頁では、イラク戦争に至るプロセスを「国連とそれが体現する多国間主義の原則を標榜する派と、国連の決議を違法で不当な結果を導く便利な手段とみなす派との衝突」とみなし、さらに、「サダム・フセインとジョージ・W・ブッシュの対立は、誤算をしがちな独裁者と敵とおぼしいすべてに対する一方的な復讐に駆り立てられたイデオロギー的な指導者との対決」（下巻196頁）と評している。その上で、彼は、イラク戦争を「国際法上正当化できない行動」であるとし、「国連は平和主義の組織ではない。しかし、戦争と平和の問題で、もし国連が憲章の原則を主張しなかったら、それは違法であるばかりか、国連が世界において持っている正統性も失うだろう」（下巻197頁）と警告を発している。

本書を読んで気づかされるのは、アナンが実直で現実主義的な交渉人である、ということである。これまでに記した一連の武力行使の事例についても、それに至るまでの「仲裁者・仲介人」として彼が果たした役割についてはもちろん、上巻第5章「アフリカの運命－戦争と平和」では、ナイジェリアとケニアでの内政混乱に際して、彼が見せた粘り強い交渉が詳述されている。彼のアフリカ人指導者との交渉術は、決して「アフリカ流」ではなく、むしろ、法の支配やグッド・ガバナンスが根付かず、全てを植民地主義批判にすり替えて議論するアフリカ（人）に対して批判的ですらある（上巻207

頁)。アナンは、アフリカにも自由民主主義的な政治的文化があることを熟知しており、それを梃子に交渉に臨んでいたことが同章からも窺える。

　本書には、イグナティエフも下巻210頁で指摘するように、やや自信過剰とも思える記述も見られる。五大国の意向に翻弄される国連事務総長の伝記や自叙伝は、ややもすると、彼らとの確執を乗り越えて国連の地位を高めた、という、「聖人伝」になりかねない危険性を孕んでいる。しかし、アナンは残念ながら、MDGsやR2Pといった功績を残した一方で、真の「聖人」にはなりきれなかった。それが、イラク戦争の翌年に発覚した、石油食料交換プログラムにおける不正とそこにアナンの息子が関与していた、というスキャンダルである。イグナティエフの観察では、アナンは任期最後の2年を自らの名声を保持することに尽力した、という（下巻218頁）。しかし、アメリカによる妨害（当時の国連大使がジョン・ボルトンだったのは象徴的である）で、抜本的な国連改革には至らなかった。また、退任後のことではあるが、シリア和平にも関与したが、目覚ましい成果を上げられなかった。

　しかし、イグナティエフは、「アナンほど『われら人民』の声に近づき、またそのために高い代償を払った者はいない」（下巻219頁）と賛辞を送る。確かにMDGsにせよ、R2Pにせよ、アナンの国連には、国際社会の変化を鋭敏に察知し、それを政策なり概念として打ち出す嗅覚があった。それは、アナン自身が「われら人民」の中の脆弱な部分に寄り添う覚悟を持っていたからこそ可能だったのではなかろうか。本書は、単なる一事務総長の自叙伝としてではなく、国連のあるべき姿を示唆するものである。

【謝辞】これは、2017年度南山大学パッヘ研究奨励金の成果の一部である。

12　東大作編著『人間の安全保障と平和構築』
（日本評論社、2017年、284頁）

栗　栖　薫　子

　人間の安全保障は、学術的には、例えば国際関係論や平和学・安全保障研究において、主たる分析対象を国家や国際関係から個人や集団のレベルに移行させる視点を提供し、いわゆるオントロジーをめぐる問題を提起した点から注目されてきた。他方で、人間の安全保障は、実務的には現場の喫緊のニーズから叫ばれた概念であった（例えば本書186-187頁）。国内紛争、難民や国内避難民の状況、ジェノサイドなどの人道的な危機、ことに1990年代以降に国際的な焦点となった多様な課題においてクローズアップされた、一般市民やコミュニティに対する脅威への対応という、具体的な問題と直結したのが人間の安全保障概念であった。具体的な政策課題としては、いかに人々やコミュニティが自ら直面する脅威を予防し、また実際に脅威に見舞われた際にはそれに対処し、復活できるような強靭性をいかに構築するのか。またそれができなかった場合に、社会の外部からどのような支援が可能なのか。これまでに不可視化されてきた脆弱な人々のニーズを掘り起こし、また人間の不安の背景にある政治・社会・経済・文化的要因と構造を明らかにすることが求められている。

　自生的な平和構築がもしあるとすれば、それは長期的な過程をともなうであろう。紛争を体験した社会の再建の過程で生じる変動は、社会の多様な部分において痛みを伴うのが常である。対して、今日的な平和構築は外部アクターによる暫定的な介入を前提としている。既存の制度や文化とは異なる要素が国内社会に入り込むことになるし、国内の諸集団の従来の力関係にもメ

スを入れることになる。こうした過程は、人間の安全保障にとってどのようなポジティブなあるいはネガティブな影響を及ぼすのであろうか。

東大作編による本著『人間の安全保障と平和構築』（日本評論社、2017年）は、12名の多彩な執筆陣による、多様なテーマを扱った論考集である。執筆者の多くは、政府や国際機関、援助機関などを通して、平和構築のプロジェクト実務に携わったり、外交の実務に長年就いた者である。本書には、各執筆者による、人間の安全保障や平和構築に対する強い熱意が投影されているのも特徴である。人間の安全保障と平和構築に関する一般向けのレクチャー・シリーズをもとに編まれたことも理由であろうが、いくつかの章において一人称が使用され、一般的な学術書とは異なる読者層に向けた本であるという印象を受ける。実務家の著者の多くは、現在、また過去に何らかの形で高等教育・研究機関での教育や研究にも携わっており、過去20年程の間に発展してきた学術界と政策・実務世界との相互交流の成果を反映した著書であるともいえる。他方、本書では執筆者がそれぞれの経験と知見に基づき自由に論じている部分も多く、人間の安全保障と平和構築という本書が掲げるテーマからどのような洞察を抽出するのかが問われるであろう。

まずは、本書の内容についてごく簡単に概観する。第1部においては「統治機構の崩壊と国家再建」にかかわる課題群を扱っている。第1章では、人間の安全保障の理論枠組みならびに平和構築との関係を提示し（東大作、峯陽一）、第2章では、平和構築における正統性の確立を概観しており（東大作）、第3章では、東ティモールの平和構築と指導者の役割（長谷川祐弘）について分析している。第4章では「アラブの春」後のエジプトの状況と平和構築に関する学術的な分析（鈴木恵美）、第5章では国際テロリズムへの国際社会の対応（植木安弘）が論じられている。

第2部では、「強靭な社会」の醸成にむけた取り組みを分析した論考を所収している。第6章は、アフリカにおける平和構築への日本の援助実施機関・国際協力機構（JICA）の対応（畝伊智朗）、第7章は、ネパールを事例に人間の安全保障と平和構築における教育の意義を実証的に論じている（杉村美

紀）。第 8 章では、文化・スポーツという興味深い題材をとりあげて平和構築の心理的な側面について分析している（福島安紀子）。

　第 3 部は、日本の取り組みを扱っており、第 9 章においては日本外交に人間の安全保障を反映させるうえでの様々な論点を提起しており（長有紀枝）、第 10 章では国連安保理改革（大島賢三）の説明がなされている。第 11 章では日本の難民の受け入れをめぐる問題（滝澤三郎）、第 12 章では東アジアにおける人間の安全保障の受容を論じている（峯陽一）。終章は、平和構築を社会や政治体制のあり方から整理している（旭英昭）。

　第 1 章における、人間の安全保障とは何かについての説明は明解である。人間開発と人間の安全保障の関係、また「尊厳」との関わりを、「ダウンサイド・リスク」の概念を用いるなどして、きわめて理解しやすい形で説明している。人間の安全保障についての理解をグローバルに進展させるにあたって、重要な役割を果たした人間の安全保障委員会の報告書 *Human Security Now*（2003 年）は、アマルティア・センの理論を土台に人間の安全保障を概念的に明示することを試みた。しかし、その内容を理解するのは実際にはそれほど容易ではなく、同報告書を何度も読み返すことが必要であった。対して、本章は、将来のリスクをどう概念に組み込むのか、人権や人間開発とはどのような関係にあるのかなど、図を用いながら正確にかつ噛み砕いて解説しており、人間の安全保障に関心のある読者にとっては一読の価値があろう。

　では、人間の安全保障と平和構築の関係については、本書ではどう明示されているのだろうか。本書ではまず、「国際社会が当該国を支援することで、こうした紛争の再発を防ぎ、平和を定着させることは、そこに住む人々が、軍事紛争に巻き込まれ犠牲になることを防ぐという意味において、『人間の安全保障』の中核的な問題の一つだと捉えることができよう」（15 頁）と述べられている。それ以上に踏み込んだ枠組みの提示はなされていないようであるが、平和構築と人間の安全保障、また関係する諸政策分野をめぐる因果の矢印の方向性は、一方向なのだろうか。ここでは平和構築が実現されるこ

とが人間の安全保障の実現につながるという図式にみえるが、教育の役割について分析した章からは、人間の安全保障と平和構築の双方に対して、教育が影響を及ぼす構図がみえる。終章に論じられるソーシャル・キャピタルもまた人間の安全保障それ自体の実現においても、平和構築の進展においても重要な要素となろう。平和構築が完全な形で成功した例はこれまでにない中で、平和構築の多様なプロセスは、人間の安全保障にどのような影響を及ぼしたのであろうか。平和構築と人間の安全保障との複雑な関係について、冒頭の章で枠組みを提示するか、あるいは末尾の章において各章からの論点を抽出するなどして、本書における人間の安全保障と平和構築の関係性についての暫定的な結論の提示が可能だったのではないかと感じた。本書の性格による制約かもしれないが、共通の研究の問いあるいは、何をもってなにを説明するのかという研究の軸がみえにくいことに起因している。個々の論考は興味深いものの、全体の議論を踏まえたうえでの、なんらかの結論が明示されていないことが残念である。

　本書から導出されうる平和構築と人間の安全保障に関する知見を、以下に紹介する。一つ目は、平和構築における正統性の問題である。第2章では、平和構築の成功（そして人間の安全保障の実現）は、正統な政府の樹立によると論じる。変数が多岐にわたり複雑であるが、外部アクターの第三者としての役割、とくに国連の意義、平和構築過程への人々の包摂的な参加、サービス提供の向上、治安セクターの整備が、正統な政府の構築に関係しているという。そのなかで、特に国連の役割を強調しており、この点は、アンケートやインタビューによる市民を中心とした現地での意識調査によって裏付けられるという。

　平和構築と人間の安全保障についてより明示的に関連付けた分析もある（第6章）。本章では、JICAにおける取組が、具体的にかつ批判的に分析されており興味深い。JICAでは、人間の安全保障を具体的にJICAの文脈に落とし込んだ指針（アプローチ）があり、それがさらに課題別指針「平和構築」において反映されている。具体的には、「紛争要因を助長しない配慮」

「紛争要因を積極的に取り除く支援」という二つの視点をもとに、平和構築アセスメントをプロジェクト実施にあたって導入している。人間の安全保障の規範的な概念が、平和構築という課題別指針に前提としてとりこまれ、具体的なプロジェクト評価の基準にもなっている。ただし、プロジェクトの実施ひいては人間の安全保障の実現が、特定のプロジェクトだけでは不可能な場合もあり、外生的な変数（例えばよりマクロ構造的な要因）によって大きく左右されるという指摘も重要である。

規範的な概念としての人間の安全保障が、政府機関でどのように履行されるのかをみると、一つのあり方としては次のようなプロセスがある。各国政府や組織のレベルで実施に移すために、その組織の現状や組織文化にあった指針として落とし込んでいく段階；指針を組織内での学習などを通して内部化していく段階；実際にプロジェクト案件を評価する際に、指針に沿っているかどうかをチェックし、実施に反映させる段階である。第12章は、JICA研究所による東アジアの人間の安全保障に関するプロジェクトの成果を、理論的に解釈したものであるが、上記の点（第6章）と関連した議論も展開されておりあわせて読むと興味深い。人間の安全保障への理解や導入が、それぞれの地域や国、社会の規範や概念の現地化（localization）を通じて、多系的に展開しているという。

本書は、人間の安全保障と平和構築に関して、専門的な研究者や実務経験者によるそれぞれに重要な知見を集めた論考集であり、この問題についてあらためて考えなおす論点を含むものである。学生たちの導入書としても、政策に関心をもつ市民にとっても一読の価値がある書籍として薦めたい。

13　米川正子著『あやつられる難民——政府、国連、NGO のはざまで』

（筑摩書房、2017 年、318 頁）

墓田　桂

　難民問題に関する関心は世界的に高まっている。シリア、アフガニスタン、南スーダンをはじめとする中東・アフリカ諸国からの難民の流出や、地中海を渡る密航者の惨状、さらには欧州諸国の苦悩に満ちた対応は、あえて説明するまでもないだろう。難民・難民申請者の状況や先進諸国の対応を伝える情報は格段に増えた。日本でも難民を扱った書籍が次々と刊行され、耳目を集めている。

　これらの書籍のなかでも異彩を放つのが『あやつられる難民—政府、国連、NGO のはざまで』である。国連難民高等弁務官事務所（UNHCR）での実務経験のある著者がアフリカ大湖地域を舞台に難民問題を論じていくのだが、少なからぬ読者が衝撃を受けたに違いない。難民は政府、国連、NGO の狭間で翻弄される存在であるという。本書は十分に責務を果たしていないとする UNHCR を特に激しく批判する。偶像化された UNHCR のイメージは覆され、官僚組織の行動原理と体質が炙り出される。難民を操るいかなる者たちにも著者は批判の手を緩めない。

　刺激的な内容ではあるが、「操られる難民」自体は真新しい論点ではない。このタイトルから想起されるのは Stephen John Stedman and Fred Tanner (eds.) の *Refugee Manipulation* (Washington, D.C. : Brookings Institution Press, 2003) である。難民がさまざまに操作され、利用される存在であることは、つとに指摘されている。ただ、日本語の書籍でこの問題を真正面から取り上

げたのはおそらく本書が初めてだろう。

　日本での難民研究は層が厚いとは言いがたいが、それでもここ数年でさまざまな立ち位置の書籍が出揃ったように思われる。まずは本書を紹介し、その後で議論を続けたい。

　導入部分において、本書は国際社会なるものへの不信を表す。それは著者が接した難民ばかりか、著者自身が抱く感情であり、本書に通底する姿勢である。難民保護の気高い理念は唱えるものの、それを実行しようとしない国際社会は信用に足らない存在なのだろう。2016年9月に開催された「難民と移民に関する国連サミット」に関しても、当然のことを議論するために「わざわざ多額を費やして会議を開催したのか理解しがたい」（11頁）と手厳しい。

　第1章「難民問題の基本構造」は難民の定義や認定制度についての基本的な事実から始まる。ただ、難民問題に関する教科書的な説明は少なく、アフリカにおける具体的な事例が多くを占める。なかでもルワンダ人によるコンゴ難民への偽装事例は注目に値する。著者が数名の難民から聞き取った範囲では、「難民自身のサバイバルと真の無実の難民をスパイするため」（60頁）の二つの目的があるという。

　第2章「難民、UNHCRと政府の関係」では、難民保護を任務とするUNHCRとそこで働く人々の内情が明かされる。著者はUNHCRが「難民保護という本務を果たしえていない実態」（18頁）を伝えようとする。非政治性を掲げるものの、UNHCRの運営は実情としては政治的にならざるをえない。アメリカ政府への配慮を含め、UNHCRのこうした特質を著者は問題視する。また、UNHCR職員が「組織のトップである高等弁務官にペコペコし媚びる姿」（101頁）も紹介される。「UNHCRやNGO職員らも難民を「団体の商品」や「キャリアの道具」として利用してきた」（110頁）との指摘は目を奪う。

　第3章「難民キャンプの実態とアジェンダ」では、公の方針とは裏腹に、難民キャンプが難民を支配する手段となっていった様子が描かれる。キャン

プ内で起きる暴力や人権侵害などの課題とともに、難民戦士（refugee warrior）や難民キャンプの軍事化といった問題が述べられる。公式には難民キャンプは「最後の手段」と位置付けられるが、「多くの場合、恒久的な解決策となっている」（112頁）現実がある。著者は、難民キャンプが設けられる複数の要因を挙げつつも、難民キャンプは「難民を北の国に移動させないという強制収容の目的を持つ」（169頁）と分析する。多くの問題を内包する難民キャンプに対し、著者はきわめて批判的である。

　第4章「難民と安全保障—ルワンダの事例から」は、国外に逃れたルワンダ難民を狙った暗殺事件や、1994年にルワンダで起きた虐殺とそれ以降の展開を扱う。著者によれば、現在のルワンダ政府によって特に命を狙われているのが、カガメ大統領と袂を分かち、国外に亡命した政府関係者であるという。さらに1994年のルワンダでの虐殺に関しては、現在のルワンダ政府を構成するルワンダ愛国戦線も同じ時期に虐殺行為に及んでいたと指摘する。なお、UNHCRへの批判は本章でも続き、「ルワンダ難民の問題解決を長年十分模索しなかったUNHCRをはじめとする「国際社会」」（209頁）の責任に言及する。

　第5章「難民問題の恒久的解決—母国への帰還と難民認定の終了」では難民帰還の現実が語られる。難民が自力でおこなう「自発的帰還」に対して、難民の意思を尊重しつつUNHCRが実施する帰還は「自主的帰還」と呼ばれるが、著者によれば、「UNHCRは自主的帰還を推進しながらも、それに関する研究を十分にしてこなかった」（217頁）という。自主的帰還の意思決定プロセスに難民自身が関与していない実態も疑問視する。著者の体験も交えつつ、UNHCRが強制帰還を防げなかった、あるいは促進したとする事例が紹介される。著者の批判は、UNHCRがルワンダ難民に対して難民の地位の終了条項を適用したことにも及ぶ。

　そして、第6章「人道支援団体の思惑とグローバルな構造」では、「人道」という言葉の意味を問いただす。日本を含めた大国が「人道支援」を語るとき動機は別にあると解説し、その文脈で日本の安倍政権を非難する。また、

日本の国益に利用されたとする人道支援や民軍協力の動きを批判的に論じる。外交や軍事・諜報機関によって NGO が利用されたとする事例も挙げている。

コンパクトな新書だが、以上のように本書が言及する論点は多岐に及ぶ。紙幅の関係からすべては扱えないので、ここでは数点に絞って議論していきたい。なお、推敲や校正が不十分と思える文章がいくつかあることは横に措く。

まずは事実関係について指摘したい。1951 年の「難民の地位に関する条約」を「難民の権利と、対難民の国家の義務に関する最初の国際的合意」（27 頁）と説明しているが、実際には、戦間期にいくつもの法的文書が策定されている。1933 年の「難民の国際的地位に関する条約」はその一つである。1951 年の難民条約が「最初の国際的合意」とはさすがに言いがたい。

全体を通して抱いた感懐は、難民をめぐる厳しい政治的環境を伝えようとする熱意のあまりか、公平性や裏付けを欠く記述が目立つことである。複雑な内容の割には説明が粗く、新書の読者層が蔑ろにされた感も否めない。例えば第 4 章では、著者はルワンダのカガメ政権を糾弾するものの、虐殺に関与したフツ人たちに同様の糾弾は向けられない。アメリカがルワンダでの虐殺に関与したとする記述についても短絡的な印象が残る。カガメ政権とアメリカ政府への憎しみは伝わってくるが、読者を納得させるにはむしろ冷静に検証を進めたほうが良かったのではなかろうか。アメリカの諜報機関の陰謀説に触れる第 6 章も然りである。ただし、第 5 章のルワンダ難民の強制送還に関する記述は胸を打つ。

たしかに難民を慮る姿勢は本書の長所であるが、これは同時に短所でもある。運動論的研究の穽陥と言えるかもしれない。社会運動の対象のみに関心が集まり、周辺の事象が後景化することがある。難民保護の言説もその罠に陥りやすい。Do No Harm の原則が唱えられても、難民ばかりに意識が向かい、受け入れ側にとっての実害は等閑にされてしまう。だが、実際には難民に支援が集中したり、社会関係資本をもつ難民が豊かになったりする一方

で、地元住民が置き去りにされるような事態も生まれる。現実の問題として、受け入れ側の社会が蒙るコストとリスクは小さくない。こうした側面があるにもかかわらず、難民中心主義的な姿勢ゆえに、本書では受け入れ側の視点は疎かになりがちである。

　本書はあらゆる機会を捉えてUNHCRの対応を批判する。なるほど国家に対して易々と譲歩するUNHCRの姿勢は許しがたいに違いない。しかし、UNHCRはNGOのような自由はもちえない。当然のことながら、国家には国家の正義がある。主権国家体制に間借りするUNHCRとしては、難民の利益を重視しつつも、国家の狭間で最善を尽くすしかない。そうした現実を勘案したとき、UNHCRに対する著者の批判は厳しすぎるように感じられる。また、批判をするなら現実的な代案があっても良いはずだが、それもあまり見られない。

　元職員による「告発本」——著者は当時のUNHCR幹部の処罰にも言及する——は、UNHCRにとっては困惑の種だろう。だが、激しい批判の裏側には、現状を変えたいという著者の純粋な想いも感じとれる。本書は「自省の念」（19頁）から書いたという。正義感に満ちた実直な姿勢がこの本には映し出されている。賛否両論はあるかもしれないが、著者の決意は尊重したい。

　なお、理想主義的な内容ではあるものの、難民の受け入れにともなうコストとリスクを現実的に考えるうえで有益な情報も含まれる。難民戦士やキャンプの軍事化など、難民流入と紛争の拡散を論じた部分はその一例である。著者の意図におそらく反して、難民問題の安全保障化（securitization）に正当な根拠を与えたと思われる。

　現場の知見にあふれた著作であり、問題提起の書でもある。さまざまな観点で広く読まれていくことだろう。本書が難民問題に関する闊達な議論を促していくことを期待したい。

V

日本国際連合学会から

1 国連システム学術評議会（ACUNS）2017年度年次研究会に参加して

玉 井 雅 隆

　国連システム学術評議会（ACUNS）の第30回目の年次研究会が、2017年6月15日の午後より17日まで、大韓民国ソウル特別市の淑明女子大学にて開催された。本年は日本から井上健、猪口絢子、猪又忠徳、内田孟男、川口智恵、キハラハント愛、功刀達朗、久山純弘、黒田順子、庄司真理子、杉村美紀、滝澤美佐子、立山良司、田中敏弘、玉井雅隆、長谷川祐弘、星野俊也、宮下大夢、山川卓の合計19名（敬称略）が参加した。2017年度のテーマは「人権、平和と発展に関する国連の活性化に向けて」（Revitalizing the United Nations for Human Rights、Peace and Development）と題して、第1日目には初頭に特別セッションと開会式が開かれた。その後4回の全体会議そして39の分科会で多くの議題を広範囲に深く討議された。

　オープニング・セッションとして、ハン・スンジョ（Han Sung-Joo）元韓国外務大臣による基調講演がなされた。第二次世界大戦後の自由主義と多国間主義に基づいた世界秩序の下で、世界経済が成長し平和の維持と環境保護などの地球公共財が保たれてきた。しかし、グローバリゼーションが進行するに従って、最強国である米国の経済力の相対的な弱体化に従って、国家主義やポプリズムが自由主義と多国間主義に基づいた世界秩序を問題視するようになった。嘉国間主義の担い手の国連などの国際機関は　国家と個人の主権の意義、中国などの台頭国の世界秩序体制への繰り込み、そして、地球公共財などの保護を可能にする、新たな多国間の規範とルールを平和裏に築きあげることが、紛争の再来を防止することになると説いた。

全体会合Ⅰ（Plenary MeetingⅠ）では、「国連協議会が設立されてから30年を振り返り将来の展望」（ACUNS at 30: Retrospect and Prospect）のテーマで、4人の方々が見解を述べた。現会長であるロレイン・エリオット（Lorraine Elliott）オーストラリア国立大学教授がACUNSがこの30年間に北米中心から欧州そしてアジア諸国を含めた世界規模の団体になったことを説明した。2番目に発言した会員の長谷川祐弘氏は、日本国連学会、韓国国連学会が2001年より共同のセミナーを行い、2011年に中国国連学会が参加し、3カ国の厳しい外交関係にも拘わらず、東アジアセミナーを続きてきたことを説明した。日本からは、内田孟男、功刀達朗、志村尚子、長谷川祐弘、そして、韓国からはスン・ハクカン（Sung Hak Kang）、リー・シンワ（Lee Shin-wha）、チュン・エウンスック（Chung Eun-sook）氏がACUNSの理事を務めたことは意義があった。中国、日本、韓国の国際社会そして国連への貢献が増す中で、東アジアの平和と開発に関する思想や考え方がACUNSの政策や運営にも、より一層に反映されるべきだと説いた。具体的には、ACUNSの理事会でのアジアからの人たちの人数を増やすべきであると示唆した。長谷川氏の後に、シャーロット・クー（Charlotte Ku）テキサスA&M大学教授がACUNSが会員のプロフェッショナル育成に役立ってきてことを述べ、最後にオーストラリア国立大学のラメッシュ・タクール（Ramesh Thakur）教授がACUNSの学会誌の『グローバル・ガバナンス（*Global Governance*)』の果たした重要性を説いた。

続いて午後には第1回分科会が開催され、9の分科会が同時に開催された。その中で会員の報告としては、第2分科会「国連の活性化のための優先課題としての紛争予防」（Prevention as the Priority for Revitalizing the UN）において久山純弘会員は、国連発足以来の紛争予防努力、就中「予防外交」に関する規範等を概観し、その上で予防外交の一層の強化と、これを機能的に補完するSDGsの活用により、紛争予防上強靱な状況の分野別構築（「予防的平和構築」）を提案する旨の報告がなされた。

続いて初日の午後は、「朝鮮半島における国連の役割」（The Role of the

UN in the Future of the Korean Peninsula）を論じる全体会合Ⅱ（Plenary Meeting Ⅱ）が開かれた。大阪大学の星野俊也教授の報告では、朝鮮半島情勢の持つ意味について国家、地域、グローバルという３つのレベルで整理がなされた上で、朝鮮半島の分断解消に向けた国連移行行政ミッションが提案された。高麗大学のキム・スンハン（Kim Sung-han）教授は、東アジアの安全保障について韓国とアメリカの軍事同盟をテーマとして中国の位置づけを中心に論じ、UNSC の役割が統合的なものに変えられていくべきであると主張した。王学賢元中国国連大使は、北朝鮮に対しては強硬な制裁のみならず対話の可能性が開かれていることが重要であると説き、ダブル・トラックで対処していく案を提示した。

　２日目は「人道危機における人権の保護と推進について」（Protection and Promotion of Human Rights in Humanitarian Crises）の全体会合Ⅲ（Plenary Meeting Ⅲ）で幕を開けた。まずダンディー大学のカート・ミルズ（Kurt Mills）教授が、人道危機への対応においては人権が置き去りにされているが、人々の保護は人道援助の代わりにではなく、共に提供されるべきであると訴えた。続いて東京大学のキハラハント愛准教授が、国連平和活動要員による犯罪の刑事的アカウンタビリティについて、国連警察については、刑事管轄権も要員の特権免除も法的にはほぼ訴追の障害とならないと指摘し、国際人権法の下で国家の持つ重大な犯罪を捜査・訴追する義務の議論で、訴追を促せると提案した。最後にオックスフォード大学のモニカ・セラオ（Monica Serrao）教授が、中南米の国々が抱える、反麻薬政策と米州人権条約の下での国家の人権義務との緊張関係について、国連人権制度が新しい課題に踏み込まないことが一要因となった、と主張した。

　２日目には第２回分科会として、16 の分科会が開催された。その中では第１分科会「開発の実施・成果」（Delivering on Development）において田中敏裕氏による報告がなされた。田中氏は、パキスタン、ミャンマー、フィリピンの災害・紛争事例をもとに、人道支援と開発援助の分断（Divides）状況を原則・規範的側面や制度・組織的側面から分析し、国連改革（UN

Reform）を内部指向的なものから全体の支援効率・効果を高める目的指向への転換を提起した。

また、同時に第2分科会「人権とマイノリティの権利に関する問題」（Issues of Human rights and Minority Rights）も開催され、玉井雅隆会員他2名による報告がなされた。山川卓立命館大学講師は「ロマ包摂の十年」でUNDPが実施したロマの生活状況に関するデータ収集について報告し、ロマの状況とプロジェクトの進展を評価する指標が形成された一方で、当事者参加の問題を残すと論じた。また大阪大学の猪口絢子氏は、アフリカ大湖地域における紛争鉱物問題に対する国際的規制レジームが萌芽していく経緯とその間の国連の役割について分析し、現在の取り組みより包括的でグローバルな規制の在り方を提起した。最後に玉井雅隆立命館大学講師は、欧州のマイノリティ保護枠組に関して報告を行い、マイノリティ保護枠組において血縁上の母国を有するナショナル・マイノリティと比較して、そのような母国を有しないロマの保護枠組の取り組みの遅れに関して指摘を行った。

2日目午後からは全体会合Ⅳ（Plenary Meeting Ⅳ）では「SDGsの達成に向けて」（Agenda 2030 – Achieving Progress towards the SDGs）として、3名の著名な研究者・実務者の報告がなされた。初めに、元UNDPのステファン・ブラウン（Stephan Brown）氏が、経済・社会・環境という3分野で17目標169ターゲットを網羅するSDGsにおいて、人間開発の視点から優先順位を明確にする取り組みの必要性を提起する。モデスト・バスケス（Modesto Vazquez）オアハカ州立大学学長は高等教育を充実させ指導者育成による相乗効果について演説。張海濱北京大学教授は、環境関連のSDGsに関する中国の重要な役割や、アメリカ離脱後のパリ協定を中国とEUそしてBRICS（中国、ブラジル、ロシア、南アフリカ、インド）5か国でリードしていくことの必要性を説いた。最後に、マイク・ハーディ（Mike Hardy）コベントリー大学教授が、不安定な秩序や低い予測性、グローバル化とローカル化という国際社会の分断傾向を分析、目標設定が達成可能性と乖離しているとの危惧を述べた。

最終日には午前に第3回分科会が13開催された。その後に開催された全体会合Ⅴ（Plenary Meeting Ⅴ）では、「新たな事務総長への課題」（Agenda for the New Secretary-General）として、ダグ・ハマーショルド基金マネージャーであるカリン・アッボースヴェッソン（Karin Abbor-Svensson）氏、元韓国国連大使のジョーン・オウ（Joon Oh）慶熙大学校教授、フランチェスコ・マンチーニ（Francesco Mancini）シンガポール国立大学副学長、セバスティアン・フォン・アインジエデル（Sebastian von Einsiedel）国連大学ディレクターの4名が意見を交わした。4名共に、多極化し国家以外のアクターが国際社会において活動する現代国際社会において国連の果たしうる役割の重要性に関して指摘した。特にアッボースヴェッソン氏は、その国連の中でもハマーショルド（Dag Hjalmar Agne Carl Hammarskjöld）事務総長がコンゴ動乱などの紛争において果たした役割に関して言及した上で、特に国連事務総長の役割に関して指摘を行っている。

　2017年年次研究会は、淑明女子大学教授であるホン・キュードク（Hong Kyu-dok）KCUNS会長及び国連システム学術評議会のロレイン・エリオット会長によって閉会された。

2 Report of the 17th East Asian Seminar on the United Nations System:
Towards East Asian Leadership in Strengthening Multilateralism in an Increasingly Turbulent World

Kazuo Takahashi

The 17th East Asian Seminar on the United Nations System was held at Kitakyushu International Conference Center from November 10th to 12th, 2017, co-hosted by Japan Association for United Nations Studies (JAUNS), China Academic Net for United Nations Studies (CANUNS) and Korea Academic Council on the United Nations System (KACUNS).

Before reporting on substance of the Seminar, which has been rich and substantial, I, as a Director for Academic Exchange and Cooperation (JAUNS), would like to express my thanks to all the participants and those who have cooperated for organizing this seminar. In addition to my contact points in China and Korea, Dr. He Huang (China) and Prof. Hyun Jin Choi (Korea), my colleagues at JAUNS have done all the important preparatory works ; Prof. Kukita, the Secretary-General of JAUNS who was in charge of, among others, financial matters, Prof. Shoji who was in charge of papers and BIOs and Prof. Ohira who was responsible for all the works here in Kitakyushu City. I also would like to mention the names of student volunteers who were indispensable for the success of our seminar: Mariya Hatanaka, Maaya Izawa, Yuriko Kubota, Daichi Okazaki, Yuki

Sakamoto, Marika Tada, Erina Takahashi, and Kokoro Tatemoto.

Opening Session

Key Note Speech:

Featuring Mr. Yasushi Akashi as the key-note speaker, the opening session succeeded in setting the tone of subsequent sessions, characterized by the combination of intellectual excellence and important practice. 2017 being the quarter century anniversary of the start of UNTAC, and his diary on UNTAC having been published earlier this year, Mr. Akashi talked about his experiences as the Special Representative of the United Nations Secretary-General for UNTAC. The first huge peace operation of the United Nations consisting of 22,000 international personnel, costing over USD 1.5 billion plus voluntary contributions, UNTAC's performance was generally regarded as the major test for the relevance of the United Nations for the unfolding new reality in the world community in the post-Cold War period and the most important measure of legitimacy for any subsequent similar operation of the United Nations.

Covering his personal experiences from before his arrival in Cambodia on March 15, 1992 to his departure from there on September 26, 1993, Mr. Akashi presented some of the key features of UNTAC on personal terms. Personal engagements with key players such as Prince Sihanouk, Secretary-General Boutros Boutros-Ghali, Mr. Gareth Evans, the Australian Foreign Minister, and Mr. Ali Alatas, the Foreign Minister of Indonesia, he talked about some of the difficulties he faced such as the gradual distancing of the Khmer Rouge from UNTAC as well as other matters which would provide good lessons for the international community. Over time, it became clear that Mr. Akashi's somewhat early departure from Cambodia after finishing the elections as promised at the outset of his tenure in Cambodia, contributed significantly to providing legitimacy to succeeding UN peace operations of significant scales.

Some questions and answers were followed, providing an atmosphere of useful discussions for clarifying important points.

Opening Salutation:

Mr. Kazuo Takahashi, Director for Academic Exchange and Cooperation, JAUNS made an opening speech. Then, Ambassador Xuexian Wang, the leader of CANUNS and Prof. In-Taek Hyun, the leader of KACUNS gave speeches.

Opening Remarks

Mr. Takashi Matsuo, President, The University of Kitakyushu gave a welcome speech to Kitakyushu in Japan.

Substantive Sessions

The attempt to introduce a dialogue approach has been responded positively by most paper presenters and commentators at the obvious risk of brevity of time for presentation. Rather than listening to long statements, a significant number of participants welcomed quick exchange of views, bringing about clarity to many important points. While a number of vital points were made in each session, three broad general points became clear.

1. In dealing with any of the six difficult issues, sound economic development is sine qua non, the essential requirement for each country and for the world at large.

2. The United Nations can be relevant and can even be critically important in effectively dealing with all of these issues. However, there have been nuances of hesitance, even timidity in using the opportunities that are available at the United Nations. Therefore, while the importance of multilateralism has been broadly recognized, it has unfortunately not been up to the three East Asian countries to take the leadership for strengthening multilateralism at this juncture.

3. Substantial potentials of strengthening regional approaches in dealing with these issues have been identified. However, hesitance was noticed when institutionalizing these potentials became an issue. A little bit of courage on the part of each of the three countries may bring about a substantial change in the region.

Session 1: Containing international terrorism

Terrorism has been characterized as a common enemy of humanity. Based on this recognition, a number of concrete approaches have been suggested. They include broad frameworks such as comprehensive strategy and capacity building of civilian police for which East Asian countries are uniquely qualified in different ways from each other. Some diagnostic analyses have also been discussed. They include vicious cycles of the violence of terrorist groups, sometimes including government forces. It has also been pointed out that many of the organized terrorist activities are related to independence movements which may continue to be salient features in the course of the 21st century.

Moderator : Korea : Prof. Hyun, In-Taek

Presentation 1. China : Ambassador Wang, Xuexian

             2. Korea : Prof. Choi, Hyun Jin
             3. Japan : Ms. Kihar-Hunt. Ai
Comments 1. Japan : Mr. Inomata,Tadanori
             2. Korea : Prof. Byun, Jin-suk
             3. China : Mr. Huang, He

Session 2: Alleviating regional tensions and conflicts

A new concept of multilateralism has been offered as an approach to regional conflicts. Various implications of this concept have been discussed, including a need to secure coherence with global institutions and norms.

Some concrete cases have been addressed, such as North Korea and Ukrainian crisis. In this context, possibilities and limits of applying one case to another were discussed, resulting in a broadly shared view that a comparison need to be pursued very carefully.

Moderator : China : Ambassador Wang Xuexian
Presentation 1. Korea : Dr. Chung, Kuyoun
             2. China : Mr. Huang, He
             3. Japan : Mr. Hirose,Satoshi
Comments 1. Korea : Prof. Choi, Hyun Jin
             2. China : Ambassador Wang, Xuexian
             3. Japan : Mr. Higashi, Daisaku

Session 3: Implementing SDGs : Taking stock of the current situations of each country and consider joint actions if possible

This session as well as the following one was held as an open session where some comments from the citizens of Kitakyushu have enriched the discussion. The starting point of the discussion has been the suggestion that SDGs can be a useful framework for strengthening the major concern of the current Secretary-General of the United Nations, namely preventive peace-building. It has been suggested that while successive Secretaries-General had tried preventive measures in a number of ways, Mr. António Guterres has now a potentially useful instrument to implement preventive measures in the form of SDGs. It has also been suggested that SDGs will offer a useful basis for the effective settlement of refugees. While this proposal was made in relation to North Korean refugees, it was broadly recognized that it should be relevant to the settlement of refugees in other parts of the world such as Europe.

Discussions on effective implementation of SDGs have centered around synergy between national development plans and SDGs.

Moderator: Japan : Mr. Kunugi, Tatsuro
Presentation 1. Korea : Prof. Song, Young Hoon
      2. Japan : Mr. Kuyama, Sumihiro
      3. China : Mr. Zhou, Taidong
Comments 1. Korea : Prof. Hong, Kyu-dok
      2. Japan : Mr. Inomata,Tadanori
      3. China : Ms. Sun, Jingying

Session 4: Implementing the Paris Accord : Taking stock of the current situations of each country and consider joint actions

The miracle of the Paris Accord has been presented that Fabius was fabulous. The science based process was finally led to an agreement based on politically negotiated terms. Taking place in parallel with COP 23 which has been predicted to be a difficult meeting to come up with any substantial agreement, the focus of the session has been implementation of the Accord by China, Korea and Japan, a task which is not easy for any of the three countries. China's concern is whether it can implement the announced commitments without deferment. Korea's major challenge is to come up with realistic energy mix. Japan's major concern has been presented as elaboration of concrete and effective measures to significantly increase the proportion of the renewable energy.

By exchanging views and information, some deepening of mutual understanding has been achieved. However, discussions have not led to possibilities of common endeavor among the three at this juncture.

I noted with appreciation that at Session 3 and 4; Planetary Boundaries (open to the public), two civil society leaders from Kitakyushu shared their views on community actions for promoting partnerships among Asian women for "Environment, Development and Gender." Ms. Yoshiko Misumi, Vice President, Japan National Committee for UN Women, reported that Kitakyushu was awarded "Global 500" by UNEP, and its ESD Council had been a Regional Center of Expertise of UNU. Ms. Yukiko Oda, Convener of Japan Women's Watch (JAWW), posed questions if national actions being taken by our three countries were adequately gender-responsive in accordance with Paris Agreement.

Moderator: China : Mr. Zhou, Taidong
Presentation 1. China : Ms Jin, Xi
     2. Japan : Mr. Hase, Toshio
     3. Korea : Prof. Choi, Yong Soo
      Prof. Yoo, Seung Jick
Comments 1. Japan : Mr. Watanabe, Tomoaki
     2. Korea : Prof. Park, Heung Soon
     3. China : Ms. Tian, Huifang

Session 5: Rolling back protectionism

 A broad common understanding has quickly been achieved on one point, namely that in a globalizing world, stable trade relationship is a basic requirement. It has been pointed out that Asian economies will suffer more than others from increasing protectionism. It has also been pointed out that the Chinese economy will suffer most in the world from protectionism. It has also been suggested that the issue of North Korea would be the major threat to trade and investment in East Asia.

 Discussions have been focused on measures to avoid increase in protectionism which has been recognized as rampant. While the WTO has not been an effective organization, it has been suggested that it could, with the support of all of us, be helpful in avoiding the world trading system from transitioning from a rule-based system into a purely power-based one. It has been suggested that even for effective use of the WTO, and also for building a more effective world trade architecture, the starting point may be to make G20, whose trade occupies some 77 per cent of the world trade, a more effective body in the trade field.

Moderator : Japan : Mr. Hasegawa, Sukehiro
Presentation 1. China : Ms Tian, Huifang
     2. Korea : Prof. Byun, Jin-suk
     3. Japan : Mr. Watanabe, Tomoaki
Comments 1. Korea : Prof. Song, Young Hoon
     2. China : Ms. Sun, Jingying
     3. Japan : Mr. Takahashi, Kazuo

Session 6: Redoubling efforts to fight against poverty

The discussion of poverty eradication has started with a pursuit of effective developmental models. Examining development models of the three countries, a broad consensus has been reached : while Japan, Korea and China have succeeded spectacularly in economic growth, they have also produced negative impacts in some areas such as environmental devastation. Therefore, it has been generally felt that we should refrain from advocating our models without any modification for poverty eradication. It has broadly been felt that the starting point is the will and the concern of the recipient government.

The broad consensus has been that the focus of the poverty eradication in the world community should be Africa. It has been recognized that it should be useful for China, Korea and Japan to begin to share experiences and information with regard to developmental goals and intentions of the governments of African countries.

With regard to cooperation and contacts on the ground in a recipient country, the broad consensus has been that the centrality of the recipient government should be observed. Based on this principle, exchanging information between experts on the ground has been proved useful and should be enhanced further.

Moderator : Korea : Prof. Hong, Kyu-dok
Presentation 1. Japan : Mr. Kiya, Masahiko
2. Korea : Prof. Park, Heung Soon
3. China : Ms. Sun, Jingying
Comments 1. Korea : Dr. Chung, Kuyoun
2. China : Mr. Zhou, Taidong,
3. Japan : Mr. Ohira, Tsuyoshi

ACUNS Session

This session has been held for the purpose of enhancing information sharing between the ACUNS leadership and the participants.

The current ACUNS Executive Director, Prof. Alistar Edgar, informed that his current main concern was to oversee the leadership transfer in the period up to July 2018 to take place in as smooth a manner as possible. He then introduced the executive director-designate, Prof. Math Noortmann of the Research Center of Trust, Peace and Social Relations, Coventry University, and informed that a new editorial board of Global Governance would begin to work from January 2018 headed by Mr. Ken Stiles, professor of political science at Brigham Young University (where the journal office would be located) and Ms. Alina Lyon, associate professor of political science at the University of New Hampshire, and that the next annual meeting will be held in Rome from July 12-14 ,2018.

The Executive Director-designate informed that he would introduce some measures in the works of ACUNS, including 1) an increasing number of annual meetings to take place outside of Europe or North America (planning a 2019 meeting in South Africa, and hoping a 2021 meeting to take place in China) and 2) establishment of standing groups to be integral components of annual meetings.

The director of the Tokyo liaison office, Prof. Sukehiro Hasegawa, reported the activities of the past six months; and, Prof. Ai Kihara-Hunt introduced upcoming meetings to take place in December 2017 and in April 2018. Concerning the role of the Tokyo Liaison Office, it was noted that this new office would cover the East Asian countries including China and Korea in addition to Japan for enhanced liaison functions between ACUNS headquarters and East-Asia, until any additional liaison office is established in the region.

Prof. Mariko Shoji explained the experiences of organizing sessions where Japanese participants played active parts in annual meetings. Some exchange of views has ensued, leading to a widely held observation that this session has enhanced the transparency of the works of the executive director's office of ACUNS and helped clarifying the functions of the new liaison office of Tokyo.

Concluding Speeches

Mr. Takahiro Shinyo, President of JAUNS gave a concluding speech and also leader of the Chinese Team, Ambassador Xuexian Wang gave us a view for next year in China.

3 規約及び役員名簿

(1) 日本国際連合学会規約

I 総則

第1条（名称） 本学会の名称は、日本国際連合学会とする。

第2条（目的） 本学会は、国連システムの研究とその成果の公表及び普及を目的とする。

第3条（活動） 本学会は、前条の目的を達成するために、以下の活動を行う。

    1) 国連システムに関する研究の促進並びに各種の情報の収集、発表及び普及

    2) 研究大会、研究会及び講演会等の開催

    3) 機関誌及び会員の研究成果の刊行

    4) 内外の学会及び関係諸機関、諸団体との協力

    5) その他本学会の目的を達成するために必要かつ適当と思われる諸活動

II 会員

第4条（入会資格） 本学会の目的及び活動に賛同する個人及び団体は、本学会に入会を申請することができる。本学会の会員は、個人会員と団体会員からなる。個人会員は、一般会員と院生会員の2種とする。

第5条（入会申請） 本学会への入会は、理事を含む会員2名の推薦に基づき、理事会の承認を得なければならない。

第6条（会員の権利） 会員は、本学会の機関誌の配布を受け、本学会の総会、研究大会、研究会及び講演会等に参加することができる。

第7条（会費） 会員は、別に定める所定の会費を納める。2年以上にわたって会費を納めていない者は、理事会の議を経て会員たる資格を

失う。

第8条（退会）　本学会から退会しようとする会員は、書面をもってこれを申し出、理事会がこれを承認する。

III　総会

第9条（総会）　通常総会は年一回、臨時総会は必要に応じ理事会の議を経て、理事長が招集する。

第10条（意思決定）　総会の議決は、出席会員の過半数による。但し、規約の変更は出席会員の3分の2以上の同意によって行う。

IV　理事会

第11条（理事及び監事）　本学会に、理事20名程度及び監事2名を置く。

第12条（理事及び監事の選任と任期）　理事及び監事は、総会において選任される。理事及び監事の任期は3年とし、二回まで継続して再選されることができる。

第13条（理事及び監事の職務）　理事は理事会を構成し、学会の業務を管掌する。監事は理事会に出席し、理事の職務の執行及び学会の会計を監査する。

第14条（理事会の任務及び意思決定）　理事は本学会の組織運営にかかわる基本方針及び重要事項を審議し、決定する。理事会の議決は、理事の過半数が出席し、現に出席する理事の過半数をもって行う。

第15条（理事長）　理事長は、理事の互選により選任される。理事長は本学会を代表し、その業務を統括する。理事長の任期は3年とする。

V　主任及び各委員会並びに運営委員会

第16条（主任）　理事長は、理事の中から、企画主任、編集主任、渉外主任及び広報主任を指名する。

第17条（委員会）　各主任は会員の中から数名の委員を指名し、委員会を

構成する。各委員会の構成は運営委員会によって承認される。

第18条（運営委員会）　運営委員会は、理事長、各委員会主任及び事務局長並びに原則として理事の中から理事長が指名するその他の委員によって構成される。運営委員会は学会の業務を遂行する。

Ⅵ　特別顧問

第19条（特別顧問）　本学会に特別顧問を置くことができる。特別顧問の任命は、理事会の議を経て、総会が行う。特別顧問は、本学会の会費の納入を免除される。

Ⅶ　事務局

第20条（事務局）　本学会に、理事長が指名する理事を長とする事務局を置く。事務局長は、理事長を補佐し、本学会の日常業務を処理する。事務局長は、事務局員を置くことができる。

Ⅷ　会計

第21条（会計年度）　本学会の会計年度は、毎年4月1日に始まり翌年の3月31日に終わる。

第22条（予算及び決算）　本学会の予算及び決算は、理事会の議を経て総会の承認を得なければならない。決算については、監事による監査を受けるものとする。

（付則）　（1）この規約は、1998年10月22日より施行する。
　　　　　（2）この規約は、2016年6月11日より施行する。

(2) 日本国際連合学会役員等名簿

（2016年10月1日～2019年9月30日）

理事長：神余隆博

事務局長：久木田純

企画主任：二村まどか

編集主任：滝澤美佐子

渉外主任：高橋一生

広報主任：秋月弘子

1 特別顧問：

　明石康　緒方貞子　武者小路公秀　渡邉昭夫

2 監事：

　松隈潤、渡部茂己

3 理事：

　秋月弘子、石原直紀、位田隆一、植木安弘、大芝亮、大平剛

　小山田英治、久木田純、功刀達朗、佐藤哲夫、庄司真理子、神余隆博

　高橋一生、滝澤三郎、滝澤美佐子、西海真樹、野村彰男、広瀬訓、

　二村まどか、本多美樹、望月康恵、山本慎一、弓削昭子、米川正子

　（以上24名）

　（職務出席：外務省・三宅浩史、真嶋麻子）

4 運営委員：

　秋月弘子、久木田純、神余隆博、高橋一生、滝澤美佐子、二村まどか

　（職務出席　真嶋麻子）

（3）日本国際連合学会　各委員会メンバー

5 企画委員会

　二村まどか（主任）、清水奈名子、藤巻裕之、山本慎一、吉村祥子

6 編集委員会

滝澤美佐子（主任）、上野友也、瀬岡直、富田麻理、本多美樹（副主任）

7 渉外委員会

高橋一生（主任）、久木田純、庄司真理子

〈顧問〉内田孟男、長谷川祐弘

〈協力者〉大平剛、二宮正人

8 広報委員会

秋月弘子（主任）、小山田英治、二宮正人

VI

英文要約

1　Global Compact on Refugees:
Re-constructing the Framework for Refugee Protection and Assistance?

Naoko Obi

This paper examines the current discussions led by the United Nations High Commissioner for Refugees (UNHCR) in developing a new model for response to forced displacement and analyses how UNHCR intends to promote a fundamental shift in the way the international community provides international protection and assistance to refugees.

Challenged with the magnitude, complexity, and scope of forced displacement, the United Nations General Assembly unanimously adopted the New York Declaration for Refugees and Migrants on 18 September 2016. This was a landmark declaration directed at improving the way in which the international community responds to large movements of refugees and migrants.

As part of the follow-up to the New York Declaration, UNHCR has been invited to develop and initiate the application of the Comprehensive Refugee Response Framework (CRRF) in various situations, with a view to preparing a Global Compact on Refugees. The CRRF consists of the following four key objectives: 1) easing pressures on countries hosting large numbers of refugees; 2) enhancing refugee self-reliance; 3) expanding access to third-country solutions; and 4) supporting conditions in countries of origin for return in safety and dignity. All these objectives are interdependent and underpinned by the fundamental principle of burden- and responsibility-sharing.

The process is intended to result in different outcomes using the following approaches: first, a more systematic and predictable response is sought by linking humanitarian and development efforts. As compared to the ad hoc approaches of past decades, more substantive engagement of development actors, including financing, is hoped to enhance policy dialogue, expand service delivery, and boost economic opportunities for refugees and host communities.

Second, the implementation of the policy on alternatives to refugee camps and cash-based interventions, as well as the pursuit of socio-economic inclusion of refugees in public services and the local economy are expected to benefit both refugees and their hosts. In selected refugee operations where the CRRF elements have been implemented, fundamental shifts are being observed that advance refugees' self-reliance through the provision of more predictable support from development actors.

Third, more resettlement places and other legal pathways to third countries will be made available. Fourth, greater engagement in solving conflicts will allow voluntary repatriation to become a real and sustainable option.

The views on the whole process differ: some opine that this is a key milestone to filling the gaps that existed in refugee protection and assistance in decades, while others are skeptical. What matters most, however, is whether the framework that the international community hopes to build through the Global Compact will indeed have a positive impact on the life of refugees and the local communities.

2 Global Refugee Crises and Studies for Forced Migration in Transition

Koichi Koizumi

Amid widespread "Global Refugee crises," there is a growing interest in combating such humanitarian crises. In situations of displacement, a variety of political, operational, ethical and practical challenges complicate the grasp of situations and responses, and the adequate implementation of solutions.

However, against the background of the current situation and debate about refugee and migration politics, it seems crucial to contribute to a better framework for gaining knowledge, developing alternative ideas and considering future directions with regard to the legal frameworks, policy programme structures, clearing practices and care arrangements when it comes to providing support for refugees.

Greater awareness of theoretical strength and greater analytical rigour are urgently required on issues that bear upon forced migration.

As a base of such procedures, this paper aims to critically map studies for forced migration, which have always involved a multiplicity of academic disciplines over the past 30 years.

This paper provides a broad overview of three dimensions that are central to understanding and thinking about studies for forced migration: short history of the studies; the concepts, terms, and process; and the challenges of the studies. Also, it intends to identify research biases and desiderata regarding the situation of refugees.

3 The Formation and Shift of the Refugee Encampment Policy:
The Backgrounds and the Role of UNHCR

Shigeyuki Sato

In July 2014, UNHCR launched a new policy titled *"UNHCR Policy on the Alternative to Camp"*. The policy denounced the refugee encampment policy and usage of refugee camp as a form of refugee assistance and committed to seek alternatives to replace refugee camp. The essence of the policy was later incorporated into the *"New York Declaration for Refugees and Migrants"* on 19 September 2016 which was adopted unanimously by the world leaders. However, "refugee camp" has been one of the most commonly used methods of refugee assistance to address vast humanitarian needs incurred from displacement of the population. Throughout history, refugee camp has been refined as a place where standardized humanitarian services and assistance are delivered in a very efficient manner.

This article examines the reason why UNHCR and international community denounce the refugee camp as a mean of delivery of humanitarian assistance amid an unprecedented increase of displaced population all over the world. The hypothesis of the article is that the unprecedented amount of humanitarian needs resulted from the recent increase of displaced population itself has made UNHCR and the international community unable to sustain the conventional modalities of humanitarian assistance including refugee camp. The rise of economic studies concerning the potential economic contribution of refugees to local economy clearly has a linkage to this policy change.

To argue these points, this article starts analysis with the historical development of refugee camp and encampment policy in Africa and Asia. The weak economies of the countries that experienced mass-influx of refugee inevitably created a huge dependency on the external resources to sustain assistance for refugees and resulted in a very expensive humanitarian machinery which does not have contribution to the economic development of refugee hosting area. The potential economic capacity of refugees has been barely utilized. However, in the face of the ongoing humanitarian crisis and scarcity of the resources, UNHCR does not have option but denouncing expensive refugee camp and advocate for "alternatives" for refugee camp by which the economic force of refugee is fully utilized in the context of local economy and refugees secure their survival on their means of livelihood. While UNHCR critically needs to establish a theory, and also have a success model for refugee assistance by relying on the socio-economic integration of refugee (as it is attempted in Ethiopia and others), it is also important to note that this approach has a limited applicability at this point and further efforts are required to adjust it to various humanitarian situations.

4 The Role of UNESCO in Cross-border Higher Education for International Student Mobility

Miki Sugimura

This paper examines the role of UNESCO in cross-border higher education in the era of internationalization. International student mobility in this paper signifies spontaneous movement rather than enforced movement such as the cases of refugees or internally displaced persons. There are about 4.6 million international students as of 2015 and it has increased rapidly since the middle of the 1990s. It is related to the mobility and transfer of faculty members, programs, institutions and providers, which have formed higher education zones in the world (i.e. European Higher Education Zone and Asian Higher Education).

This trend of cross-border higher education raised the issues on quality assurance, which increases the international demands for the settlement of the common framework of recognition of the equivalence of university entrance certificates, degrees and diplomas. UNESCO pointed out this matter at the 66th Executive Board held as early as in 1963 and in the 1970s. UNESCO set the Regional Conventions on the Recognition of Studies, Diplomas and Degrees in Higher Education depending on six regions; Latin America (1974), the Mediterranean (1976), the Arab States (1978), Europe (1979/ revised in 1997), Africa (1981 /revised in 2014) and Asia Pacific region (1983 /revised in 2011). Meanwhile, UNESCO presented the Guidelines for Quality Provision in Cross-border Higher

Education in 2005 with OECD including more than 190 countries, which led some NPOs and NGOs to cooperate in the promotion of quality assurance activities. This Guideline has no legal binding powers, but it encouraged stakeholders to understand the importance of quality assurance. For example, UNESCO-APQN Toolkit: Regulating the Quality of Cross-Border Education (2006) and the Regional Conventions were practical common frameworks which developed on the basis of the Guideline in each region.

Though there are several challenges in implementing quality assurance due to the differences of each stakeholder's different higher education policy, the framework of *"international higher education"* has the possibility of creating a common platform of mutual understanding and reliability with the aim of peace building based on *"cultural internationalism"*. Nowadays, there are many global issues to solve and the higher education zones can come to be the international arena for cooperation by nurturing global citizens. Meanwhile, there are issues of quality assurance to be considered in the process of cross-border higher education. While there are several stakeholders of governments, institutions, and regional organizations, UNESCO has done its great work in presenting the common reference standards on quality assurance to stakeholders as part of the UN system. UNESCO's cooperation with various stakeholders and initiative in preparing for the common platform beyond nation-states' framework is crucial in global governance.

5 The Activities of the United Nations Human Rights Mechanisms on the Protection of the Human Rights of Children in the Context of Human Movement

Mikiko Otani

The international society has consistently recognized the need of special protection for children because of their vulnerability. Such need remains unchanged even after the adoption of the United Nations Convention on the Rights of the Child in 1989, which recognizes children as the subjects of the human rights. The need of special protection of children in the increasing cross-boarder human movement has attracted the attention of the international society, while the UN human rights bodies have developed the norms of the obligations of the states to protect the human rights of children in the context of the international migration. This article briefly introduces the background, the process and the significance of the Joint General Comments on the human rights of children in the context of international migration adopted in 2017 by the Committee on the Migrant Workers and the Committee on the Rights of the Child.

6 Considering Exit Strategies in Peace Operation from the Historical Perspective:
The Transformation of Withdrawal Caused by the Transformation of the Use of Force

Nagafumi Nakamura

Why is the exit strategy for a peace operation important? After the end of the Cold War, many scholars and practitioners argued that making a decision to withdrawal is more difficult than that of intervention, and it is necessary to plan an exit strategy as the peace operation become popular. Likewise, United Nations reports have repeatedly insisted on the importance of planning exit strategies. However, little attention has been paid to the fundamental question: why has the exit strategy become so important? This article raises an argument from an historical perspective and compares total war, peace operations during the Cold War era (e.g., ONUC), and peace operations after the end of the Cold War (e.g., UNTAC).

In a total war, whether combat continues heavily depends on victory or defeat on the battlefield. Because states are vitally invested in total wars, a decline in the will to maintain such a war is unlikely. The choice to end combat depends on a state's ability to continue a conflict. The inability to wage war compels policymakers to force a withdrawal and, therefore, they have little opportunity to plan an exit strategy.

In peace operations during the Cold War era, the end of combat depended on whether or not a state had the will to continue a conflict. A decline in the capacity to wage war was not a problem because intervening states had superior military power. Compared to total war, intervening states had full discretion. However, intervening states faced other restrictions during this era. Because of the broader conflict of the West against the East, intervening states needed to prevent a belligerent state from joining the other side after they withdrew. Therefore, they sought a path of withdrawal in which they were able to maintain influence on the belligerent state.

In peace operations after the end of the Cold War, intervening states had more discretion in deciding how to exit a conflict. Certainly, even today, some intervening states clandestinely remain influential in belligerent states. However, it has a smaller effect on the decision to withdraw because the broader, bipolar conflict has dissipated. Today, intervening states have great discretion but, at the same time, are assigned responsibilities for the wellbeing of a belligerent state. Therefore, the importance of exit strategies has intensified. The transformation of the use of force has caused the transformation of withdrawal.

Without understanding the reason an exit strategy has become so necessary, its importance will be fleeting due to the challenges in planning and implementing withdrawal. This article sheds light on the historical development of exit strategies, highlights their structural incentives, and suggests that we need to continue to make an effort to elaborate upon them.

7　Analysis of Reasons behind Arming the UN Police

Ai Kihara-Hunt

The 12,000-strong United Nations Police (UNPOL) has been rapidly armed. Shifting away from the earlier emphasis on distinguishing the UN police component from military component, since the introduction of armed Formed Police Units (FPUs) in 1999 with UN Mission in Kosovo (UNMIK), it has taken an opposite trend. Currently around 70 percent of them are heavily armed FPUs. FPUs are not only armed police officers, but they are assigned to situations that require coherent response, often in a volatile environment.

This paper analyzes possible reasons behind the rapid rise of FPUs. The most legitimate reason is the requirement by the mandate. Out of the three pillars of mandates that the UN Police itself emphasizes, protection of civilians (PoC) is the most relevant for the FPU. However, there is little evidence that the UN has made a conscious decision to deploy FPUs in order to respond to the PoC mandate, which is increasingly composing the central part of UN Peace Operations.

The situation in which UN Police are deployed is another possible factor. Towards the end of the last century, and in the UN discussions since, the desirability of arming the police has been linked to the increasingly volatile situations that the mission goes in. It appears that the situation on the ground is one of the main factors for arming the police.

However, there are other reasons for opting for FPUs. One is the need for rapid deployment. By resorting to the recruitment of 120-140 persons together, virtually without checking their qualifications and qualities, the UN is saving time. Required qualifications of FPU officers have been lowered significantly, in particular in the requirements of mission language and police experience, and this further accelerated the speed of deployment. This option may have appeared as a panacea for the UN, which has been heavily criticized for the slow deployment process.

Another realistic reason is budget. By deploying FPU officers in place of IPOs, the UN pays about half the cost for personnel. For FPUs' case, there is an additional cost of compensating for equipment and gears, but overall the UN still manages to cut a large amount of budget in this way. For Police Contributing Countries (PCCs), sending FPUs is preferred because the payment is made to them rather than to individual officers, unlike the case of IPOs.

The UN appears to be struggling to find a way to meet often conflicting demands. It is necessary for the Organization to discuss these conflicting demands transparently at the decision making level. That would work positively to connecting the three-way division between the Security Council, the field and PCCs.

8 UNHCR's Role in Preventing and Reducing Statelessness:
Its Effects and Challenges

Hajime Akiyama

In 2014, the Office of the United Nations High Commissioner for Refugees (UNHCR) launched the "#IBelong campaign" to end statelessness by 2024. This campaign is significant, not only from the practical perspective of mitigating stateless persons' predicament, but also from the academic perspective of analysing the role of an international organisation in nationality matters, which are regarded as a domestic matter for each state in a nation-state principle. However, comprehensive research on activities related to the #IBelong campaign has not been done so far. Thus, this article asks a question: *to what extent is the #IBelong campaign effective in ending statelessness?* It argues that there are both effects and challenges for this campaign to end statelessness.

The #IBelong campaign was initiated by the headquarters of the UNHCR, and it aims to end statelessness by 2024. Two elements can be found in the activities of the campaign: technical assistance and advocacy. As technical assistance, the UNHCR assists states technically to prevent statelessness. One example is Thailand. In 2008, the Thai nationality law was amended, and many stateless persons were entitled to acquire a nationality, but this required registration. The UNHCR assisted Thailand to register stateless persons living in border areas, and it was reported that 23,000 stateless persons acquired Thai nationality. The second element is advocacy. The UNHCR has established an informal group called "Friends of the #IBelong campaign to end statelessness" (Friends) in 2015 to raise awareness on statelessness. Seven meetings were held so far, and twenty to thirty states participated in each meeting, discussing practices to end statelessness. Core members of the Friends proposed resolutions on statelessness and a right to a nationality in the Human Rights Council, and these resolutions were approved by consensus. In 2016, the UNHCR established the "Coalition on Every Child's Right to a Nationality" (Coalition) with the United Nations Children's Fund (UNICEF). UNHCR and UNICEF work with governments and NGO partners to end statelessness. For instance, the Philippines has developed an action plan to end statelessness, and the Coalition provides both advocacy and technical assistance. These examples indicate that the #IBelong campaign is assisting to end statelessness.

However, there is also a challenge: the domestic policy of "likeminded states." Although core members of the Friends attempt to raise awareness in international society on statelessness, their domestic policy is not necessarily impacted by the #IBelong campaign. Some core members of the Friends advocate other states to end statelessness, but this stance does not necessarily impact upon their domestic policy to end statelessness. In order to end statelessness, these "likeminded states" also need to work to end statelessness domestically.

編集後記

　人の移動について国連システムの役割を考える『国連研究』19号を公刊いたしました。この企画は、理事会で難民問題、人道問題を中心とした企画をということで提案されたものです。その後、編集委員会において、強制的移動の結果越境する人々のみならず、自発的移動の側面にまで広く目を向けた企画として練り上げました。2018年秋に、国連総会において難民、移民に関するグローバルコンパクトが採択されます。タイムリーな形でこの特集テーマを組むことができたことは大きな喜びです。

　掲載したすべての論文、書評、報告は、特集テーマと直接、間接に関連したものも多く、いずれも読みごたえがあります。

　執筆者の皆様方、丹念に論文を読んで審査に臨んでくださった先生方、19号の編集にご尽力いただいたすべての皆様方に、この場を借り、深甚なる感謝を申し上げます。諸業務のある中、学会誌への協力を優先事と考えて惜しみない協力を賜りました。そのたび頭が下がりました。編集委員の若き4名の仲間は、異なる専門分野を背景に大いに活躍をしてくれて、皆で作り上げた19号となりました。

　会員のみならず、広く研究者、実務家、国内外で日々かかわっている支援機関や支援者、当事者、学生、市民と多くの方々に、本書をぜひ手にとってもらいたいと念願しています。

　学会からこのように発信ができるのは、国際書院・石井彰社長のお陰です。編集委員会の希望を今回もどこまでも受け止めてこたえてくださいました。深い感謝をささげます。次号は記念すべき20号です。節目にふさわしい学会誌とするため、編集委員会一同尽力していきます。皆様のご投稿をお待ちしています　　　　　　　　　　　　　（滝澤美佐子　桜美林大学大学院）

本号では、滝澤主任のもとで、上野委員と特集論文を中心に担当いたしました。特集テーマに関連し、さまざまな理由で移動する人々を取り巻く現状と課題について幅広い論稿が揃いました。国際強制移動研究の視座から、また、実際に強制移動の現場で支援に係る実務の視座からの論考に加えて、自らの意思で移動する人々、中でも、教育の機会を求めて移動する学生移動についての論文も掲載することができました。人の移動は今日の国際関係において深刻なテーマであり、地球規模でのガバナンスが必要になっています。今回の特集が、人の移動に関して国連システムが果たすべき役割や課題についてさらに深く考える機会になればと思います。　　　（本多美樹　法政大学）

　シリアやアフガニスタンからの難民が欧州に押し寄せ、アフリカでは武力紛争による強制移動が依然として発生しており、国連システムがこのような人間の移動に対してどのような対応をしているのかが問題となってきております。編集委員会では、これらの課題に精通している研究者や実務家の方々に、昨今の情勢を踏まえつつ原稿を執筆して頂くように依頼し、原稿を精査することにより、本号はその目標を達成できたと考えております。今後とも、日本国際連合学会会員のみなさまの協力を仰ぎまして、『国連研究』のさらなる発展に寄与したいと考えております。　　　（上野友也　岐阜大学）

　世界人権宣言70周年を祝うはずの今年ですが、連日シリアやロヒンギャ問題などのニュースが報道されています。今号は、これらをはじめとする、国連として早急に取り組まなければならない問題に関して、日本の国連研究の面から一石を投じるものとなっています。読み応えのある内容で、編集に携われることができ、うれしく思います。　　　（富田麻理　亜細亜大学）

　本号では、書評セクションを担当いたしました。書評を引き受けて下さった先生方に心より御礼申し上げます。いずれの書評も、21世紀の国際社会において国連が直面する問題の悩ましさを我々に突きつけるものであると思

います。滝澤主任の下、編集作業を通じて多くのことを学ぶことができました。本号での経験を活かして、次号の編集作業も精一杯取り組む所存です。

(瀬岡　直　近畿大学)

〈執筆者一覧〉

小尾尚子	国連難民高等弁務官事務所（UNHCR）上級オフィサー
小泉康一	大東文化大学教授
佐藤滋之	国連難民高等弁務官事務所（UNHCR）エチオピア事務所首席保護官
杉村美紀	上智大学総合人間科学部教育学科教授
大谷美紀子	国連子どもの権利委員会委員・弁護士
中村長史	東京大学　大学総合教育研究センター特任研究員
キハラハント愛	東京大学大学院「人間の安全保障」プログラム准教授
秋山　肇	日本学術振興会特別研究員・国際基督教大学大学院博士後期課程
石塚勝美	共栄大学教授
大泉敬子	前津田塾大学教授
山田哲也	南山大学教授
栗栖薫子	神戸大学教授
墓田　桂	成蹊大学教授
玉井雅隆	東北公益文科大学准教授
高橋一生	元国際基督教大学教授

〈編集委員会〉

上野友也	岐阜大学准教授
瀬岡　直	近畿大学専任講師
富田麻理	亜細亜大学特任教授
本多美樹	（編集副主任）　法政大学教授
滝澤美佐子	（編集主任）桜美林大学大学院教授

（『国連研究』第 19 号）

人の移動と国連システム

編者　日本国際連合学会

2018 年 6 月 30 日初版第 1 刷発行

・発行者——石井　彰　　　　　・発行所

印刷・製本／モリモト印刷株式会社

Ⓒ 2018 by The Japan Association
　　for United Nations Studies

（定価＝本体価格 3,200 円＋税）
ISBN978-4-87791-289-5 C3032 Printed in Japaqn

KOKUSAI SHOIN Co., Ltd.
3-32-5, HONGO, BUNKYO-KU, TOKYO, JAPAN.

株式会社　国際書院
〒113-0033 東京都文京区本郷 3-32-6 ハイヴ本郷 1001
TEL 03-5684-5803　　FAX 03-5684-2610
E メール：kokusai@aa.bcom.ne.jp
http://www.kokusai-shoin.co.jp

本書の内容の一部あるいは全部を無断で複写複製（コピー）することは法律でみとめられた場合を除き、著作者および出版社の権利の侵害となりますので、その場合にはあらかじめ小社あて許諾を求めてください。

国際法

横田洋三編
国連による平和と安全の維持
―解説と資料

87791-094-8　C3032　　　　　　A5判　841頁　8,000円

本書は、国連による国際の平和と安全の維持の分野の活動を事例ごとに整理した資料集である。地域ごとに年代順に事例を取り上げ、①解説と地図、②資料一覧、③安保理などの主要資料の重要部分の翻訳を載せた。　　　　　　　　　　(2000.2)

横田洋三編
国連による平和と安全の維持
―解説と資料　第二巻

87791-166-9　C3032　　　　　　A5判　861頁　10,000円

本巻は、見直しを迫られている国連の活動の展開を、1997年以降2004年末までを扱い、前巻同様の解説・資料と併せて重要文書の抄訳も掲載し、この分野における全体像を理解できるように配慮した。　　　　　　　　　　　　　　(2007.2)

秋月弘子
国連法序説
―国連総会の自立的補助機関の法主体性に関する研究

906319-86-6　C3032　　　　　　A5判　233頁　3,200円

国連開発計画、国連難民高等弁務官事務所、国連児童基金を対象として国連という具体的な国際機構の補助機関が締結する「国際的な合意文書」の法的性格を考察することによって、補助機関の法主体性を検討する。　　　　　　　　(1998.3)

桐山孝信／杉島正秋／船尾章子編
転換期国際法の構造と機能

87791-093-X　C3032　　　　　　A5判　601頁　8,000円

[石本泰雄先生古稀記念論文集] 地球社会が直面している具体的諸課題に即して国際秩序転換の諸相を構造と機能の両面から分析する。今後の国際秩序の方向の学問的展望を通じて現代日本の国際関係研究の水準を次の世紀に示す。　(2000.5)

関野昭一
国際司法制度形成史論序説
―我が国の外交文書から見たハーグ国際司法裁判所の創設と日本の投影

87791-096-4　C3032　　　　　　A5判　375頁　4,800円

常設国際司法裁判所の創設に際しての我が国の対応を外交文書・関連資料に基づいて検討し、常設国際司法裁判所が欧米的「地域」国際裁判所に陥ることから救い、裁判所に「地域的普遍性」を付与したことを本書は明らかにする。　(2000.3)

横田洋三／山村恒雄編著
現代国際法と国連・人権・裁判

87791-123-5　C3032　　　　　　A5判　533頁　10,000円

[波多野里望先生古稀記念論文集]「法による支配」を目指す現代国際法は21世紀に入り、危機に直面しているとともに新たなる理論的飛躍を求められている。本書は国際機構、人権、裁判の角度からの力作論文集である。　　　(2003.5)

秋月弘子・中谷和弘・西海真樹　編
人類の道しるべとしての国際法
[平和、自由、繁栄をめざして]

87791-221-5　C3032　　　　　　A5判　703頁　10,000円

[横田洋三先生古稀記念論文集] 地球共同体・人権の普遍性・正義・予防原則といった国際人権法、国際安全保障法、国際経済法、国際環境法などの国際法理論の新しい潮流を探り、21世紀国際法を展望する。　　　　　　　　　　　(2011.10)

小澤藍
難民保護の制度化に向けて

87791-237-6　C3031　　¥5600E　A5判　405頁　5,600円

難民保護の国際規範の形成・拡大とりわけOSCEおよびUNHCRの協力、EUの難民庇護レジームの形成・発展を跡付け、難民保護の営為が政府なき世界政治における秩序形成の一環であることを示唆する。　　　　　　　　　　　(2012.10)

掛江朋子
武力不行使原則の射程
―人道目的の武力行使の観点から

87791-239-0　C3032　　　　　　A5判　293頁　4,600円

違法だが正当言説、妥当基盤の変容、国連集団安全保障制度、「保護する責任論」、2005年世界サミット、安保理の作業方法、学説などの分析を通して、人道目的の武力行使概念の精緻化を追求する。　　　　　　　　　　　　(2012.11)

国際法

国際社会における法と裁判
東 壽太郎・松田幹夫編

87791-263-5　C1032　　　　A5判　325頁　2,800円

尖閣諸島・竹島・北方領土問題などわが国を取り巻く諸課題解決に向けて、国際法に基づいた国際裁判は避けて通れない事態を迎えている。組織・機能・実際の判決例を示し、国際裁判の基本的知識を提供する。(2014.11)

国際機構論 [総合編]
渡部茂己・望月康恵編著

87791-271-0　C1032　　　　A5判　331頁　2,800円

「総合編」、「活動編」「資料編」の3冊本として順次出版予定。「総合編」としての本書は、歴史的形成と発展、国際機構と国家の関係、国際機構の内部構成、国際機構の使命など第一線で活躍している専門家が詳説。(2015.10)

国際司法裁判所
—判決と意見第1巻(1946-63年)
波多野里望／松田幹夫編著

906319-90-4　C3032　　　　A5判　487頁　6,400円

第1部判決、第2部勧告的意見の構成は第2巻と変わらず、付託事件リストから削除された事件についても裁判所年鑑や当事国の提出書類などを参考にして事件概要が分かるように記述されている。(1999.2)

国際司法裁判所
—判決と意見第2巻(1964-93年)
波多野里望／尾崎重義編著

906319-65-7　C3032　　　　A5判　561頁　6,214円

判決及び勧告的意見の主文の紹介に主眼を置き、反対意見や分離(個別)意見は、必要に応じて言及する。事件概要、事実・判決・研究として各々の事件を紹介する。巻末に事件別裁判官名簿、総名簿を載せ読者の便宜を図る。(1996.2)

国際司法裁判所
—判決と意見第3巻(1994-2004年)
波多野里望／廣部和也編著

87791-167-6　C3032　　　　A5判　621頁　8,000円

第二巻を承けて2004年までの判決および意見を集約し、解説を加えた。事件概要・事実・判決・主文・研究・参考文献という叙述はこれまでの形式を踏襲し、索引もまた読者の理解を助ける努力が施されている。(2007.2)

国際司法裁判所
—判決と意見第4巻(2005-2010年)
横田洋三／廣部和也編著

87791-276-5　C3032　　　　A5判　519頁　6,000円

1999年刊行を開始し、いまや国際法研究者必読の書として親しまれている。第4巻は2005-2010年までの国際司法裁判所の判決および勧告的意見を取上げ、事件概要・事実・判決・研究を紹介する(2016.8)

国際司法裁判所
—判決と意見第5巻
横田洋三／東壽太郎／森喜憲編著

87791-286-4　C3032　　　　A5判　539頁　6,000円

本書は2011-2016年までの国際司法裁判所が出した判決と勧告的意見の要約および開設を収録している。判決・勧告的意見の本文の紹介を主な目的とし、反対意見・分離意見は必要に応じて「研究」で言及した。(2018.1)

国際社会における法の支配と市民生活
横田洋三訳・編

87791-182-9　C1032　　　　四六判　131頁　1,400円

[jfUNUレクチャー・シリーズ①]　東京の国際連合大学でおこなわれたシンポジウム「より良い世界に向かって−国際社会と法の支配」の記録である。本書は国際法、国際司法裁判所が市民の日常生活に深いかかわりがあることを知る機会を提供する。(2008.3)

平和と開発のための教育
—アジアの視点から
内田孟男編

87791-205-5　C1032　　　　A5判　155頁　1,400円

[jfUNUレクチャー・シリーズ②]　地球規模の課題を調査研究、世界に提言し、それに携わる若い人材の育成に尽力する国連大学の活動を支援する国連大学協力会(jfUNU)のレクチャー・シリーズ②はアジアの視点からの「平和と開発のための教育」(2010.2)

国際法

井村秀文編
資源としての生物多様性
87791-211-6　C1032　　　　　　A5判　181頁　1,400円

[*jf*UNU レクチャー・シリーズ③] 気候変動枠組み条約との関連を視野にいれた「遺伝資源としての生物多様性」をさまざまな角度から論じており、地球の生態から人類が学ぶことの広さおよび深さを知らされる。　(2010.8)

加来恒壽編
グローバル化した保健と医療
——アジアの発展と疾病の変化
87791-222-2　C3032　　　　　　A5判　177頁　1,400円

[*jf*UNU レクチャー・シリーズ④] 地球規模で解決が求められている緊急課題である保健・医療の問題を実践的な視点から、地域における人々の生活と疾病・保健の現状に焦点を当て社会的な問題にも光を当てる。　(2011.11)

武内和彦・勝間　靖編
サステイナビリティと平和
——国連大学新大学院創設記念シンポジウム
87791-224-6　C3021　　　　　　四六判　175頁　1,470円

[*jf*UNU レクチャー・シリーズ⑤] エネルギー問題、生物多様性、環境保護、国際法といった視点から、人間活動が生態系のなかで将来にわたって継続されることは、平和の実現と統一されていることを示唆する。　(2012.4)

武内和彦・佐土原聡編
持続可能性とリスクマネジメント
——地球環境・防災を融合したアプローチ
87791-240-6　C3032　　　　　　四六判　203頁　2,000円

[*jf*UNU レクチャー・シリーズ⑥] 生態系が持っている多機能性・回復力とともに、異常気象、東日本大震災・フクシマ原発事故など災害リスクの高まりを踏まえ、かつグローバル経済の進展をも考慮しつつ自然共生社会の方向性と課題を考える。　(2012.12)

武内和彦・中静　透編
震災復興と生態適応
——国連生物多様性の10年とRIO＋20に向けて
87791-248-2　C1036　　　　　　四六判　192頁　2,000円

[*jf*UNU レクチャーシリーズ⑦] 三陸復興国立公園（仮称）の活かし方、生態適応の課題、地域資源経営、海と田からのグリーン復興プロジェクトなど、創造的復興を目指した提言を展開する。　(2013.8)

武内和彦・松隈潤編
人間の安全保障
——新たな展開を目指して
87791-254-3　C3031　　　　　　A5判　133頁　2,000円

[*jf*UNU レクチャー・シリーズ⑧] 人間の安全保障概念の国際法に与える影響をベースに、平和構築、自然災害、教育開発の視点から、市民社会を形成していく人間そのものに焦点を当てた人材を育てていく必要性を論ずる。　(2013.11)

武内和彦編
環境と平和
——より包括的なサステイナビリティを目指して
87791-261-1　C3036　　　　　　四六判　153頁　2,000円

[*jf*UNU レクチャー・シリーズ⑨]「環境・開発」と「平和」を「未来共生」の観点から現在、地球上に存在する重大な課題を統合的に捉え、未来へバトンタッチするため人類と地球環境の持続可能性を総合的に探究する。　(2014.10)

日本国際連合学会編
21世紀における国連システムの役割と展望
87791-097-2　C3031　　　　　　A5判　241頁　2,800円

[国連研究①] 平和・人権・開発問題等における国連の果たす役割、最近の国連の動きと日本外交のゆくへなど「21世紀の世界における国連の役割と展望」を日本国際連合学会に集う研究者たちが縦横に提言する。　(2000.3)

日本国際連合学会編
人道的介入と国連
87791-106-5　C3031　　　　　　A5判　265頁　2,800円

[国連研究②] ソマリア、ボスニア・ヘルツェゴビナ、東ティモールなどの事例研究を通じ、現代国際政治が変容する過程での「人道的介入」の可否、基準、法的評価などを論じ、国連の果たすべき役割そして改革と強化の可能性を探る。　(2001.3)

国際法

日本国際連合学会編
グローバル・アクターとしての国連事務局
87791-115-4　C3032　　　　A5判　315頁　2,800円

[国連研究③] 国連システム内で勤務経験を持つ専門家の論文と、研究者としてシステムの外から観察した論文によって、国際公務員制度の辿ってきた道筋を振り返り、国連事務局が直面する数々の挑戦と課題とに光を当てる。　　(2001.5)

日本国際連合学会編
国際社会の新たな脅威と国連
87791-125-1　C1032　　　　A5判　281頁　2,800円

[国連研究④] 国際社会の新たな脅威と武力による対応を巡って、「人間の安全保障」を確保する上で今日、国際法を実現するために国際連合の果たすべき役割を本書では、様々な角度から追究・検討する。　　(2003.5)

日本国際連合学会編
民主化と国連
87791-135-9　C3032　　　　A5判　344頁　3,200円

[国連研究⑤] 国連を初めとした国際組織と加盟国の内・外における民主化問題について、国際連合および国際組織の将来展望を見据えながら、歴史的、理論的に、さらに現場の眼から考察し、改めて「国際民主主義」を追究する。　　(2004.5)

日本国際連合学会編
市民社会と国連
87791-147-2　C3032　　　　A5判　311頁　3,200円

[国連研究⑥] 本書では、21世紀市民社会の要求を実現するため、主権国家、国際機構、市民社会が建設的な対話を進め、知的資源を提供し合い、よりよい国際社会を築いていく上での知的作用が展開される。　　(2005.5)

日本国際連合学会編
持続可能な開発の新展開
87791-159-6　C3200E　　　A5判　339頁　3,200円

[国連研究⑦] 国連による国家構築活動での人的側面・信頼醸成活動、平和構築活動、あるいは持続可能性の目標および指標などから、持続可能的開発の新しい理論的、実践的な展開過程を描き出す。　　(2006.5)

日本国際連合学会編
平和構築と国連
87791-171-3　C3032　　　　A5判　321頁　3,200円

[国連研究⑧] 包括的な紛争予防、平和構築の重要性が広く認識されている今日、国連平和活動と人道援助活動との矛盾の克服など平和構築活動の現場からの提言を踏まえ、国連による平和と安全の維持を理論的にも追究する。　　(2007.6)

日本国際連合学会編
国連憲章体制への挑戦
87791-185-0　C3032　　　　A5判　305頁　3,200円

[国連研究⑨] とりわけ今世紀に入り、変動著しい世界社会において国連もまた質的変容を迫られている。「国連憲章体制への挑戦」とも言える今日的課題に向け、特集とともに独立論文、研究ノートなどが理論的追究を展開する。　　(2008.6)

日本国際連合学会編
国連研究の課題と展望
87791-195-9　C3032　　　　A5判　309頁　3,200円

[国連研究⑩] 地球的・人類的課題に取り組み、国際社会で独自に行動する行為主体としての国連行動をたどり未来を展望してきた本シリーズの第10巻目の本書では、改めて国連に関する「研究」に光を当て学問的発展を期す。　　(2009.6)

日本国際連合学会編
新たな地球規範と国連
87791-210-9　C3032　　　　A5判　297頁　3,200円

[国連研究⑪] 新たな局面に入った国連の地球規範；感染症の問題、被害者の視点からの難民問題、保護する責任論、企業による人権侵害と平和構築、核なき世界の課題など。人や周囲への思いやりの観点から考える。　　(2010.6)

国際法

日本国際連合学会編
安全保障をめぐる地域と国連
87791-220-8　C3032　　　　A5判　285頁　3,200円

［国連研究⑫］人間の安全保障など、これまでの安全保障の再検討が要請され、地域機構、準地域機構と国連の果たす役割が新たに問われている。本書では国際機構論、国際政治学などの立場から貴重な議論が実現した。　　　　　（2011.6）

日本国際連合学会編
日本と国連
—多元的視点からの再考
87791-230-7　C3032　　　　A5判　301頁　3,200円

［国連研究⑬］第13巻目を迎えた本研究は、多元的な視点、多様な学問領域、学会内外の研究者と実務経験者の立場から展開され、本学会が国際的使命を果たすべく「日本と国連」との関係を整理・分析し展望を試みる。　　　　　（2012.6）

日本国際連合学会編
「法の支配」と国際機構
—その過去・現在・未来
87791-250-5　C3032　　　　A5判　281頁　3,200円

［国連研究⑭］国連ならびに国連と接点を有する領域における「法の支配」の創造、執行、監視などの諸活動に関する過去と現在を検証し、「法の支配」が国際機構において持つ現代的意味とその未来を探る。　　　　　（2013.6）

日本国際連合学会編
グローバル・コモンズと国連
87791-260-4　C3032　　　　A5判　315頁　3,200円

［国連研究⑮］公共圏、金融、環境、安全保障の分野から地球公共財・共有資源「グローバル・コモンズ」をさまざまな角度から分析し、国連をはじめとした国際機関の課題および運動の方向を追究する。　　　　　（2014.6）

日本国際連合学会編
ジェンダーと国連
87791-269-7　C3032　　　　A5判　301頁　3,200円

［国連研究第⑯］国連で採択された人権文書、国連と国際社会の動き、「女性・平和・安全保障」の制度化、国連におけるジェンダー主流化と貿易自由化による試み、国連と性的指向・性自認など国連におけるジェンダー課題提起の書。　　（2016.6）

日本国際連合学会編
『国連：戦後70年の歩み、課題、展望』
（『国連研究』第17号）
87791-274-1　C3032　　　　A5判　329頁　3,200円

［国連研究⑰］創設70周年を迎えた国連は第二次世界大戦の惨禍を繰り返さない人類の決意として「平和的生存」の実現を掲げた。しかし絶えない紛争の下、「国連不要論」を乗り越え、いま国連の「課題」および「展望」を追う。　　（2016.6）

日本国際連合学会編
多国間主義の展開
87791-283-3　C3032　　　　A5判　323頁　3,200円

［国連研究⑱］米トランプ政権が多国間主義の撤退の動きを強めるなか、諸問題に多くの国がともに解決を目指す多国間主義、国連の活動に日本はどう向き合うのか。若手研究者が歴史的課題に果敢に挑戦する。　　　　　（2017.6）

望月康恵
人道的干渉の法理論
87791-120-0　C3032　　　　A5判　317頁　5,040円

［21世紀国際法学術叢書①］国際法上の人道的干渉を、①人権諸条約上の人権の保護と人道的干渉における人道性、②内政不干渉原則、③武力行使禁止原則と人道的「干渉」との関係を事例研究で跡づけつつ、具体的かつ実行可能な基準を提示する。　　　　　　　　　　　　　（2003.3）

吉村祥子
国連非軍事的制裁の法的問題
87791-124-3　C3032　　　　A5判　437頁　5,800円

［21世紀国際法学術叢書②］国際連合が採択した非軍事的制裁措置に関する決議を取り上げ、決議に対する国家による履行の分析、私人である企業に対して適用される際の法的効果を実証的に考察する。　　　　　　　　　　　（2003.9）

国際法

滝澤美佐子
国際人権基準の法的性格
87791-133-2　C3032　　A5判　337頁　5,400円

[21世紀国際法学術叢書③] 国際人権基準の「拘束力」および法的性格の解明を目指す本書は、国際法と国際機構の法秩序とのダイナミズムによって国際人権基準規範の実現が促されていることを明らかにする。　　　　　　　　　　(2004.2)

小尾尚子
難民問題への新しいアプローチ
——アジアの難民本国における難民高等弁務官事務所の活動
87791-134-0　C3032　　A5判　289頁　5,600円

[21世紀国際法学術叢書④] UNHCRのアジアでの活動に焦点を当て、正統性の問題あるいはオペレーション能力の課題を考察し、難民本国における活動が、新しい規範を創りだし、国際社会に定着してゆく過程を描く。　　　　　(2004.7)

坂本まゆみ
テロリズム対処システムの再構成
87791-140-5　C3032　　A5判　279頁　5,600円

[21世紀国際法学術叢書⑤] 条約上の対処システム、武力紛争としてのテロリズム対処、テロリズムに対する集団的措置、などを法理論的に整理し、効果的なテロリズムに対する取り組みを実践的に追及する。　　　　　　　　　　(2004.12)

一之瀬高博
国際環境法における通報協議義務
87791-161-8　C3032　　A5判　307頁　5,000円

[21世紀国際法学術叢書⑥] 手続き法としての国際環境損害の未然防止を目的とする通報協議義務の機能と特徴を、事後賠償の実体法としての国際法の限界とを対比・分析することを通して明らかにする。　　　　　　　　　　(2008.2)

石黒一憲
情報通信・知的財産権への国際的視点
906319-13-0　C3032　　A5判　224頁　3,200円

国際貿易における規制緩和と規制強化の中での国際的に自由な情報流通について論ずる。国際・国内両レベルでの標準化作業と知的財産権問題の接点を巡って検討し、自由貿易と公正貿易の相矛盾する方向でのベクトルの本質に迫る。(1990.4)

廣江健司
アメリカ国際私法の研究
——不法行為準拠法選定に関する方法論と判例法状態
906319-46-7　C3032　　A5判　289頁　4,660円

アメリカ合衆国の抵触法における準拠法選定の方法論を検討する。準拠法選定に関する判例法は、不法行為事件を中心に発展してきているので法域外の要素を含む不法行為を中心に、その方法論を検討し、その判例法状態を検証する。(1994.3)

廣江健司
国際取引における国際私法
906319-56-4　C1032　　A5判　249頁　3,107円

国際民事訴訟法事件とその国際私法的処理について基礎的な法理論から法実務への架橋となる法情報を提供する。国際取引法の基礎にある法問題、国際私法の財産取引に関する問題、国際民事訴訟法の重要課題を概説した基本書である。(1995.1)

高橋明弘
知的財産の研究開発過程における競争法理の意義
87791-122-7　C3032　　A5判　361頁　6,200円

コンピュータプログラムのリバース・エンジニアリングを素材に、財産権の社会的側面を、独占(競争制限)、労働のみならず、知的財産並びに環境問題で生じる民法上の不法行為及び権利論の解決へ向けての法概念としても捉える。(2003.6)

久保田　隆
資金決済システムの法的課題
87791-126-×　C3032　　A5判　305頁　5,200円

我々に身近なカード決済、ネット決済や日銀ネット、外為円決済システム等、資金決済システムの制度的・法的課題を最新情報に基づき実務・学問の両面から追究した意欲作。金融に携わる実務家・研究者および学生必読の書。(2003.6)

| 国際法 | | 外国法 |

森田清隆
WTO体制下の国際経済法
87791-206-2　C3032　　　　A5判　283頁　5,400円

WTOのさまざまな現代的課題を考察する。従来の物品貿易に加え、サービス貿易がラウンド交渉の対象になり、投資・競争政策が議論され、地球温暖化防止策とWTO諸規則との整合性が問われている。　　　　　　　　　　　　　　　　　（2010.3）

髙橋明弘
知財イノベーションと市場戦略イノベーション
87791-233-8　C3032　　　　A5判　469頁　8,000円

不確実性による知財イノベーションとリスクによる市場競争イノベーションでは、革新を誘引し起動するメカニズムが異なる。この因子を、産業ごとに策定し、知的財産権を含む事業活動の独占禁止法違反の判断過程・規準として適用する。
　　　　　　　　　　　　　　　　　　　（2012.9）

廣江健司
国際私法
87791-265-9　C3032　　　　A5判　277頁　2,800円

『国際私法』と題する本書は、国際私法を広義に解して、国際民事関係の事案に対する国際私法による処理について、その解釈の方法論の現在の法状態を概観する。本書によってその法的センスを養成することができるであろう。　　　　（2014.2）

北脇敏一／山岡永知編訳
対訳アメリカ合衆国憲法（絶版）
906319-27-0　C3032　　　　四六判　91頁　1,165円

英文と邦文を対照に編集されており、修正された部分は注を施して訳出されている。日米憲法比較のために、日本国憲法とその他の国会法、公職選挙法、内閣法、裁判所法などの関係条項を記し、読者の便宜を図る。　　　　　　　　　（1992.7）

北脇敏一／山岡永知編訳
新版・対訳アメリカ合衆国憲法
87791-112-×　C3032　　　　A5判　93頁　1,500円

新版では最新の研究成果を取り入れ、より厳密な訳出を試みており、建国時アメリカ合衆国デモクラシーの息吹が伝わってくる。法律英語の練習の用途にも叶い、多くの読者の期待に応えうるもになっている。　　　　　　　　　　　　（2002.9）

鈴木康彦
註釈アメリカ合衆国憲法
87791-103-0　C3032　　　　A5判　311頁　3,400円

アメリカにおける法文化的背景が立法過程と法解釈に与えた影響を探りながら、判例法の解釈を重視しつつ、判例法に抵触する法律の機能・役割に目を配ったアメリカ合衆国憲法の注釈書。
　　　　　　　　　　　　　　　　　　（2000.12）

矢澤昇治訳
カリフォルニア州家族法
――カリフォルニア州民法典抄訳
906319-06-8　C3032　　　　A5判　389頁　6,796円

人的関係、家族法典、統一親子関係法といった構成をとり、カリフォルニア州民法典の家族関係の部分の翻訳である。文献目録と事項索引・法令索引は貴重な資料である。家族法の改正の背景と変遷を記述した解説も有益である。　　　　（1989.8）

矢澤昇治訳
ハワイ州家族法
――ハワイ州制定法典抄訳
906319-22-×　C3032　　　　A5判　389頁　11,650円

実体法とその実体法を機能させる家庭裁判所などの組織及び諸々の手続に関する規定を訳出した。家庭裁判所、離婚、扶養、養子縁組、離婚と別居、児童の保護という構成をとり、解説では、家族法における変化の全体的素描を行った。　（1992.1）